創造性
寫作教學

周慶華 ❖ 著

序

相傳有人問聖奧古斯丁:「上帝創造世界前在做什麼?」聖奧古斯丁回答:「在為問這個問題的人創造地獄!」好一個充滿機鋒的問答。問者即使無心為難,也會觸動我們僵化的神經而想及上帝還有隱私沒有被發掘;而答者縱然有意嘲諷,卻也不無開啟我們錮蔽的心靈而領悟跳躍思維的創新妙方。

所謂的寫作,豈不是就像這樣要不斷被期待為能夠展現陶鑄新意的歷程?且看只有一句話的「蓮霧」詩:「嚇,好大的肚臍眼兒!」(作者不詳)只有一句話的戲劇:「舞臺上一條狗慢慢地走過去,閉幕。」(作者為義大利未來主義者肯基伍羅)只有兩句話的科幻小說:「地球上的最後一個人獨自坐在房間裏,這時突然傳來敲門聲。」(作者為美國著名小說家布朗)它們篇幅雖短,卻不減應有的創意;而當中所內蘊的歡悅和巧思,又不知帶走了多少讀者的「懸念」。想著想著,我自己也忍不住技癢要寫出「時間凝結我們無處逃逸的視線/你等到了一朵不會笑的蓮花在午後的空中盛開」這一題為〈看你的剎那〉的短詩。

沒有錯,這就是我們可以也應該關注的課題。而這種關注,也許會有它嚴肅的一面;好比本書從企劃開始就預設了「創造性寫作是個人在世成就的一大憑藉,也是轉益文化前景最有效的途徑。而這對一個初學者來說很難速臻上境,以至由有經驗的人來從事相關的教學的工作,也就可以提供紓困的方

案以及使得一種創新性生命的傳承和開展成為可能。如果有人從後設的角度來研究這類問題，一定可以更加開闊議題，而有助於創造性寫作效應的實質性進展。本書以專題研究的方式來進行討論，希望有機會為創造性寫作教學的研究開啟一些新的面相」這樣有點「不可一世」的前提。但在嚴肅論述的背後，還是殷切盼望著大家另啟一扇心窗來領受創造性寫作的玄妙，從而為自己的生命尋找增價的方案。

　　本書從寫作主體「需要成就」、客觀環境有「高標要求」和整體文化的「理想籲請」等立場出發，而設定「創造性童謠寫作教學」、「創造性童詩寫作教學」、「創造性故事寫作教學」、「創造性童話寫作教學」、「創造性少年小說寫作教學」、「創造性兒童戲劇寫作教學」、「創造性網路文學寫作教學」等課題來作論述舉證，以便中小學教師從事作文教學以及其他有志於從事相關寫作教學的人參考借鑑。但願因此而可以提振寫作創新的風氣，以為目前正在改革的課程中的語文教學注入一點活力。

　　最後，要謝謝萬卷樓圖書公司的慨允出版。期間受到陳滿銘教授和梁錦興教授的賞愛以及主編陳欣欣小姐、編輯余月霞小姐等人的編輯服務，尤為銘感。希望這種美好的合作經驗，能夠激發我自己的另一波研究的動力。

周慶華

目次

第六章

創造性童話寫作教學

第七章

創造性少年小說寫作教學

第八章

創造性兒童戲劇寫作教學

第一章

緒　論

第一節》從寫作到創造性寫作

　　如果純就寫作來說，那麼不妨把它當作書寫的同義詞，為從事組織語言（文字）的歷程；它跟文學領域所常稱呼的「創作」略有差異。在一般的用法上，「創作」雖然偶爾也跟「製作」作同義的使用，但它卻頗有別於也同沾「製作」之名的「翻譯」或「模仿」〔雖然「翻譯」也常被看作「二度創作」，而「模仿」也常被賦予新意變成「升格仿諷」或「降格仿諷」。參見謝天振，1994:175~190；姜普（J.D.Jump），1986:1~3〕；以至為了保留或限定它的特殊意涵，大家已經多將它等同於「獨創」或「創新」（參見虞君質，1987:107；孫旗，1987:153；高瑞卿主編，1995:7~8；朱艷英主編，1994:27~28）。雖然如此，大家所說的「獨創」或「創新」的標準卻很難找著或根本不存在，而不免使該說法含有「想當然耳」或「一廂情願」期待的成分。因為所謂的「獨創」或「創新」並不像一般人所設想的那樣容易判定。如自然學科中所有「新事實」或「新理論」的出現，即使排除「作偽」的部分〔詳見布羅德（W.Broad）等，1990；拉德納（D.Radner）等，1991〕，也難以指出它完全「前無所承」（參見國立編譯

館主編，1989；郁慕鏞，1994；張巨青等，1994）；又如人文學科或社會學科中所有「新作品」或「新文本」的裁定，也會因為隱藏的「罅隙難彌」（也就是各作品或各文本都處在相互轉化或相互指涉的情境中而沒有所謂的「獨立性」）而不得不發生動搖，也同樣暗示著憑空創新或獨立構設的困難（參見周慶華，1999a:88~91）。因此，假使仍要給「創作」保留一個創新的空間，那麼這種創新就只是能夠顯現「局部差異」的創新（而不是「全部差異」的創新）。這樣依舊無妨它是可以或必要追求的目標，也就是寫作的「進境」所在；而這時稱它為「優異的寫作」，也未嘗不可。在這種情況下，「創作」就為「寫作」所包涵（參見周慶華，2001:29~30）。

由於寫作有「優異的寫作」和「拙劣的寫作」的對列以及另外有寫作主體「需要成就」、客觀環境有「高標要求」和整體文化的「理想籲請」等條件的制約（參見周慶華，2003:206~240），所以在長遠上寫作就得自我洗鍊而不斷地精進，才能展現它的必要性和特殊價值。而這總稱為「創造性寫作」。當中「創造性」的性質，約略是「個體或群體生生不息的轉變過程以及知情意三者前所未有的表現；而它表現的結果使自己、團體或該創造的領域進入另一更高層的轉變時代」（郭有遹，1985:7）；但它卻只能著重在「擬似」而非「全然」的朗現（所以才稱為「創造性」）。因為「創造」一詞原為有神論所使用，指上帝由空無中造成事物；後來轉用為一般使某些事物中產生一種原來沒有的新東西的行動〔參見布魯格（W.M.Burgger），1989:135~136〕。只是這種轉用仍然要「差一間」，而無從肯定是「無中生有」（上述的「前所未有」說，也

應當這樣定位）；否則它就會被誇張的等同於「獨創」：「一部
藝術作品是結構整一的，它是具有美的物質的格式塔結構。這
種藝術作品無論在主觀意義還是客觀意義上都有創造力的。這
種結構是獨特的，不能完全派生或還原。這種作品的力量在於
刺激人們對獨特的綜合結構的整體獲得直接的領悟；它的價值
在於增強人們立刻知悟的能力。這個立刻知悟的能力優於所有
那些東拉西扯的推理；這就是這類作品的價值。我們可以看到
這種價值是緊密關係於作品的創造力的」（丹青藝叢編委會
編，1987:260）。　這種「獨創」在文學批評史上還被更細緻的
區分為三種形態：「『獨創性』具有三種迥然不同卻常常混雜一
起的涵義，可以說它是由如下觀念所組成的複雜體：關於創造
活動的心理學理論；關於藝術在社會中的適當的功用的理論；
美學理論。（關於創造活動的心理學理論）一部具有獨特性的
作品是經過創造活動的自我表現的產物……（關於藝術在社會
中的適當的功用的理論）應不應該把一部題材新穎並表達了當
代人的生活感受的作品稱為具有獨創性的作品？應不應當接受
一首寫於 1970 年的好的莎士比亞式十四行詩？從審美的角度
出發，答案是肯定的……（關於美學理論）對批評家來說，第
三種意義上的（也就是美學意義上）的獨創性至關重要。一部
作品所以具有獨創性，是因為它的每個方面都促成作品整體的
內在秩序的形成作出了自己的貢獻。因此，在這種情況下，作
品的『獨創性』實際上是跟『好的』一詞同義。這樣的作品的
獨創性跟它是否按傳統方式創作並不相關」〔福勒
（R.Fowler），1987:189~190〕。但正如前面所提到的，這在理論
上說說容易，真要實際上去找這種獨創性作品可會折煞人！因

此，創造性寫作就只是能顯現局部差異的寫作。這種能顯現局部差異的寫作，除了包括通見的「優異的寫作」，還包括特別的「基進的寫作」（詳見第二章第二節）。而在不致發生混淆的情況下，有人要把「創造性寫作」簡稱為「創作」，也未嘗不可。

第二節 » 為什麼要從事創造性寫作教學

從「應勢」所需的角度來看（也就是從寫作主體「需要成就」、客觀環境有「高標要求」和整體文化的「理想籲請」等立場出發），創造性寫作可以由自己「自鑄偉貌」，也可以由他人引導而「及時趕上」或「變通突進」。如果是自己能夠「自鑄偉貌」的，大抵上就沒有創造性寫作教學的必要性；如果是要由他人引導才知道「及時趕上」或「變通突進」的，那麼創造性寫作教學就非有不可了。因此，所謂的創造性寫作教學，就是專為後者而發的。至於創造性寫作教學本身何以是一個可以成立或必要成立的課題，這就得有多一點的說明才行。而這不妨從最基本的寫作談起：

寫作在整體上可以比擬為工廠的系統化生產；這種系統化生產，由原料／題材的輸入，經過製造／寫作的轉換，而有產品／作品的輸出。這所輸出的產品／作品，還可以有改造／蛻化的二度轉換，而造成新產品／綜合藝術品的二度輸出的事實。當中的細微變化情況，可以下列圖示來標明：

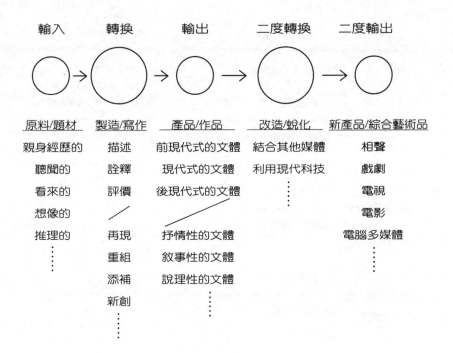

從圖示中可見，人類的寫作已經發展出前現代、現代和後現代
等不同形態的差異，而前現代也有西方和非西方等文化類型的
不同；當中同系統的「突躍轉進」或異系統的「不可共量」，
都不是一般人所能輕易分辨和掌控的。以至後出的寫作要在
「前人的肩膀」上向前伸展，就得有經驗較為豐富的人來帶領
或引導，而直接間接的證成寫作需要教學的課題。此外，任何
作品（文本）從構思到寫作完成，所會涉及的形式、技巧和風
格等問題，也在需要教學的行列，而使得此一課題在相當明顯
的層次上必須受到注意和重視（參見周慶華，2004a:324~
325）。此外，以寫作的形態來說，世界現存的三大文化系統就
各自發展出互不統屬的類型：

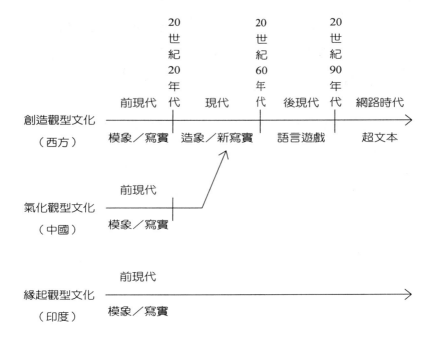

這些類型原都著重在模擬或仿效各自的信仰對象的風采或作為：如西方人所信守的創造觀（上帝創造宇宙萬物觀），就在模擬或仿效上帝造物的本事；而中國人所信守的氣化觀（自然氣化宇宙萬物觀）和印度人所信守的緣起觀（因緣和合宇宙萬物觀），就在模擬或仿效相應的「氣化」和「緣起」觀念而致力於「縮結人情，諧和自然」和「生死與共，淡化欲求」的人間網絡的經營和拆解。這種情況至今仍然斷斷續續在持續著；只是當中已經有新的質素介入而開始產生某種程度的量變和質變。首先是二〇世紀初出現了「造象」這種現代派的寫作觀念。它先源起於西方社會，然後才擴及到非西方社會。原因是創造觀型的文化所預設的上帝為一無限可能的存有，西方人一

　　且發現自己的能耐可以跟上帝併比時，不免就會不自覺的「媲美」起上帝而有種種新的發明和創造（這從近代以來西方的科學技術的快速發展以及各學科理論的極力構設等，可以得到充分的印證）。其次是二〇世紀中出現了「語言遊戲」這種後現代派的寫作觀念。它也先源起於西方社會，然後才擴及到非西方社會。原因是創造觀型的文化所預設的上帝為一無限可能的存有性遭到西方人自我的質疑而引發的一種分裂效應（透過玩弄支解語言來達到「自由解放」的目的）。當中創造觀型文化內的寫作表現從二〇世紀末以來又有新的發展（也就是網路超文本化）；而氣化觀型文化內的寫作表現從二〇世紀初以來就轉向西方取經，逐漸要失去「自家面目」；至於緣起觀型文化內的寫作表現本來就不大積極，也無心他顧，所以雖然略顯「素朴」或「板滯」，卻也還能維持一貫的格調（參見周慶華，1997:69~139；2001:75~94；2004a:142~144）。而這就得在相關的教學中妥善處理，以便學習者能清楚自己的立場以及預估未來可以發言的方向。而我們從後設的角度來研究這一課題，正是為更加開闊議題，而期待有助於寫作效應的實質性進展。

　　　所謂的寫作／寫作教學既然有這樣的「理路」，那麼為顯局部差異的創造性寫作／創造性寫作教學更無從例外。即使不然（也就是教學者在嚴格意義上都無法自稱有「完全經驗」或「絕對勝任」），也可以因為他的能力和經驗有別於他人而將見識形現以供取鑑或對觀，從而在相對上保證創造性寫作教學命題的成立。這是本論述的立場所在，也是其他同類型論述所可以「如此標榜」的。

第三節 » 怎樣從事創造性寫作教學

其實，前節標題還蘊涵一個「創造性寫作教學者為什麼要從事創造性寫作教學」的課題。這往往會超出創造性寫作教學本身的目的範圍，而為所有寫作行為及其相關的理論建樹所「共構」。所謂創造性寫作教學者為什麼要從事創造性寫作教學，這在表顯的層次上可以有兩種回答：第一種回答是創造性寫作教學者從事創造性寫作教學有現實的需求。我們知道人類文化創發的成果大多藉由創造性寫作呈現；以至教人創造性寫作就是為了教人參與文化的創發而免於人生的凡庸化。所謂「沒有任何一個存在主義者把握到使我們面對死亡時，不同態度的真正重點。尼采在《歡悅的科學》一書內把握了這一點：『有一件事是必須的：就是人們由於自己的成就而獲得滿足（不管是由於發明或創造性寫作）。只有如此，人才能忍受死亡。任何對自己不滿的人，都會變得殘暴不仁。我們其他人就成為他們的受害者；僅僅因為我們要阻止他們的悲觀。人由於悲觀絕望，才會變得邪惡而焦慮。』或者如詩人霍德林所說：『那生存的靈魂，如果在生前沒有進入神聖的境界，死後也將無法進入另一個世界。』只有使自己的生命充實的人，才能毫無憂懼地面對死亡：『只要我曾如聖人般的活著，我就不需要其他了。』」（參見葉頌壽，1987:259~260），當中尼采的發明或創造性寫作說把它轉成創造性寫作教學，也一樣可以聯到參與文化的創發的急迫感上。換句話說，創造性寫作教學回饋給創造性寫作而參與了文化創發的行列後，就是為了引導人脫離

「白活」（而最終不能恬然面對死亡）的恐懼。

　　第二種回答是創造性寫作教學者從事創造性寫作教學還有理想的需求。我們可以設想：生命如果流轉不息，而每一世的成就都有益於另一世的榮光的話，那麼創造性寫作以及教人創造性寫作等就可以在這個特定點上「稱勝」（參見周慶華，2002a）。所謂「有唯理主義傾向的原子論者德謨克利特先是弄瞎自己的眼睛，後又絕食而死；而感覺論者和快樂論者伊壁鳩魯卻坐在盛滿溫水的澡盆裏手捧著酒杯『幸福』地走了；道德哲學家蘇格拉底執意避惡從善，不惜飲鴆自殺，臨終前還不忘囑咐他的朋友替他還人一隻公雞；堅信世界無限、實體永存的布魯諾聽到宗教裁判所的判決後，無畏地高喊『你們宣讀判決比我聽到判決更加膽顫』；而相信『知識就是力量』的弗蘭西斯·培根是在對知識的『熱烈搜求』中『靜靜地死去』的；跟封建勢力和宗教蒙昧主義拼搏了一生的狄德羅的哲學遺言是『邁向哲學的第一步就是懷疑』；近代最傑出的批判哲學家康德的最後一句話是『夠了』，而他的墓碑上則刻有他最重要的哲學格言『位我上者，燦爛星空；道德律令，在我心中』；渴求永恆的叔本華的墓碑上遵其所囑，沒有生卒年月，只有『阿圖塞·叔本華』幾個字；鼓吹超人哲學的尼采以『釘在十字架上的人』的身分離開人間；極端強調人的個體性的克爾凱郭爾只要求在自己的墓碑上刻上『那個孤獨者』」（段德智，1994:8），我們可能會為這些有過成就的人這般悲壯的面對自己生命的終了而感到惻怛，但那裏知道他們的成就卻已經在文化的長河裏熠熠發光。而如果生命的去處和轉寰還有自己可以察覺的空間以及別人可以感念的餘地，那麼現世成就的「持續

性」榮光就不再是一件不可能的事。而所要有的成就由創造性
寫作來完結,也就成了可以「世世流傳」而榮耀不盡的保證。
這時創造性寫作教學仍舊要在背後當起「促動力」的角色。

倘若上述這種現實和理想的需求還不足以解釋創造性寫作
教學所以必要的緣由,那麼我們就得再實際一點,從比較深層
次的心理需求來考察,也許可以找到我們所要的答案。而這得
過渡到另一個課題去討論。所謂另一個課題,是指「一種志業
和權力慾的交鋒」。根據上述,我們可以歸結出:可以參與文
化的創發以及能夠冀望現世的成就有益於另一世的榮光,是使
創造性寫作成為一種志業的依據;同樣的,創造性寫作教學也
是以可以間接促成這種參與文化的創發以及相關榮光的延續的
實踐而自我提升為一種志業。但這種志業所以可能,不是因為
志業本身「非有不可」,而是更根本的它可以滿足人的權力慾
望;以至從創造性寫作到創造性寫作教學的志業性,就不得不
跟權力慾望有所交鋒。

這種交鋒,可以促進志業的實現,但也可能造成志業的變
質,關鍵就在該權力慾望是「怎麼伸展」的。所謂權力慾望,
是指影響別人、支配別人的想望〔參見韋伯(M.Weber),
1991:21~27;佛思(S.K.Foss)等,1996:239〕。前者(指影
響別人的想望),是對於自己的作為能啟發別人或獲得別人承
繼的渴念(參見陳鵬翔等編,1992;李達三等主編,1990);
後者(指支配別人的想望),是特別期待自己的作為能達到規
範別人或制約別人的效果(參見周慶華,1999a:102~103)。這
種慾望可以統攝「謀取利益」、「樹立權威」和「行使教化」等
想望,或者直接說它是「謀取利益」、「樹立權威」和「行使教

化」等想望中的想望。因為謀取利益涉及利益的多沾或多得
（相對的別人就少沾或少得），可以說是權力慾望的「變相」發
用；樹立權威則無異是該權力慾望的遂行；而行使教化更是該
權力慾望的「恆久」性效應。這也就是我個人所常提到的相關
的「推移變遷」或「改造修飾」語言世界的終極真實所在（詳
見周慶華，2001；2002b；2003；2004a）；而該志業的志業性
和權力慾望從而也就「結合為一」了。有人曾經考察到：

> 文學理論家、批評家和教師們，這些人與其說是學說的
> 供應商，不如說是某種話語的保管人。他們的工作是保
> 存這一種話語；他們認為有必要對它加以擴充和發揮，
> 並捍衛它，使它免遭其他話語形式的破壞，以引導新來
> 的學生入門並決定他們是否成功地掌握它。話語本身沒
> 有確切的所指，這不是說它不體現什麼主張：它是一個
> 能指的網絡，能夠包容所有的意思、對象和實踐。某些
> 作品被看作比其他作品更服從這種話語，因而被挑選出
> 來，這些作品於是被稱作文學或「文學準則」。人們通
> 常把這種準則看作十分固定，甚至在不同時代也是永恆
> 不變的，這在某種意義上具有諷刺意味；因為文學批評
> 話語沒有確切的所指，但它如果想要的話，卻可以把注
> 意力或多或少地轉向任何一種作品。準則的某些最熱心
> 的保護者，已經不時地表明如何使這種話語作用於「非
> 文學」作品〔伊格頓（T.Eagleton）1987:192~193〕。

這所涉及的話語形式（意識形態）間的競爭，說穿了就是權力

慾望的不容妥協（參見周慶華，1996a）；否則又何必如此堅持己見（並透過相關的話語外發）？而這一權力慾望，是人所能意識的範圍內的終極性的存在；包括創造性寫作教學在內的有關行為如果不基於它，幾乎無法想像是怎麼可能的。換句話說，倘若不是權力慾望的發用，即使有再多其他的動機或激勵，那麼也無能十足促成相關志業的成行。在這種情況下，權力慾望和相關志業就可以成正比的關係發展（也就是權力慾望越強烈的，就越有助於相關志業的實現）。至於有造成相關志業變質的現象的，那是因為缺乏規模可長可久的相關志業的能耐卻徒有影響／支配的衝動，導至要以權力慾望來迫使不甚高明的相關志業的推動而釀至不當「思想殖民」災難的結果。因此，倘若這種不當「思想殖民」災難不宜擴大的話，那麼所有的權力慾望就得多「讓」一點給相關的志業（也就是仍然可以一邊淡化權力慾望而一邊強化相關志業），才能保證後起的同類型作為可以被「殷切的期待」。

　　有了上述這點認知作為基礎，就比較方便接著談怎樣從事創造性寫作教學這一「後續」必要談的課題。換句話說，怎樣從事創造性寫作教學所涉及的是「技術」層面的問題，而該「技術」所以會成形就不只是「它是可用的媒介」而已，還會因為符應教學者的意圖而被終極的甄辨選定。這時相關的技術運用，就沒有所謂的「自主性」，也沒有所謂的「恆定性」，一切都看教學者的意圖（也就是上述的志業和權力慾）而作最後的裁定。這種裁定，可以分為三個漸進式的層次：第一是得有相關創造性寫作的「識見」。雖然前面說過創造性寫作包括「優異的寫作」和「基進的寫作」等一類能顯局部差異的寫

作，但這類能顯局部差異的寫作卻沒有「定準」，它完全是透過「比較」而在相對上予以暫定的；而「比較」部分則只能靠識見（來完成）。識見可以說是一種特殊的悟性的表現，能「見人所未見」（參見周慶華，2003:9~10）；它運用在創造性寫作的判斷上，就是「前後差異」的敏銳的有效的分辨。只不過它無法理論化，僅能約略的在每一個案例上「著力見效」。第二是得有踐履創造性寫作的「本事」。創造性寫作的識見所保障的是創造性寫作教學在取材和引導上的相對的穩定性；而這種穩定性如果有教學者實際的踐履經驗，那麼一定會更使人信服而願意追隨嘗試。即使不盡然，也得在相關言說（話語）上顯露出該踐履本事的「蓄勢待發」狀態，才能保證創造性寫作教學的「非虛幌」性。第三是得有創造性寫作教學的「方法」。這是最後一關；也就是有了創造性寫作的識見和創造性寫作的踐履本事後，還要有相關的教學的方法，所謂的創造性寫作教學才能具體成形。這一點，後面還會加強討論，現在先行點出以便「醒眉目」以及預告在實踐上應有的進程。

創造性寫作教學的範圍

第一節 » 創造性寫作文體教學的範圍

創造性寫作教學可以在權力慾望和文化理想等條件制約下成立，它所能再度自我標誌的是一個「範圍」的問題。也就是說，創造性寫作教學固然可以「無所不可」，但基於權力自限和訴求對象的框定，它勢必要有所選擇；以至而有範圍的問題。這大體說來，約有創造性寫作文體教學的範圍、創造性寫作文體創新教學的範圍和創造性寫作文體創新方法教學的範圍等幾種情況。這裏就先談創造性寫作文體教學的範圍部分。

所謂「創造性寫作文體教學」，在表義上是「教學創造性寫作的文體」的倒裝。它所會觸及的範圍的圈定問題，是因為相關的創造性寫作的文體可以無止無盡，如果不加以限定就難以「順利」的談論下去。而這得從「文體」本身看起：文體是指文章（作品）的體裁，也就是組構成文章的語言的形式。而這種形式，還可以因為具體實踐的不同而有類型的差異。只是在區分文體的類型時，大家的取據不一而使得整個分類系統「紛紛紜紜」（參見周慶華，1996a:74~96；1996b:21~42）；以至還得勞煩繼起論述者重作思考，給予必要的「安置」。關於這一點，我個人的想法是這樣的：分類系統的「混亂」，無妨當

它是一種常態；但為了能夠繼續論述下去，勢必要採取一些權宜的措施來因應：首先，有必要認定分類本身無不是為了建構系統〔如果有不分類觀念，那麼該不分類本身也是一個系統（一個更大的系統）〕。這個系統，在循環論證義上「創造」了文體的類別（所分的類是一個詞或一個概念，它對應著事物，而事物就被創造了，所以這裏才說分類觀念創造了文體類別；而它跟前面所說的「還可以因為具體實踐的不同而有類型的差異」不得不構成一個可以接受的「良性」的循環論證），並且可以作為寫作或批評的一個屬類依據。至於系統間所存在的差異或對立，那已經不關系統本身的功能問題，而直接牽涉到論述者內在的權力慾望（進而冀望能謀取利益或樹立權威或行使教化）。換句話說，論述者所以要那樣分類，不是那樣分類更「真實」或更「客觀」，而是那樣分類更「理想」或更「高超」，從而期待它形成一種支配論述。這好比有人對相關歷史知識的建構的考察判定那樣：史實認定並沒有絕對客觀的標準，而這還不是「最」重要的；最重要的是史實認定者的企圖。正如尼采所提示的，並沒有所謂「純粹的認知」，認知本身就是一種詮釋和評價的活動，一種意義和價值的設置建構。因此，大家所認定的「史實」從來就不是什麼純粹的「史實」，而是一個意義價值界定的範疇。這個範疇，其實已經形同一個崇高的「理念」，它不僅僅是可以作為討論相關問題的依據，更是指導行動、定位行動主體的最高價值體系。而當大家在爭論誰所認定的「史實」才是真史實時，那並不是它更客觀或更真確，而是因為它更理想或更崇高。換句話說，史實的判定並不是認知層面上的「真／假」問題，而是價值層面上的

「信仰抉擇」或「意識形態鬥爭」問題（參見路況，
1993:122~123）。文體類型區分的非真理性，也得比照「確
定」，才不會再陷入「無謂爭論」的泥淖裏。其次，根據上述
的理路或前提來為文體區分類型，就只能儘量自我完足，建立
一個相對有效而可以提供讀者參考的分類系統（至於所隱含的
謀取利益、樹立權威和行使教化等想望，也就心照不宣了）。
而在這裏，我個人就以語言表述的內在樣式或取義向度作為依
據，暫且把文體區分為「抒情性的文體」、「敘事性的文體」和
「說理性的文體」等三大類型（參見周慶華，2001:48~49）。這
三大類型在寫作表現上，又可以有前現代式的、現代式的和後
現代式的等文化形態的差別（詳見前章第二節）；以至這就可
以形成更多次類型的文體：

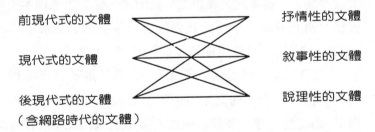

這些次類型的寫作，還可以依據前面所說的描述、詮釋和評價
等手段以及再現、重組、添補和新創等方式而各自成就所要成
就的具體樣式：

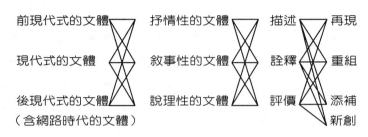

依照這個圖示，幾乎所有寫作文體教學的課題都可以從中「得著定位」和「適度討論」。比如說，假使有人構設這麼一段敘事性的文字：「陶南才坐下來，就聽見兩個女生在交談。當中一個說：老四剛剛在餐廳吃飯，餐盤中有一顆滷蛋，她用筷子一夾，滷蛋順勢彈了出去，掉在對面另一個人的湯裏，濺了人家一身。她趕忙起來向人家道歉，並為對方擦拭；沒想到又把餐盤弄翻了，這下對方連臉上都是飯菜。你看，這種笨手笨腳模樣，真是豬噢！」那麼我們馬上可以判斷它是前現代式的（不論中西），並且兼用描述（從開頭到「你看」句之前）、詮釋（「這種笨手笨腳模樣」）和評價（「真是豬噢」）等手段（至於它所採取的方式究竟是再現或重組或添補或新創，則不明確）。即使是這樣，我們也能進一步指出該段文字的描述部分已經隱含有「這種笨手笨腳模樣」的詮釋和「真是豬噢」的評價（雖然它們是轉述語），實在不必再添蛇足而剝奪讀者自行判斷的空間（說不定讀者會認為那個出糗的女孩是在創造「一個新鮮有趣的世界」，這將更有啟發性）。其他的案例，可以依此類推，而使寫作文體教學真的能有助於寫作的「日益提升」。至於創造性寫作文體教學，則是以「創造性寫作」作為修飾詞，它所得留意的文體的變化情況大致上也不差（雖然它

也可以新創文體）。

　　雖然如此，實際的創造性寫作文體教學還得再「細緻化」，才有具體指稱的便利性。換句話說，抒情性的文體、敘事性的文體和說理性的文體等都是高度概括的文體指稱（即使再加上前現代式的、現代式的和後現代式的等分合後的次類型區別，也還嫌抽象難了），它們還需要再予以細分，以便作為論說和實踐的「依憑」。而這就進入了文體的次次類型的討論範圍了。文體的次次類型的劃分，也跟文體的次類型的劃分一樣沒有什麼先驗性；它為權力慾望所發用後，就可以依便去尋求它所要的相互主觀性（也就是期待相似背景或相同經驗的人的認同）。而這在我個人的「判別」中（參見周慶華，2001；2002b），不妨有下列圖示的次次類型區分方式（併合次類型一起展示）：

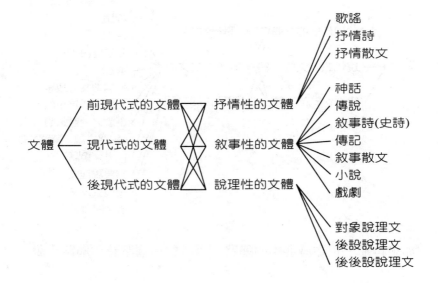

當中抒情性的文體和敘事性的文體合稱為「文學」。這原不限
訴求對象；但從近代以來，（源自西方）為因應兒童的需求而
有所謂「兒童文學」的興起。兒童文學，在總提上可以說是
「兒童所能理解的文學」或「大人所認為兒童所能理解的文學」
（參見周慶華，1998）。換句話說，這種文學是切合兒童經驗
的。雖然這在實踐和檢證上會有某種程度的困難（也就是切合
說難脫「若即若離」性而使得兒童文學常處在不穩定狀態），
但它依舊可以比照前例而自出一個分類系統。這個分類系統，
新加入一類「童話」（這是兒童文學所獨有），而其餘則可以從
相關的次次文體類型中分化出「童謠」、「童詩」、「故事」、「少
年小說」、「兒童戲劇」等幾類：

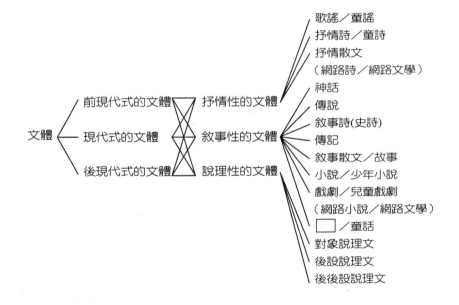

如果再加上正在發展中的網路文學（包括網路詩和網路小說

等），那麼一個屬於兒童文學的分類系統就「成形」了。這個分類系統中的每一種類型，都可以為它冠上「創造性寫作」的限制詞而透過教學來「重開新局」。也就是說，兒童文學領域還很少有人能夠這樣積極的「全面性」的去創新格局（參見周慶華，2004b:157~171），以至由這次的論述來「開風氣之先」也就有它的不凡的意義了。而談論到這裏顯然已經「繞了一大圈」，但不這樣層層剖析，一下子要把所要討論的「創造性寫作文體教學的範圍」課題帶出來，恐怕會讓人有「突兀之感」！

第二節 » 創造性寫作文體創新教學的範圍

既然已經選定了創造性童謠寫作、創造性童詩寫作、創造性故事寫作、創造性童話寫作、創造性少年小說寫作、創造性兒童戲劇寫作和創造性網路文學寫作等作為討論教學的範圍，那麼接下來就是圈定有關「創造性寫作文體創新教學」的範圍。同樣的，所謂「創造性寫作文體創新教學」，在表義上也是「教學創造性寫作文體的創新」的倒裝。它所觸及的範圍的圈定問題，也是因為相關的創造性寫作文體創新途徑可以無止無盡，如果不加以限定就難以「順利」的談論下去（或說那會「漫無止歸」）。

這一點，可以從兩方面來談：第一，在一般文學上所實踐過的現代式的創新和後現代式的創新等，對還耽溺在前現代氛圍裏的兒童文學創作形態來說凡是能起「差異」性表現的，都可以就近藉使而帶進教學中「以見後效」。我們知道現代式的

創新有這樣的理路：它總稱為現代主義（還包括象徵主義、未來主義、表現主義、存在主義、超現實主義和魔幻寫實主義等前衛流派），而在寫作表現上普遍顯現出對於語言功能的信賴和形式實驗的興趣。前者（指對於語言功能的信賴），表現在「真」和「美」的追求。所謂真，是指作品所烘托的世界，而不是真實世界。現代主義作者服膺的不是寫實主義或模仿理論，而是文字能造象的功能。他們相信作者是藉著文字去創造一個想像的世界；這個世界的真實感是由作品的形構要素所構成，而不是依附於外在世界所產生。而所謂美，說明了一種超越論的創作觀。他們認為現實世界的感知現象瞬息萬變，只有文學作品上的美可以超越塵世的變幻無常。換句話說，美的事物在塵世中隨時都會凋萎，只有透過文學來保存它們，將它們「凝固」在作品中，才不至於像塵世的生命那樣朝生暮死。這顯示了他們極度相信語言的堆砌就會構成意義：作者只要找到精確的語言符號，就可以教它們裝載滿盈的意義。後者（指對於形式實驗的興趣），表現在對小說敘述觀點、敘述方式和敘述結構的斟酌以及詩歌形式美的創造：小說家運用細膩的技巧邀請讀者涉入小說中的世界，辨析真相的所在〔如福克納（W.Faulkner）在《亞卜瑟冷》一書中運用了四個敘述者以不同的觀點去捕捉故事的片面，而讀者必須整理出故事的來龍去脈以了解故事的真相〕；而詩人也同樣重視形式實驗，他們主張形式的美勝於意義〔如康明思（E.E.Cummings）詩中的空間形式設計可供佐證〕。這又根源於他們對自身角色的覺悟和期許（應該為現代人找到精神上的出路），儼然是時代的先知或預言家（參見蔡源煌，1988:75~78）。而現代主義作者對於

語言功能的信賴，正是他們從事形式實驗所以可能的依據（即使講究形式美的詩歌，也不能忽略由語言「排列組合」所彰顯的意義），二者（指對語言功能的信賴和形式實驗的興趣）有密切的邏輯關聯（參見周慶華，1994:3~4）。至於後現代式的創新也有這樣的理路：它逕稱為後現代主義，實際上則以解構理論為核心（有關解構理論的部分，詳後）。它在寫作表現上約略顯現出在形式實驗方面有更新的發展，原先作者的自覺演變成對寫作行為本身的自覺：小說家不但在從事杜撰想像，還同時將這個過程呈現給讀者，連帶也交代小說中一個故事的多樣真相；而詩人除了使寫作行為作為一個自身情境的反射，對於形式的創造更是不遺餘力。有人根據這一點，判斷後現代主義延續了現代主義所作的嘗試（因此稱後現代主義為「超前衛」），而解消了二者相對的一部分意義。然而，後現代主義所作的實驗，在「實質」上已經不同於現代主義，如何能說它們有相承的關係？何況現代主義作者所強調的語言功能，在後現代主義作者看來，無異於一種「迷思」而極力要否定它？可見後現代主義，完全站在現代主義相對的立場，獨自展現它的風貌。如果要說它是「超前衛」，也得就這一層意義來說。而由於後現代主義作者的出發點，在於對語言功能的不信賴（語言中的「意符」和「意指」搭連不上，無法達到描述事物、建構圖象的目的），而當寫作不過是一場語言（文字）遊戲罷了，所以「反映」在作品上的，就是對傳統種種成規的質疑和排斥。如在小說方面，它們或凸顯作品寫作的刻意性，展露對於寫作行為的極端自覺和敏感；或暴露寫作的過程，強調一切尚在進行的「未完」特質；或一意談論作品的角色、情節等。一

則藉以「自省」（自省寫作行為）；二則邀請讀者介入作品跟作者一起玩語言遊戲。而在技巧上，「諧擬」和「框架」的運用，也是一大特色。前者（兩種符號或聲音併存其中，彼此抗衡）在藉由「逆轉」和「破壞」為人熟悉的文學傳統來達到批判的目的；後者在指陳傳統所謂「開端」或「結尾」的武斷性，並藉框架模糊以建立幻覺及持續暴露框架以破壞幻覺來達到解構的目的（參見孟樊等編，1990:311~316）。又如在詩歌方面，除了後設語言（就是對寫作行為的說明）的大量嵌入及諧擬技巧的廣被使用，還有「博議」（異質材料的組合排列）的拼貼和混合、意符的遊戲、事件的即興演出、更新的圖象詩和字體的形式實驗等（參見孟樊，1995:261~279）。造成了文學作品的形式和意義空前的大開放。而這已經不是前代文學所能比擬於萬一（參見周慶華，1994:4~6）。後者（指後現代主義）所造成的解構風潮，至今還在產生它的影響力（詳見第九章）；以至有必要對它的來龍去脈有多一點的了解。這大體上要上溯到傳統語言符號學來看整個「表意」的演變情況（參見周慶華，2004a:137~140）：

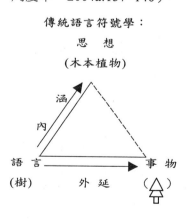

傳統語言符號學：

思　想

（木本植物）

涵

內

語　言 ───────→ 事　物

（樹）　　　外　延

在這語義三角形中，思想如果要表達樹這種木本植物的概念，就必須選定相關的語言符號（不論是現成還是新創）來表達。而語言符號一旦被選定了，它就有內涵和外延等意義可以指稱（有關傳統語言符號學的語義觀，可參見李安宅，1978；戴華山，1984；謝康基，1991；何秀煌，1988）。圖中所連兩端事項為實線的代表直接的關係；所連兩端事項為虛線的代表間接的關係。

結構語言學：

二〇世紀初，結構語言學興起，主張語言是自我指涉的。如：

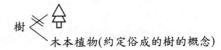

樹 木本植物(約定俗成的樹的概念)

樹指向「木本植物」（而「木本植物」也是語言，所以才說是語言自我指涉），而不指向實際存在的樹。因為樹這個符號的創設是任意的（在不同語言系統中各有不同的代表樹的符號）；同時樹這個符號和實際的樹並不相等（既然這樣，樹的外指也就不重要）。至於我們的選字組詞所構成的言語這種語序結構，都是從抽象的語言系譜（包括語音系譜、語詞系譜、語法系譜等等）出來的，而跟外在的事物無關〔詳見索緒爾（F.de Saussure），1985〕。

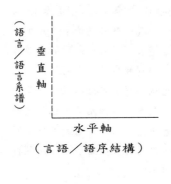

（語言／語言系譜）

垂直軸

水平軸
（言語／語序結構）

結構主義：

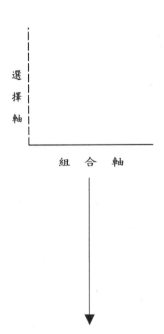

選擇軸

組　合　軸

後期結構主義：

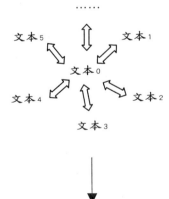

受到結構語言學的「啟迪」，文學批評界建立起了結構主義流派，而把原有的言語和語言對列的觀念，轉換成文學的「意象」、「事件」等的組合和選擇。如「一個孩子和父親吵架後出走，在烈日下穿過一座樹林，跌落在一個深坑裡。父親出來找他的兒子，向深坑裏張望；但因為光線很暗，看不到兒子。這時太陽剛好升到他們頭頂，照亮了坑的深處，使父親救出了孩子。在歡樂中他們言歸於好，一起回家」（伊格頓，1987: 95），在這個故事中所顯現出來的「兒子反叛父親」、「父親俯就於兒子」、「兒子和父親重歸於好」等一系列的意涵，都可以回到最底層的「高／低」的對立結構去得著定位和理解。而所組合成故事的各個元素，也是透過眾可能中選擇來的；它們可以重新更換，而組合成同結構而不同題材的故事。

後期結構主義由早期結構主義對文學各成分的組合／選擇的興趣，轉向對整個文本相互指涉的關懷。如我們把徐志摩〈再別康橋〉「我揮一揮衣袖，不帶走一片雲彩」（文本0）（徐志摩，1969:397）作個理解，會發現裏面隱含有灑脫的心

境，為自然主義或道家思想（文本$_1$）所滲透。依此類推，它可能還會跟別的觀念（文本$_2$、文本$_3$、文本$_4$……）相互指涉，而形成各文本在互相對話或戲謔或爭辯的繁複景象。

解構主義出現於二〇世紀六〇年代，主要是要解消一切的結構體（包括傳統的理體中心和先前的相關結構主義的結構觀念等），而防止「意義」被壟斷或不當的「權威」宰制（參見廖炳惠，1985:15~16；李永熾，1993:282~284）。它從意符的延異起論，而後推及文本的無盡指涉現象，來佐證解構的必要性。在意符的延異方面，如左列「愛」作為一個意符，永遠追不到意指（雖然它是我個人代為模擬），最後只剩一連串意符在相互追蹤。雖然如此，意符每延遲（延宕）一次，都會有差異，這也就是「延異」一詞的意涵。至於在文本的無盡指涉方面，如前述所隱含的自然主義的自然觀或道家思想的逍遙遊（文本$_1$），又為虛無主義或反理想主義（文本$_{1~1}$）所滲透。依此類推，永無止境。

解構主義：

愛→喜好→歡悅→心動→震悸→驚怖恐懼……
意符→意指
　　意符→意指
　　　　意符→意指
　　　　　　意符→意指
　　　　　　　　意符→意指
　　　　　　　　　　意符→……

所謂後現代主義所以可能，就是實踐了解構理論的語言遊戲特性。而我們把前現代的模象觀和現代的造象觀一起併列時，不免會顯現出高度的不協調現象。理由是造象觀會批評模象觀的「模象」本身的不可能也沒有多大意義（「不可能」的原因是現實事物瞬息萬變，人所捕捉到的部分都無從回過頭去檢證它的真實性；「沒有多大意義」的原因是現實事物多醜惡不堪，窮為描摹反無助於社會人心的改造。詳前）；而語言遊戲觀也會批評模象觀兼及造象觀對語言功能的過度信賴（一個相信語言可以對應於現實事物；一個相信語言可以用來創新事物）〔參見蔡源煌，1988；楊大春，1994；諾利斯（C.Norris），1995〕。但它們都會留下「自己的語言使用又如何可能」的罅隙難以彌補，導至每一種寫作形態的內涵觀念都有被質疑的空間（也就是我們可以反問主張造象觀的人不也是在反映現實中有一種「造象」的想法或慾望嗎？而主張語言遊戲觀的人不也是在相信他所使用語言對別人批判的有效嗎）（參見周慶華，2004a:143~144）。因此，既然三種寫作形態都有不好圓說處，那麼就讓它們「各存其所要存」；而所謂創造性寫作文體創新教學能夠從當中「尋隙」取鏡的，就依便加以取鏡，以為驗證本課題所預期的重開新局的效應。

第二，在不受制於任何特定流派的前提下，還有一個「基進」取向。而所謂基進（radical），也稱激進，是一種空間和時間中的特殊的相對關係。它在被運用時，有衝破一切樊籬的效力和不拘格套的自主性。如呈現在空間關係上，它就反對一切傳統霸權式的空間佔領策略（由侷限在山頭的堡壘逐漸蠶食鯨吞到控制廣幅空間流動的一方霸主）；而呈現在時間關係

上，它也反對一切傳統霸權式的時間佔領策略（一方面它透過
歷史的造廟運動不斷地「塑造」悠久連續的歷史傳統；一方面
它以「負責的」社會工程師自居不斷地預言未來秩序，建構未
來的新社會）（參見傅大為，1991:代序 4）。換一個過去流行過
的通俗說法，就是「戰爭機器」：

> 戰爭機器的作用就是畫出「去中心化」的「逃逸路
> 線」，穿越封閉的「內在環境」，逃出國家機器的捕捉。
> 「逃逸」並不是消極的逃避，而是積極的開放和拓展。
> 戰爭機器的逃逸路線穿梭於體制片段僵化的畛域和輪
> 廓，在不斷移位的「解除界域」的運動中，不斷佔領未
> 開發的新領域。逃逸路線是遊牧的軌跡，沒有起點也沒
> 有終點，沒有任何固定的領域和中心；只是不斷遷移，
> 從一個「面」遊牧到另一個「面」。相對於國家機器所
> 規劃分割的「區隔空間」，戰爭機器不斷開拓出自由開
> 放平曠空間。舉凡科學、哲學、文學、藝術、劇場、音
> 樂都可以成為戰爭機器（路況，1990:總序 iii）。

當然，戰爭機器也會突破國家機器所塑造排列的「區隔時
間」，不斷地瓦解歷史傳統、解構廟堂神位，使自己處於不停
流動的局部格局（參見周慶華，1998:1~2）。雖然如此，基進
卻有別於一般所說的「極端」或「偏激」。基進往往是基進者
自我形容的詞彙，而極端或偏激則往往是權威保守者加諸基進
者身上的標籤。這兩個詞常被懷抱不同意識形態的人用來形容
一件相同的事物，表面看來有些類似，其實大不相同。理由是

極端或偏激在被使用時，很容易讓人聯想到「不正常」；而社會上的一些「極端或偏激分子」往往也會被認為是情緒和心理不平衡、失調、甚至曾經受過傷害和打擊。另外一種說法則是這些極端或偏激分子「貪心」、「不守本分」，所以在社會上或思想上有「野心」、想打擊他人等。總括說來，「『極端』（或『偏激』）這個標籤的使用，往往是在一種認定對方是心理上或情緒上『不正常』的條件下出現。這樣一個本是價值性或選擇性的問題被轉化成心理成熟度或成長度這樣的『心理和生理』的中性科學問題。使用『極端』（或『偏激』）這個標籤的人，往往隱含著他已經佔據了權威科學位置的立場。既然已經有了這個立場，權威科學者就不必浪費時間跟心理不正常或未成熟的人辯論。使用權力迫使對方就範，然後加以細心的輔導和感化，才是一邏輯的處理方式」（傅大為，1994:3~4）。相反的，「基進者的立場，既不可以用心理式的尺度來衡量，也不可以按生理成長式的標準來估計。根本上，他拒絕成為權威科學『職業性注視和診斷』下的一個 subject。一個基進者涉及到的是一社會性、位置性和立場性的問題，而非心理、生理和態度的問題。基進者所尋求的是一些特別的社會空間和位置；它是在權威系統之外的自主性空間，它是一個可以擾亂、打破這整個權威系統的戰略位置」（同上，4）。縱是如此，基進者尋求所要的自主性空間或採取有利的戰略位置後，多少也有向人暗示這是一個可行策略或合理的途徑；否則他的「苦心積慮」就只合自己賞玩而無法跟人分享。因此，像底下這一說法就得有所保留：「基進者攻擊和批評，不是藉著向一反動系統的挑戰，以形成一『進步』的新系統（一個進步的『正常和不正

常』的新分類系統）。恰好相反，基進者的傳統革命性較低，他不爭社會或文化霸權；但他的基進革命性卻更高。他所挑戰的，是那個『霸權性』、『系統的』本身。他要打碎的，正是一切『正常和不正常』分類邏輯所立足的權威系統……在這樣的意義、策略和要求之下，『基進』和『極端』（或『偏激』）彼此是完全不可比較、無法混淆的。它們也無法以在左／右派、進步／反動、理性／蒙昧、真理／虛偽等這些啟蒙式的分類系統來加以了解。基進者固然不願成為一個被診斷下的極端者，他當然也更無意佔據一個『新診斷者』的系統中心的位置。他所要打亂、破碎的正是這個『極端者；溫和者；診斷者』所構成權威系統本身。無論任何一種形態的文化霸權、社會解釋權、民族診斷權，都可以是企圖吞食一切的權威系統的變相。基進者所要求的是一局部、自己的空間，他珍惜『局部性』、『非系統性』、『相對性』這樣的社會空間位置。在這樣的意義之下，基進性才是權威性和系統性最徹底的挑戰者；基進者的社會位置也才能跳出『進步和反動』互相交替的歷史循環之外，求得一自主而深耕的空間」（同上，4~5）。所謂有意／無意等說法，並不能只是自我宣稱或辯解就算數了，別人還（仍）會透視他背後動機或意圖的「不單純」（也就是試圖標榜以基進行徑為新的指標或新的權威系統）。因此，我們實在不必諱言基進作為的「正當性」或「合理性」（進而希冀它有更多人來仿效）。如果還有可以限定的，大概就是如何避免「過度基進」所可能帶來的反效果。換句話說，過度基進以「執意直往而無悔」的態度出現，忽略了自己本身可能存在的某些盲點（如立足點的不夠穩定、攻擊目標的片面虛擬、所採取策略

的效應短少等等），這就是一個值得留意的問題（參見周慶華，1998:2~5）。而確定要根據這種觀念後，還可以再問一個問題，那就是：基進會有黎明嗎？對於這個問題，我個人可以相信它有，但不敢說「必定如此」（因為它還有待別人的認同）；同時它也未必像一位論述者所設想的這樣：「走出黑暗洞穴的小子們，在知識／權力的空間和探照燈束的交織網中游走、流動和戰鬥，這些也許都是一種基進的黎明。但黎明還有另一層意義：它介於黑夜和白日之間，介於黑暗的尊嚴和監視燈束交織的白日之間。基進的黎明（這是一個關鍵）並不是由黑夜中出來，取而代之地在摧毀舊的光明王國後立起一個新的光明燈束（『新啟蒙』）王國；基進的黎明並不是一種從黑暗到光明的過渡，只有過渡性的意義。事實上，基進根本地否定『光明燈束』和『黑暗尊嚴』這二者的權力劃分。基進只有兩個可能性的位置：被迫走進黑暗或黎明。在基進的時間和空間關係上，它沒有能力和條件成為一個新的光明燈束。在黎明曖昧的顏色和閃爍不定的光影中，基進者們遊吟而歌、浮萍而舞。基進者將忘卻真理／虛假、光明／黑暗這些古老的童話」（傅大為，1991:代序 5）。倘若說基進主張的背後沒有絲毫成為「一個新的光明燈束」的企圖，那麼這不是「過分客氣」，就是「自欺欺人」（參見周慶華，1998:5~6）。因此，有心人無妨勇於嘗試，歷史永遠不會吝於空出位置來容納有益文化新生的基進性的表現。而其實今人所有的這種基進的觀念，以傳統中國為例，老早以來就斷斷續續的存在著。所謂「夫設文之體有常，變文之數無方，何以明其然耶！凡詩賦書記，名理相因，此有常之體也；文詞氣力，通變則久，此無方之數也。名理有

常，體必資於故實；通變無方，數必酌於新聲。故能騁無窮之
路，飲不竭之源。然綆短者銜渴，足疲者輟途，非文理之數
盡，乃通變之術疏耳」（范文瀾，1971:519）、「作者須知復變
之道：反古曰復，不滯曰變。若惟復不變，則陷於相似之格；
其壯如駑驥同廄，非造父不能變，能知復變之手，亦詩人造父
也。以此相似一類置於古集之中，能使弱手視之，眩目何異」
（郭紹虞，1982a:211 引）、「夫文學不能立古人之前，猶之人類
不能出社會之外。然而改革社會，豪傑之所能為；則變化古
人，亦文學家之有事乎！變化如何？曰：仍其義，變其例；仍
其例，變其義」（郭紹虞，1982b:514）、「蓋文體通行既久，染
指遂多，自成習套。豪傑之士亦難於其中自出新意，故遁而作
他體以自解脫。一切文體，所以始盛終衰者，皆由於此」（王
國維，1981:25）等等，都是一派「非基進不可」的口吻。此
外，在西方近代各學科上也不乏這類的案例〔參見威廉斯三世
（F.P.Willians III）等，1992；洪鎌德，1998；佟恩（R.Tong），
1996〕。因此，凡是能夠突破既有的規範的寫作行為及其成果
（它可以「收編」現成的現代派的手法和後現代派的手法，也
可以「獨自」發展），都帶有起碼的基進性，也是一個求新求
變的社會所渴盼來照亮某些退化或沉滯的心靈（參見周慶華，
2003:236~237）。而我們把基進這種觀念運用在寫作上，大略
可以激發出底下這樣的想法：首先是以基進的作為掃除寫作的
內在可能有的疆界（如「某一特定類型的寫作」之類），然後
再回頭權宜的守住寫作的外在可以有的疆界（如基於權力慾望
和文化理想對於具有新穎性或啟發性的寫作的召喚）。以上二
者，可以成為一體的兩面或相互的解構對辯，讓它在隨機的帶

出或雙接中靈活自己的應變能力，也讓周遭的環境常存活發和
新生的氣息。其次是這種基進觀念所以要「落實」，主要是它
在實際上相對的可以帶出或刺激另一階段的基進的作為，使人
類的文化永遠得以保持「活力」。再次是基進既然是在挑戰傳
統或突破規範，那麼它就無法預設止境（也就是基進之後如果
又形成了另一種規範，那麼它就需要再基進。依此類推，可以
無窮盡的「基進」下去），也無法限定所要基進的文化領域
（也就是它可以不加限制在各文化領域之間「遊走」）。在這種
情況下，也就不能期待「終程」；它毋寧要讓結局開放，以便
有再啟另一波基進創新的機會。至於它跟前一點倘若有明顯
「矛盾」的地方，大家還是得作一番「抉擇」，這就不言可喻了
（參見周慶華，2002b:392~393）。而能夠有上述的自覺後，我
們還可以設想有一些較為具體的基進向度。如以反影響思維或
逆向思維來結構作品，而展現作者在寫作上的「本事」。前者
（指反影響思維）的具體實踐情況，則可以顯現在各種嘲諷仿
作中（以戲謔或反設計或歪曲模仿的方式來完成）。如敦煌變
文中的〈孔子項託相問書〉把孔子寫得像一個猥鄙的小人（寫
孔子發現智不如小兒項託後而使詐謀害了他），充分顯現它的
戲謔性格（參見周慶華，1996b:200~206）。又如話本小說中
〈快嘴李翠蓮記〉極力去模塑一個敢於衝破父權網羅的女子李
翠蓮的「不世出」形象（抗拒父權社會種種「不合理」待遇後
遁入空門尋求慰藉），也充分顯現它的反設計色彩（參見洪淑
苓等，1997:195~235）。雖然如此，所有反影響結果的判定，
還是得由「相互主觀」來作保證；否則處在該情境中的人都要
有反影響的自覺（但實際的情況是許多人在「無意」中造就了

別人所稱的反影響的事實，而他本人並不承認）。因此，這種
基進性可能存有較大的爭議的空間。至於後者（指逆向思維）
則可以以幻化怪誕或顛倒事物的方式來顯現它的基進性。在表
面上它是將異質素併置而顯出不合情理的現狀〔參見欣奇利夫
（原名未詳），1992:1~11；姚一葦，1985:272~293〕，但實際上
則是要促使人對世界人生深入思考。如被論述者認為是此中名
作的貝克特的《等待果陀》一劇，雖然「劇中的世界只是光禿
禿樹的荒原，人物是瘋三、奴隸和奴隸主。這些人物的言談和
行為都跟客觀世界一樣無聊和不可思議，尤其是幸運兒胡言亂
語的長篇獨白」，但它所要提示的「人類在一個荒謬的宇宙中
的尷尬處境」（等待一個不可能出現的對象），卻值得人深思
（參見孟樊等主編，1997:26）。此外，貝克特的《最後的一
局》、尤涅斯可的《椅子》和《禿頭歌女》、品特的《一間屋》
和《生日晚會》、渦比的《美國夢》和《誰怕弗吳爾芙》等
劇，也是此類作品中的翹楚，都可以讓人「細繹其理」（同
上，24）。其實，在其他類型的作品中，早就存在這種情況，
而且儼然已經形成了一個派別。它的具體內容，正如一位論述
者所敘述的：「荒誕（怪誕）——獅身人面；蛇身獸頭；人會
變成甲殼蟲；夫妻相處數十年卻又一朝不相識；他們等待，卻
又不清楚等待什麼；他們歡送，卻又不知道歡送誰；他是仇敵
卻又是最親的人；他是親人卻又是不共戴天的仇敵；小草會唱
歌；月是故鄉明；東邊日出西邊雨，道是無情卻有情。這一切
情況和景象（存在於作品中）稱為荒誕；語言是清晰的，卻重
來複去、矛盾、一連串的悖論式的句子、粗鄙得不能容忍、荒
誕得錯誤百出，這種阻拒性語體稱為荒誕」（童慶炳，

1994:181）。上述涉及這類作品的評論部分，還只是就「倫理」或「道德」層面來說；如果改從「藝術」或「審美」層面來說，那麼它所演示的創新作品成分或質素一點，卻不可小覷，它也許就是改變人類文明的一大助緣（當然它的認定也僅具有相互主觀性）（參見周慶華，1998:66~68；2001:258~260）。這在兒童文學領域的創造性寫作當然也無不可以「比照辦理」。而如果說前一種現代式的創新或後現代式的創新情況所能夠展現的是「見優」的功能，那麼後面這種基進情況就純粹是為了勇於「開新」，彼此合為創造性寫作的兩大途徑，也是相關教學所可以限定的「自鑄」式憑藉。

第三節》創造性寫作文體創新方法教學的範圍

確立（限定）了創造性寫作文體教學的範圍和創造性寫作文體創新教學的範圍後，有關創造性寫作文體創新方法教學的範圍也得在「最後」一關上予以限定；這是相應於本課題所要有的配備。換句話說，創造性寫作文體創新方法教學是「收攝」創造性寫作文體教學和創造性寫作文體創新教學的必要程序，也是所擬議的「創造性寫作教學」這一課題勢必要追問或逼出的，有關它的範圍限定也就是「順勢而為」。同樣的，所謂「創造性寫作文體創新方法教學」，在表義上也是「教學創造性寫作文體創新的方法」的倒裝。它所觸及的範圍的圈定問題，也是因為相關的創造性寫作的文體創新的教學方法可以無止無盡，如果不加以限定就難以「順利」的談論下去（或說那會「不勝處理」）。

　　雖然這裏所要處理的是相關「教學方法」的問題，但它在嚴格意義上卻得再分出「實務」和「理則」等兩個階次性或隸屬性的問題。前者（指「實務」）為具體的教學方法；後者（指「理則」）為該具體的教學方法在運用時所得遵守的一些原則，彼此形成一個相階次或相隸屬的關係。而它們所等待處理的問題性，在於學習者的「何得學習」考量和教學者的「憑什麼教」心態。當中有關學習者「何得學習」考量部分，可以採用下列幾種教學方法來因應：第一，講述法／成果導向教學法：相關寫作活動由教師支配，例如：決定寫作題目，在寫作前以教學者講述或教師引導討論的方式教導寫作的方法，並提供範文、分析寫作技巧，然後要求學習者練習仿作而將作品交由教學者批改。這種方式很明顯的是以教學者為中心；此外強調學習者寫出的作品而不是寫作的過程，所以又稱為「成果導向」的寫作教學。第二，自然過程法／低結構性過程導向教學法：相關寫作活動由學習者支配、主動發起，並按照自己的速度進行寫作。當中寫作題目和寫作形式都由學習者決定；而整個寫作過程強調小組分享、同儕回饋、有修改和重寫的機會、作品發表以及教學者和學習者共同討論寫作內容和寫作技巧等特色。這時教學者是扮演協助者的角色，主要工作在於提供有益的寫作環境、鼓勵學習者進行計劃、起草和修改等寫作過程；但並不直接教導學習者相關的寫作技巧或修改作品的準則，整個教學活動屬於低結構性的。第三，環境法／高結構性過程導向教學法：相關寫作活動由教學者和學習者共同責任分擔。它先由教學者選擇題材、設計教學活動；而在教學者簡短解說學習內容或教導某些寫作策略後，再由學習者以小組討論

方式進行部分寫作過程（例如協助彼此構思寫作要點或學習寫作技巧，並根據教學者提供的評量標準而對同儕的作品提供回饋等）。這跟自然過程法雖然都強調寫作過程和同儕互動，但二者最大的區別在於環境法強調學習材料和學習活動的高結構性。第四，個別化法／輔助式成果導向教學法：相關寫作活動由學習者向小老師或電腦學習寫作，並獲得回饋；它強調以個別學習者為協助的對象（參見張新仁，1992:23~24）。以上這些教學方法，依照學者的研究顯示雖然以「環境法」的成效最好（它比自然過程法的效果多出三倍，而比講述法和個別化法多出四倍；至於講述法、自然過程法和個別化法等三種教學方法彼此之間的差異並不明顯）（同上，24~25），但今後我們只要能「善加利用」，應該都可以發揮它們在創造性寫作教學上的「相當程度」的功用。此外，由於整個過程幾乎都有「範文」的提供參考，而學習者也得在「聽講」或「自學」中試著去閱讀領會相關的作品，以至教學者還有「藉機」教學閱讀或教學讀書的必要性。而這一點，就可以再搭配相關的閱讀教學法或讀書教學法。而所謂相關的閱讀教學法或讀書教學法，約略有下列幾種：第一，講述法：也稱演講法，它可以書面（教科書或講義）或口頭進行，並且還可以細分為兩種類型：（一）正式的講述：大多採用口頭講解及講義資料的闡述，並以問答及學習者練習和媒體的呈現方式來進行教學；少數以演講形態出現。（二）非正式的講述：以教師簡潔的談話方式進行，較不拘形式。第二，討論法：它是一種由團體成員共同參與的活動，著重在雙向或多向的互動學習。這種互動學習，基本上以小組討論為主；而小組討論大約有下列六種類型：

（一）腦力激盪法：目的在激發學習者的創造力。小組設一主持人主持問題討論，綜合成員意見（但不加以評論）至另一活動時段中加以討論。（二）菲立普 66：這是由美國密西根州立大學教授菲立普（J.D.Phillips）所提倡的方法。成員恰好六個人；小組形成後在一分鐘內選出主持人和助理，然後由教學者在一分鐘內指示所要討論的問題（學習者不必事前準備），而學習者針對所要討論的問題在六分鐘內獲得一致的解決策略。（三）導生討論小組：用在有學習困難的學習者的補救教學裏。教學者必須挑選足夠勝任的學習者來擔任導生的角色。（四）任務小組：最簡單的小團體討論形態。團體內的每個成員都被教學者指定去共同參與任務。（五）角色扮演：屬於過程取向的小組教學技巧。由教學者告知劇情，而學習者討論扮演角色。（六）討論會：使用在可以從不同角度去討論的主題或問題。參與討論會的人數約二～三人，而出席討論會的可以是所有學習者。第三，探究法：它是由學習者主動去探討問題並找出解決問題的方法。而它又可以細分為兩種類型：（一）指導式探究法：由教學者指導學習者學習，而整個過程為提出問題→促進反應→組織材料和情境→解決問題。（二）非指導式探究法：由學習者主動學習而教師必要時加以協助（但不給予指導），而整個過程為發現問題→蒐集材料和情境→組織材料和情境→解決問題。第四，創造思考法：它是以學習者的活動為中心而教學者從旁協助指導，著重在創造力的培養。而它可以採用的策略，大致上有下列幾種：（一）腦力激盪術：利用集體思考、共同參與的方式來對某一問題的意見或構想相互激盪的技術。（二）檢核表：在創造思考活動難以持續時，運

用檢核表（平時儲備）的方法來擴張思路、刺激新構想、增加新觀念。（三）屬性列舉法：把一個主要問題分解成許多次級問題後再處理或列舉這些次級問題的屬性，而不以原來那個問題為處理對象。（四）分合法：把不同或顯然不相關的要素聯合起來的技術，如擬人類比、直接類比和符號類比等等（參見林寶山，2000:191~244）。以上這些閱讀教學法或讀書教學法，一樣各有優劣而有待教學者善加甄辨，以為創造性寫作教學的輔助或先導。

　　至於有關教學者「憑什麼教」心態部分，這就必要確立幾個原則：首先是創造性寫作教學也是權力慾望的發用，應當自我節制，並儘量使它合理化（禁得起他人的「對諍」）。好比傅柯（M.Foucault）對性解放論述的批判：「從表面上看，傅柯是反性學的。他認為性解放的美麗世界只是神話；因為性自由只是性壓制的另一形式，人文科學家和性學家只是利用『正常和變態』、『健康和疾病』、『性快感和性不滿』等概念來製造性問題，以遂其奪取權力和控制人類生活的目的……傅柯的論說唯一合乎事實的，是有關權力轉移。性愈開放，性學知識就愈支配人的生活，性學家就愈重要。現時的歐美國家，性治療家就如雨後春筍。但權力本身並沒有什麼可恥，一般人生活在權力之下也沒有什麼可恥，可怕的只是腐化和濫用的權力」（吳敏倫編，1990:105~107）。因此，即使自己所進行的創造性寫作教學再如何的必要和得法，也不過是一種重樹權威的舉動；世界可能由此而有所「推移變遷」或「改造修飾」，但世界未必一定要這樣的「推移變遷」或「改造修飾」（我們可以「想望」，但無從自我膨脹當它是「事實」）。再說權力縱然有一些

「共構」或「共認」的基礎，如「在傅柯的觀點下，權力並不
是某人、某團體或某制度控制他人，一方發號施令，一方接受
命令。相對地，權力『從無數的點上運作……』。權力是所有
關係的特性，同時也建構這些關係，包括經濟的、社會的、專
業的、家庭的關係，主導的形式被嵌入日常活動的理想，或某
一關係實質的形式。因此，醫生和病人的關係由一預設的共同
目標來界定，由醫生願意協助和病人願意尋求協助而共同建
構。這樣的共同目標和權力關係是不可分的，在這一權力關係
中，預設一方具有知識，而另一方願意接受具知識者的建
議……以監獄為例，權力使人遵從特定的習慣、規則、秩序和
權威；使少年犯罪、高比例的累犯以及受刑人家庭的生活困
頓。這些結果是來自一種促發性、原創性的權力，而不是一種
壓抑性、限制性的權力」（佛思等，1996:239~241），但它「相
對」上的支配性並未消失，還是得自我警惕，才能避免不必要
的「人為災難」（由相互宰制過度或失策所造成的衝突或破
壞）。其次是創造性寫作的教學工作，不當「霸道」的設定學
習成效的比例。因為學習者的資質、興致、勤惰等條件不明
朗，貿然要求一定的學習效果，難免形成不合理的強行支配現
象。好比現在可見的一些制式教育中的「教學目標」或「學力
指標」的訂定，都以「能怎麼樣」、「能怎麼樣」為框限而要求
學習者有所符應（如正在實施的國民教育九年一貫課程綱要中
的語文學習領域有關本國語文的「寫作能力」指標，洋洋灑灑
的列出二十七大項：（一）能經由觀摩、分享和欣賞，培養寫
作的良好態度和興趣；（二）能擴充詞彙，正確的遣詞造句，
並練習常用的基本句型；（三）能認識各種文體的寫作要點，

並練習寫作;（四）能練習運用各種表達方式習寫作文;（五）
能概略分辨出作品中文句的錯誤,並加以修改;（六）能概略
知道寫作的步驟,逐步豐富作品的內容;（七）能認識並練習
使用標點符號;（八）能分辨並欣賞作品中的修辭技巧;（九）
能培養觀察和思考的寫作習慣;（十）能正確流暢的遣詞造
句、安排段落、組織成篇;（十一）能認識各種文體,並練習
不同類型的寫作;（十二）能運用各種表達方式練習寫作;（十
三）能具備自己修改作文的能力,並主動和他人交換寫作心
得;（十四）能依蒐集材料到審題、立意、選材、安排段落、
組織成篇的寫作步驟進行寫作;（十五）能了解標點符號的功
能,並能在寫作時恰當的使用;（十六）能把握修辭的特性並
加以練習及運用;（十七）能練習使用電腦編輯作品,分享寫
作經驗和樂趣;（十八）能發揮想像力,嘗試創作,並欣賞自
己的作品;（十九）能運用觀察的方法,並精確表達自己的見
聞;（廿）能精確的遣詞用字,並靈活運用各種句型寫作;（廿
一）能理解各種文體的特質,並練習寫作不同類型的作品;
（廿二）練習運用各種表達方式寫作;（廿三）掌握寫作步驟,
充實作品的內容,精確表達自己的思想;（廿四）能了解標點
符號的功能,並適當使用;（廿五）能靈活運用修辭技巧,讓
作品更加精緻感人;（廿六）能練習使用電腦編輯作品,分享
寫作的樂趣,討論寫作的經驗;（廿七）發揮思考及創造的能
力,使作品具有獨特的風格。見教育部,2003:35~38）。這不
只隱含著「萬金油情結」,還顯示著教學者對學習者非理性的
「粗暴式」支配。再次是非不得已要涵蓋效果評估的項目,也
當准許有「無限延後出現效應」的雅量。正如有個案例所說

的：「余頃年遊蔣山，夜上寶公塔，時天已昏黑，而月猶未出。前臨大江，下視佛屋崢嶸，時聞風鈴，鏗然有聲。忽記杜少陵詩：『夜深殿突兀，風動金琅璫。』恍然如己語也。又嘗獨行山谷間，古木夾道交陰，唯聞子規相應木間，乃知『兩邊山木合，終日子規啼』之為佳句也。又暑中瀨溪，與客納涼，時夕陽在山，蟬聲滿樹，觀二人洗馬丁溪中。曰：此少陵所謂『晚涼看洗馬，森木亂鳴蟬』者也。此詩平日誦之，不見其工；唯當所見處，乃始知其為妙」（何文煥編，1983:198）。自我「悟道」（領悟寫作之道）的過程都這樣漫長，何況是引人「入道」（熟悉寫作之道）（參見周慶華，2001:105~107）？

所謂創造性寫作文體創新方法教學的範圍圈定，大體上就是這樣。如果還有可以「題外」談論的，那麼大概就是關涉到我個人的論述。換句話說，既然上述的前提必須確立，那麼我個人還要繼續發出的一些相關的意見，也就一樣得是「權宜而不為典要」的；但這麼一來，勢必要面對一個明顯的弔詭現象。我們知道邏輯學上有一種近於詭論的「自我指涉」。如「世界上沒有絕對不變的真理」、「一切知識都是蓋然、變動且不斷創新」、「胡適說：『菩提達摩東來，只要尋一個不受人惑的人。我這裏千言萬語，也只是教人一個不受人惑的方法。被孔丘、朱熹牽著鼻子走，固然不算高明；被馬克思、列寧、史達林牽著鼻子走，也不算好漢。我自己絕不想牽著誰的鼻子走。我只希望盡我微薄的能力，教我的少年朋友們學一套防身的本領，努力做一個不受人惑的人』」等，這會分別被反駁說「你這句話不是不變的嗎」、「那你這句話不是必然的嗎」、「我如果不受人惑，那我不是被胡適牽著鼻子走」？論述者認為這

是「由於表達上不夠清晰的語病所引起」的（只要加上「除了本句話以外」，就沒有問題了）（見楊士毅，1994:126）。然而，這的確隱含著可以讓懷疑論者質疑老半天的「語意上的弔詭」現象（而不能因為它是後設語言就可以「原諒」）。以至我個人於前面所說的有關寫作教學的論述是「權宜而不為典要」的，也就犯了同樣的語病（也就是「權宜而不為典要」的本身不就是一種典要呢）。再說，如果確定「不為典要」，那麼別人就不一定要聽信，而我個人也不一定要強說。這到底要如何「圓場」？

關於這一點，不妨讓我先說一個故事，緩和一下（自我製造的）「緊張」的氣氛：英國有位歷史學家，一天，他正在宮廷的書房裏撰寫《英國古代史》時，忽然聽見隔壁傳來兩位大臣吵架的聲音。他覺得很好奇，就跑到隔壁偷偷地瞧了一瞧，然後又回到書房裏繼續寫作。第二天，兩位大臣吵架的事鬧到女皇伊麗莎白御前，所謂「公說公有理，婆說婆有理」，女皇也分不清究竟誰是誰非，就傳當天曾「目擊」兩位大臣吵架的「證人」來御前作證。結果來了五位「證人」，都繪影繪聲的描述當天的吵架「實況」。當然，沒有兩位證人的說法是一樣的。這位歷史學家在書房聽到五位證人的證詞之後，不禁擲筆三嘆道：「連我親眼看見的事實都有五種不同的說法，那些我從未親眼看見的古代歷史，我又怎能保證它們的可靠性？」說完，他就把剛寫完的一卷《英國古代史》付之一炬（見關紹箕，1989:15）。照理這位歷史學家不需這麼「自責」；他應該相信自己所見的是第六個「事實」（而不該懷疑其他五人所見的不是「事實」），不然他要有辦法保證每個人所用來觀察和評

斷的條件都是相等的。同理，我也沒有理由凸出自己的講法而排斥別人的講法，以至才有「權宜而不為典要」的宣稱（否則別人又如何知道有我這種講法呢）。但話又說回來，我可以「自負」我的講法具有高度合理性或可看性（正如那位歷史學家在能正視其他五人的見證後，也可以「接著」自我肯定可以比其他五人所見的為「真切」），於是所謂的「權宜而不為典要」云云，也就成了客套話（我真正想見到的是它變成典要）。在這一番「饒舌」後，我要再度強調的是：正視他人的「主見」，並不必以去除自己的「主見」為代價；彼此以追求「精彩」為目標，卻毋須隨人在原地踏步。而這無妨成為想要從事創造性寫作教學工作或正在從事創造性寫作教學工作的人的「法則」，隨時藉以自惕自勵（參見周慶華，2001:111~112）。

創造性童謠寫作教學

第一節》童謠與創造性童謠

前章第一節說過「創造性寫作教學可以在權力慾望和文化理想等條件制約下成立」，同時「創造性寫作教學固然可以『無所不可』，但基於權力自限和訴求對象的框定，它勢必要有所選擇；以至而有範圍的問題」；而該範圍的問題「大體說來，約有創造性寫作文體教學的範圍、創造性寫作文體創新教學的範圍和創造性寫作文體創新方法教學的範圍等幾種情況」。這些都已經有過必要的處理，現在就要針對前面所劃定的創造性童謠、創造性童詩、創造性故事、創造性童話、創造性少年小說、創造性兒童戲劇、創造性網路文學等幾種文體類型來實際的談論相關的寫作教學；而依次先談的是有關創造性童謠寫作教學的部分。

創造性童謠寫作教學，依理得有從童謠到創造性童謠及其相關的寫作方向和寫作教學等序列的討論進程。當中「從童謠到創造性童謠」是一個關鍵；它所要解決的是有關創造性童謠和一般性童謠的「差異」創新課題。而這更根本的是歌謠及其所從來的因緣問題：如果以現實經驗和文獻考察為準，那麼就可以這麼推斷「既有」的歌謠有底下這樣的一段形成歷程：

　　歌謠，簡單的說，就是唱詞。它跟詩本是一家，後來大概詩不能唱了（或不為歌唱而作），才各立門戶，彼此分途。所謂「詩言志，歌永言，聲依永，律和聲。八音克諧，無相奪倫，神人以和」（孔穎達，1982a:46），這應該是在描述詩歌殊途後的情況。由於歌謠是用唱的（跟詩純為言語的抒發不一樣），所以要講究聲律（所謂「聲依永，律和聲」以及「八音克諧，無相奪倫，神人以和」，都是針對歌謠而說的）。不過，也有人認為歌配樂而謠不配樂：「曲合樂曰歌，徒歌曰謠」（孔穎達等，1982b:208），這樣歌謠又得「再度」分家了。但也不然，歌謠重點都在「唱」，後者沒有樂器伴奏，依然不失它的聲律性，跟歌並沒有質上的差別。所謂「謠與歌相對，則有徒歌、合樂之分，而歌字究係總名。凡單言之，則徒歌亦為歌，故謠可聯以言之，亦可借歌以稱之」（杜文瀾輯，1983:凡例4~5），就可以視為是「通達之見」。

　　其實，古人很多歌謠合稱而不加區別，如「古聖王至精形於內，而好憎忘於外。出言以副情，發號以明旨，陳之以禮樂，風之以歌謠」（高誘，1978:130）、「自孝武立樂府而采歌謠，於是有代、趙之謳，秦、楚之風；皆感於哀樂，緣事而發，亦可以觀風俗知厚薄云」（班固，1979:1756）等等都是。因此，現在再強為劃分，也就沒有多大意義。倒是有關歌謠的作用，特別值得我們注意。這在古代，大多只講到「感於哀樂，緣事而發」（見前）；到了現代，又講到宗教的功能，甚至認為原始歌謠就是咒歌（詳見白川靜，1974:16~17）。後者固然不可這樣「一概而論」（參見呂炳川，1979:8~14；林文寶，1995:121~130），但它卻無意中凸顯了歌謠用途的「多樣性」。

雖然如此，一般的有感於哀樂而發為歌謠和宗教界為取得咒術的效能而藉重歌謠，在深一點的層次上應該是相通的，也就是都為了了「精神療效」。如「夫音樂感動，自古而然。是以玄師梵唱，赤鷹愛而不移；比丘流響，青鳥悅而忘翥；疊憑動韻，猶令象馬踸踔；僧辯折調，尚使鴻鶴停飛。量人雖復淺深，籌感抑亦次焉。故擊石拊石，則百獸率舞；簫韶九成，則鳳凰來儀。鳥獸且猶致感，況乃人神者哉」（慧皎，1974:415）、「釋智宗……博學多聞，尤長轉讀，聲至清而爽快。若乃八關長夕，中宵之後，四眾低昂，睡蛇交至，宗則升座一轉，梵響千雲，莫不開神暢體，豁然醒悟」（同上，414）、「吾聞讀書人，惜氣勝惜金。纍纍如貫珠，其聲和且平。忽然低復昂，似絕反可聽。有時靜以默，想見細繹深。心潛與理會，不覺詠嘆淫。昨夕汝讀書，厲聲醒四鄰。方其氣盛時，聲能亂狂霖。倏忽氣已竭，口亦遂絕吟。體疲神自昏，思慮那得清。安能更雋永，溫故而知新。永歌詩有味，三復意轉精。勉汝諷誦餘，且學思湛深」（彭龜年〈讀書吟示子鉉〉詩，范文瀾，1971:562 引）等，所說的「感動」、「豁然醒悟」、「三復意轉精」等，都已超越愉悅和滿足的層次，而進入一種神秘經驗的領域（情緒可以得到抒解，靈性可以重新洋溢），因此獲得所期待的精神療效（參見周慶華，1999b:139~143；2001:128~129）。

　　所謂的童謠，照理也得從這裏取義（取歌謠／唱詞義），而以兒童作為它的限制詞。換句話說，在以「兒童所能理解的文學」或「大人所認為兒童所能理解的文學」作為兒童文學的定義下（見前章第一節），童謠自然就是指兒童所能理解的歌謠（至於它要維持原名或像一般人別為稱呼「兒歌」，那已經

不關緊要了）。這種兒童所能理解的歌謠，在進一步的辨認中不論能否得著十足或有力的保證（也就是是否切合兒童經驗），它都要保留一個可以差異創新的空間，才能顯示童謠作為一種文類的形塑力；而這種形塑力也就是童謠從「一般性的」過渡到「創造性的」一大保障。這樣的理路，無非是在表明：如果以一種常態性的意涵來限定童謠，那麼凡是越能夠超常態性或反常態性的表現的就越有差異創新的可能性；而這種可能性一旦成形了，童謠這一文類就越見它的可塑性及其在「推移變遷」或「改造修飾」語言世界上的意義。

雖然如此，由基進作為在最終所保證的創造性童謠的超常態性或反常態性（現代式的創新或後現代式的創新有「既成」的格局，還不足以稱為是「最終」），主要是顯現在「意涵」而非「形式」上。理由是童謠的形式（如節奏、旋律等）在常態上都會講究活潑順暢，如果改為非活潑順暢而來顯示超常態或反常態，那麼顯然是「不盡情理」（或說是「過度基進」）；於是它可以尋求局部改變的大略就在「意涵」上。而在這種情況下，我們試為比較下列兩段相關的說詞：

> 兒歌（童謠）是孩子們的詩。從孩子們的心性、生活、童話世界意象、遊戲情趣以及兒童語言的感受出發，比起成人們的山歌、民謠，更要顯得：句式自由，結構奇變，比興特多，聲韻活潑，情趣深厚，意境清新，言語平白，順口成章。他隨意唱來，它的旨趣、結構的發展，常多出人意表。一句一句快樂的唱，他下一句究竟要唱出什麼？教人難以推理。兒歌所涉及的事物、宇宙

人生，鉅細靡遺。辭章千變萬化而並不雜亂，它只是充
分顯示了孩子們生命成長的活力，從嬰兒直到少年：心
靈的嬉遊（朱介凡，1993:27）。

童謠，是小孩子們練習口才的工具，輕鬆、活潑、趣
味、簡單，無美不備。有些有意義，有些無意義。因為
有韻腳，最為順口。所以兒童樂而習之，也是教育兒童
們一種最好的補充教材。孩子們在三、四歲時，騎在大
人腿子上，一面打「撩撩」，一面唱童謠，使一個沉靜
的家庭突然增加了不少的生氣。天倫之樂，當以此為第
一義（同上，4引李少陵說）。

很明顯的，第一段說詞所提及的童謠「充分顯示了孩子們生命
成長的活力」要比第二段說詞所提及的童謠「是小孩子們練習
口才的工具」或「是教育兒童們一種最好的補充教材」多預留
了差異創新的空間（不論論述者是否意識到這一點）。因為前
者的「成長」說是關聯童謠的意涵的（相對的後者只著重在童
謠的形式所帶給兒童的嬉戲取樂上）；而這種意涵就可以「更
改」成分而使它帶有差異創新性。所謂的創造性童謠，就是要
從這個角度來找著出路的。而相關的論說倘若不能為它「展衍
新意」或別為「開疆闢土」，那麼自然就會減低它的可看性而
我們理當可以不再予以理會。

第二節 » 創造性童謠的寫作方向

有關歌謠的「意涵」變化及其所加「兒童」的限制詞，使得創造性童謠的寫作得有所謂的「著力點」，而這就是我們所能夠據為展望這類寫作的一大契機。至於具體的方向，則也有前節所提示的基進作為一個指標。這個指標，從童謠的意涵變化開端，而以反影響思維或逆向思維來結構作品（詳見前章第二節）。現在就稍微舉例來標立這一基進求新的創造性童謠寫作的可能樣態。

在正式舉例前，還有一點相關童謠的「變異性」特徵必須納進來一起討論。這是說已經存在的童謠常因無主名而經口耳相傳後多少會改變它的面貌（參見陳正治，1985；馮輝岳，1989；蔣風編，1989），但這種改變未必足夠創意而有必要一併作點分辨（以免造成「混同」的現象）。如有一首〈天烏烏〉在傳唱中有兩段前後歌詞的差別：「天烏烏欲落雨／老公仔舉鋤頭巡水路／巡著鯽仔魚欲娶某／龜舉燈鱉打鼓／蚊子吹喇叭／水雞扛轎雙目突／蜻蜓舉旗叫艱苦」、「天烏烏欲落雨／阿公仔舉鋤頭要掘芋／掘著一尾旋鰡鼓／阿公仔要煮鹹／阿媽要煮淡／兩人相打撞破鍋」（並見朱介凡，1993：林海音序2引）。這不論以前首比後首或以後首比前首，都未嘗逸離常態的範圍。換句話說，前首的童話性僅以一般的「擬人」取勝，而後首轉為寫實也不出「可預料」情境，二者併置後雖然互有意涵轉折上的差異，但仍乏新意，嚴格上不合以當中任何一首為創造性童謠。

　　凡是不能夠顯出創造性的童謠，大抵都可以比照上述的方
式去進行辨別；而凡是能夠顯出創造性的童謠，則「反其道而
行」也無不可以得著見證。如有一首未題名的童謠說「天這麼
黑，風這麼大／爸爸捕魚去，為什麼還不回家呢／聽狂風怒號
／真叫人心裏駭怕／爸呀，爸呀，只要你早早回家／便是空船
也罷」（喻麗清編，1992:96），這經由一位小男孩「改寫」後
變成這樣：

　　　　天這麼黑，風這麼大，
　　　　爸爸上班去，為什麼還不回家？
　　　　聽媽媽狂叫怒吼，
　　　　真叫人心裏駭怕！
　　　　爸呀，爸呀，有種就把阿姨帶回家！
　　　　（戴晨志，1998:5）

最後一句無異是「神來一筆」，把整個世界攪動翻新了一回
〔它所喻示的除了當事人的「不堪精神虐待」，還有家庭失和生
變「夫妻雙方都有責任」（妻嘮叨暴躁而導至夫外遇逞快或夫
外遇逞快而導至妻嘮叨暴躁）〕；而這以反常情（兒子想換媽
媽）來提領，戲仿或諧擬味十足，特別能讓人「警醒」！又如
《艾麗絲夢遊奇境記》裏記載了一位公爵夫人邊搖她的小孩邊
唱的催眠歌：

　　　　狠狠地待你的孩子，
　　　　打噴嚏就抽他罵他；

他知道要這樣擺牌子，

連誰都要由他怕他。

〔合唱（ㄨ˙！ㄨ˙！ㄨ˙！）〕

我狠狠地待我的乖乖，

打噴嚏就害他擠他；

他喜歡把胡椒蓋開開，

也沒誰來愛他理他！

〔合唱（ㄨ˙！ㄨ˙！ㄨ˙！）〕

〔加樂爾（L.Carrol），1990:80〕

兩段歌詞是搭配著「把孩子亂扭亂扔」（而讓孩子大聲哭叫）的反經典性場景而唱出來的，可以說極盡戲謔的能事。而這種「暴力」愛的演出，如果不太快的否定它的價值，那麼倒是可以提供犯罪社會學一個可能的案例（也就是一個兒童由失去正常母愛而循至長大後的反社會行為的滋長）。再說這一可能的「衍發」性的破壞行為，也無不可以提供道德重建（而有利於社會的進化）的機會〔參見涂爾幹（E.Durkheim），1988:52~56；史美舍（N.Semlser），1991:235~236〕，它的「功能」依舊不可小覷！又如曾在四川、河北東光、陝西等地分別傳唱的顛倒歌：

倒唱歌，順唱歌，河裏石頭滾上坡。

先養我，後生哥。爺討媽，我打鑼。

公公抓周我挑貨，一挑挑到外婆門前過。

……
（朱介凡，1993:287 引）

我有幾句話，說起來顛槌倒打。
上言不答下語，東葫蘆扯到西架。
有一天是星期八，閒來無事活忙殺。
朝北走，上南漥；割麥子，拾棉花。
十三點鐘才回家；手走路，腳發麻。
……
陰天出太陽，晴天降雪花。
大風下，大雨颳；慢慢走，跑到家。
抱熟了飯煮娃娃，累的屁股上長頭髮。
渴了吃乾飯，餓了就喝茶，撐的我活餓殺。
……
（同上，290 引）

吃牛奶，喝麵包，
滴溜個火車上書包，
上了書包自個走，
看見後面人咬狗，
拿起狗來打磚頭，
……
一個大翻身，
腦袋地下滾，
以為是西瓜，

拿起就吃它，

唉呀呀，我的媽，

我的腦袋沒有啦，

趕緊摘個葫蘆安上吧！

（葉詠琍，1986:42~43 引）

對於這類作品，一般的看法不外是「孩子們唸著唱著外，還可以訓練思考，發現錯誤加以指正，當他們能說出對的事實來，就可以獲得成功的滿足。這種小小成功的快樂，使幼小的心靈，對人生充滿信心，在艱難的人生旅程中，肯定了自己的價值，踏出愉快的第一步」（雷僑雲，1988:80 引）、「本來人到老年，神經衰退，每有語言顛倒的情形，想著要說『熱』，口裏卻說『冷』；本是要『趙大』過來，卻硬喊作『錢二』；要吃『甜豆漿』，卻說成要『鹹豆漿』。總之，顛三倒四，語言生活裏有特意以顛倒來俏皮逗趣的。如大熱天，嬰兒長了滿身痱子，還要媽媽抱，媽媽免不了會打趣他說：『這幾涼快啊！』至於把心愛的意中人叫做『可恨可惱的冤家哪』，乃為甜極了的語詞，並非顛倒。孩子們喜唱顛倒歌，也並非認識不清或語言顛倒，這完全是遊戲的趣味。它助長孩子們想像力的擴張，活潑促進了思想推考的能力，讓這些宇宙人生顛三倒四的擬想情境，大大開啟了孩子們心靈嬉戲的虹彩」（朱介凡，1993:284~285）。如果這類作品真能產生像論述者所說的這些效果，自然再好也不過了。問題是萬一兒童所領會的不是這樣或礙難領會這些擬想的情境，那麼它的「用意」豈不是要落空了？論述者的誨教心切，有時可能還會「斲傷」一顆創作的心

靈。如敦煌變文〈孔子項託相問書〉文末那段韻文（視同歌詞）所提及的孔子智不敵項託而使詐殺了對方一事（詳見王重民等編，1989:233~235），有人說道：「這對兒童來說無疑是一項很嚴重的打擊。由於兒童心性純善，充滿愛心，無法接受小兒項託受到殘害的事實；這不但影響孩子的情緒，甚至對整個人生的價值都會感到懷疑，而破壞原有的人生觀。原本是個活潑、開朗、向上的孩子，只因讀到這裏，就可以使他們立刻轉變成一個沉悶、憂鬱、怯弱不敢向前的小孩。由於後半段悲慘故事跟兒童文學理論難以配合，並不適合兒童閱讀，所以站在兒童文學立場，我個人很同意像〈小兒論〉、〈新編小兒難孔子〉的作者，刪除後段的傳說，保留書中的菁華」（雷僑雲，1990:17）。姑且不論這是否有低（偏）估了兒童的領受能耐，就說她這一「刪除」的心態，不知使〈孔子項託相問書〉遜色多少！〈孔子項託相問書〉所以不同於先前一些有關孔子智不如項託（橐）的文獻記載（據說這是唐代三教論辯時，佛、道二家有意屈辱儒家所構設的枝詞遊說），正是因為它展現了一種反影響的本事（詳見前章第二節）；而這種反影響的本事，恰恰是文學創造、更新和突破的一大根源。後出的〈小兒論〉、〈新編小兒難孔子〉等（詳見王重民等編，1989:附錄240~243），只能算是不甚高明的「抄襲」（把〈孔子項託相問書〉中「原創」的成分略去了）。因此，像顛倒歌、〈孔子項託相問書〉這類荒誕、戲仿的作品，正可以作為向兒童或寫作兒童文學的人展示「創新事物」或「新變作品成分或質素」途徑的極佳案例（參見周慶華，1998:68~72）。

所謂創造性童謠的寫作方向，大體上就如上面所述。這種

　　基進求變的創造性童謠的寫作表現既然是著重在「從意歧出」，那麼它結合音樂（歌唱）後是否仍然還有像前節所說的「超越愉快和滿足的層次，而進入一種神秘經驗的領域，因此獲得所期待的精神療效」那種深微的功能，這自然可以「致疑於人」；但在求新變而別無其他門道的情況下，這一基進取向還是「非有不可」的。因此，前面所作的擬議，對於有志於從事創造性童謠寫作的人來說，應該是饒富參考價值的。

第三節 » 創造性童謠寫作的教學

　　從區別童謠和創造性童謠的不同到試擬創造性童謠的寫作方向等，已經逐漸在「下指導棋」了，現在再別出一個「創造性童謠寫作的教學」課題，正好可以把相關的問題作一最後的統整性的處理。雖然如此，所謂的「創造性童謠寫作的教學」也是擬議的，它旨在提供創造性童謠寫作教學的策略（而非實際的教學行動或教學經驗）；同時該課題所蘊涵的教學對象（學習者）也不一定侷限於兒童（它還包括任何有意學習這類寫作的人）。而這所關切的重點，在於如何把創造性童謠寫作推上踐履的行程，並且還能夠藉由發表或演出來擴大它的效應。

　　這種教學，可以是「躐等式」的，也可以是「漸進式」的。前者，一開始就直搗學習者的創造心靈，給他們案例而要求仿作或別為開新；後者，則採循序漸進的方式，由熟悉相關層次或基本的寫作再到最終的創造性寫作，而讓學習者從對「整體」的了解去尋求基進突破。這可以依學習者的根器差異

而作調整，道理淺顯，教學者應當能夠意會；現在就針對後者
比較需要「詞費」的部分，略作說明開展。而這得從最基本的
歌謠說起：我們知道，歌謠是屬於抒情性文體的範圍，而抒情
性文體的設計是要「藉所抒情而跟讀者對話，以便獲得讀者的
直接『同情』（或共感），而遂行作者的權力慾望」（周慶華，
2001:124）；這跟本章第一節所給歌謠的定位「結合」後，相
關歌謠的寫作也就有了一些具體的指標可以依循：

　　首先，歌謠是配合音樂而唱的，而音樂是經符碼化的創造
性的聲音（形同語言而遠離自然的音響）。這種符碼化的聲音
具有特定的組織系統和規則，包括量感、厚度、強弱和高低等
等（參見郭美女，2000:24~25）。而對唱詞來說，最優先具有
制約力的是音節（屬於量感範圍），以至歌謠的寫作無不要講
究句式的規律化。如漢高祖的〈大風歌〉「大風起兮雲飛揚，
威加海內兮歸故鄉，安得猛士兮守四方」（司馬遷，
1979:389）、辛棄疾的〈醜奴兒〉「少年不識愁滋味，愛上層
樓，愛上層樓，為賦新詞強說愁。而今識盡愁滋味，欲說還
休，欲說還休，卻道天涼好箇秋」（鄧廣銘，1980:137）、徐志
摩的〈偶然〉「我是天空裏的一片雲／偶爾投影在你的波心／
你不必訝異，更無須歡喜／在轉瞬間消滅了蹤影／　你我相逢
在黑夜的海上／你有你的，我有我的方向／你記得也好，最好
你忘掉／在這交會時互放的光亮」（徐志摩，1969:204~205）
等等，都能顧及音節的特性而調妥字句的數量（按：徐志摩的
〈偶然〉未必是為合樂而作，這裏把它視同歌謠，純是因為它
「若合符節」）。再來是旋律（也屬於量感範圍），以至歌謠的寫
作無不要重視句和句的銜接性。如余光中的〈鄉愁四韻〉（視

同歌謠）「給我一瓢長江水啊長江水／酒一樣的長江水／醉酒的滋味／是鄉愁的滋味／給我一瓢長江水啊長江水／……／給我一朵臘梅香啊臘梅香／母親一樣的臘梅香／母親的芬芳／是鄉土的芬芳／給我一朵臘梅香啊臘梅香」（張默等編，1995:380~381），這在反覆的詞語的使用中，讓旋律得以順利的銜接。所以 1970 年代校園民歌流行期間，楊弦把它譜了曲，後來由歌聲乾淨高亢的殷正洋「唱紅」，至今都還讓人覺得餘音繞樑；正是得力於它的規律化的句式以及銜接綿密的詞語的使用。相對的，鄭愁予有一首〈錯誤〉詩：「我打江南走過／那等在季節裏的容顏如蓮花的開落／　東風不來，三月的柳絮不飛／你底心如小小的寂寞的城／恰若青石的街道向晚／……／我達達的馬蹄是美麗的錯誤／我不是歸人，是個過客……」（鄭愁予，1977:115），句子略長且參差不齊，本不是為合樂而作，但有人（如李泰祥、羅大佑）將它譜了曲後，唱來就感覺起伏跳躍，甚不流暢。如果有歌謠寫成這樣，一定很不「中聽」。畢竟歌謠是要訴諸聽覺，協律有誤，讓人聽來「不明不白」，無異枉費一番寫作。此外，還有押韻和字詞的選用，以便和樂時可以調適聲音的厚度、強弱和高低等等，這也得一併留意。其中押韻一項，是整體協合的一大保證（以隔句押韻為常規），幾乎沒有一首歌謠可以免除它的牽制。

其次，歌謠既然是要獲得他人同情（或共感）而又需要訴諸聽覺，那麼它的詞意就不能太過艱深或含混多重（因為歌唱有時間性，必須讓人一聽就明白，才有效果）。姑且以底下兩首閩南語催眠歌（搖子歌）來作說明比較：

嬰仔　嬰仔睏　一暝大一寸
嬰仔　嬰仔惜　一暝大一尺
搖子日落山　抱子金金看
子是我心肝　驚你受風寒

……

嬰仔　嬰仔睏　一暝大一寸
嬰仔　嬰仔惜　一暝大一尺
痛子像黃金　成人卸責任
飼到你娶嫁　我才會放心
（雷僑雲，1988:37 引）

搖啊搖，毋通啼
嬰仔一哭面紅若蕃薯
疼你生驚號吱吱
天頂的星也偷偷走來眒
搖啊搖，啼啊啼
天頂的星笑你號吱吱

……

搖啊搖，得疼惜
嬰仔一暝勿免大一尺
愛你夢中微微笑

窗邊月娘也停困來相照

搖啊搖，惜啊惜

窗邊月娘陪你微微笑

（向陽，1985:98~99）

前一首催眠歌最多用到比喻（如「子是我心肝」、「痛子像黃
金」等），而後一首催眠歌卻跨越到象徵（如「天頂的星也偷
偷走來睏」、「天頂的星笑你號吱吱」、「窗邊月娘也停困來相
照」、「窗邊月娘陪你微微笑」等），一意淺一意深，對同一接
受對象（嬰兒）來說，就有「領會」上的差別。如果嬰兒有
「知」的話，可能會「睜大眼睛」疑惑唱念的人到底在傳達
「什麼意思」，而使這有特定接受對象的歌謠達不到「大人要嬰
兒早睡」（而獲得同情或共感）的效果。沒錯，後一首催眠歌
比前一首催眠歌講究修飾，也較懂得營造美的氣氛，但這卻不
是催眠歌的「本色」（催眠歌的本色在「簡單易懂」，嬰兒聽了
容易入睡。此外，一切「花招」，都可能有反效果）。因此，比
喻和象徵這些藝術手法用在歌謠寫作上，就必須有所節制，不
能比照訴諸視覺的詩和散文那些文體；否則唱出來會找不到
「知音」（而白費心力）。

再次，常人的「笑啞」、「嗚呼」、「叱吒」等固然為自然的
情緒流露，但它在沒有經過提鍊的情況下就進入歌謠，只能顯
示它的素朴性，而離高雅的上乘的極境還有一大段距離。如果
說歌謠寫作要以臻於高雅的上乘的極境為目標才有強調的價
值，那麼今後有關歌謠的寫作仍然得往合於藝術要求的普遍而
深刻的情感形塑之路去努力。一般在討論純音樂時，有所謂精

緻符碼和通俗符碼的區別：（一）通俗符碼使用的聲音元素較少，樂句和曲子結構也較簡單，例如流行歌曲；而精緻符碼的結構則比較複雜和艱深，例如古典音樂。此外，也可以從曲子的形式、樂器種類、演奏技巧中清楚地看出它們的不同。（二）通俗符碼比較通俗化並跟現實生活相關，一般使用較多類似非語文的傳達，例如嘆氣、哭泣、驚叫、呻吟等具有指示性的現場符碼；而精緻符碼則使用較多具有象徵性質的再現信息方式，人類原始和本能的表達方式相對的就減少。（三）通俗符碼較具有重複性，也容易預測，它的社交功能強於指涉功能，也就是信息的「變化」較少；而精緻符碼則比較抽象而不容易被預測，它的信息是比較「多義」的，並著重於指涉的功能。（四）通俗符碼是用來維繫族群的情感，凝聚傳送者和接受者的共識；而精緻符碼傾向於凸顯個別性而非族群地位角色，它表現傳送者的心理意圖，並且強化個人情感的表達以異於他人。（五）通俗符碼必須藉由非語文符碼的互動而產生；而精緻符碼則常忽略非語文符碼傳達的重要性而只強調聲音。這樣正說明了流行音樂的載歌載舞的演唱方式，有別於古典音樂中規中矩的演奏方式。（六）通俗符碼用來表達具體的、特定的、現場式的情境，跟現實生活比較接近，例如饒舌音樂將現實的說話當成音樂；而精緻符碼則用於闡釋抽象的、普通性的、非現場性的狀況，有它的指涉內涵，所以距離世界的真實聲音似乎比較遙遠。（七）通俗符碼仰賴共同的文化經驗來傳遞，相關的學習是在社會生活中來進行的；而精緻符碼的使用則專靠正規的教育和訓練，也就是人們必須經過某種認知的學習才能了解〔參見費司克（J.Fiske），1995:97；郭美女，

2000:29~30〕。歌謠也可以比照思考（雖然所論純音樂中精緻
符碼凸顯的非普遍性情感容有疑問，而該精緻符碼所重視的複
雜、艱深和多象徵也未必適用於歌謠，但大體上可以藉來衡量
歌謠的類型），而寫作得朝精緻化一路去求進境。它的極致，
大概就像古人所說的「樂而不淫」或「哀而不傷」或「怨而不
亂」那樣（參見周慶華，1996 b:114~117），將情感搏塑成具有
深長意味且能恆久流傳的高價值樣式。如李白的三首〈清平
調〉「雲想衣裳花想容，春風拂檻露華濃。若非群玉山頭見，
會向瑤臺月下逢」、「一枝紅艷露凝香，雲雨巫山枉斷腸，借問
漢宮誰得似？可憐飛燕倚新粧」、「名花傾國兩相歡，常得君王
帶笑看。解釋春風無限恨，沈香亭北倚欄干」（清聖祖編，
1974:934~935）和蘇軾的〈念奴嬌──赤壁懷古〉「大江東去，
浪花淘盡，千古風流人物。故壘西邊，人道是三國周郎赤壁，
亂石崩雲，捲起千堆雪。江山如畫，一時多少豪傑。　遙想公
瑾當年，小喬初嫁了，雄姿英發，羽扇綸巾，談笑間強虜灰飛
煙滅。故國神遊，多情應笑我，早生華髮。人間如夢，一樽還
酹江月」（龍榆生，1980:152）等，都顯示了對於「兩情相悅
但不致淫亂」（指李白將唐明皇和楊貴妃的愛戀事件予以美化
抽繹）以及「有憫自己功業未能大成卻不流於怨懟」（指蘇軾
在古戰場赤壁緬懷周瑜的神采勳績而藉機自我嘲弄）等難得境
界的嚮往和經營。在這裏，我們幾乎只有「臣服」而無可「訾
議」。也就是將它們對比於一些說情愛則必赤裸裸（或纏綿悱
惻）以及談不如意事則連帶怨天尤人（或事不關自己勤惰）的
歌謠，前者顯然沒有我們可以「不喜歡」或「挑剔」的空間；
而這也就是歌謠寫作的終極進境所在。

　　此外，還有一些比較細碎的技巧問題，諸如直敍、問答、擬人、反覆、起興、誇張、排比、對比、譬喻、層遞、倒裝、轉化、頂真、自語、婉曲、回文、連鎖等等（參見黃慶萱，1983；簡上仁，1983；陳正治，1985）。這涉及尋常的選字造詞組句聯章以及求取新鮮變化等層面，自然也在需要留意的範圍（參見周慶華，2001:129~135）。

　　漸進式的創造性童謠寫作教學，約略就是從上述這些「基本」環節指導起的。當中跟一般歌謠相通的節奏、旋律、本色等等，得讓它固定為一種常識性的條件（而不需把它列為高標準）；至於可以當作高度審美要求的「普遍而深刻的情感」部分，則轉由基進創新來充當。換句話說，在一般歌謠裏得以蘊涵「普遍而深刻的情感」為進取標準，而在創造性童謠裏則改以基進創新為終極歸趨。雖然如此，所謂的基進創新仍然是以「超常態」或「反常態」的策略來徵候或逼近那「普遍而深刻的情感」的（反向轉進）。在這種情況下，前章第二節所說的「如果還有可以限定的，那麼大概就是如何避免「過度基進」所可能帶來的反效果」和本章第二節所說的「如果說歌謠寫作要以臻於高雅的上乘的極境為目標才有強調的價值，那麼今後有關歌謠的寫作仍然得往合於藝術要求的普遍而深刻的情感形塑之路去努力」，就得合列為一種「必要」性的信條；否則，像底下這種一樣帶有反影響特色卻形同嬉鬧的表現就必須「照單全收」：

　　　　迪士尼如果有能人，能解〈木蘭辭〉，那麼「花木蘭」
　　　片中的吉祥物，就不會是「木須龍」，而會是「兔寶

寶」……天哪，像我這樣一個「正經的寫詩人」，為什麼會有這些烏七八糟的聯想？因為昨天我聽到窗外鄰居的小孩子們改編的〈木蘭辭〉：「ㄐㄩ復ㄐㄩ，木蘭練腹肌。一練舉重機，再練升降機……」另一個說：「ㄐㄩ唷ㄐㄩ，木蘭養小雞。不聞雞叫聲，只聞女嘆息……」最厲害的一個說：「ㄐㄩ啊ㄐㄩ，木蘭沒ㄐㄩ。整天ㄐㄩ叫，ㄐㄩ咬ㄐㄩ……」（拉貝，1999）。

文中所見〈木蘭辭〉（古歌謠的一種形態）的三個改編本固然也有基進童謠味，但它的純遊戲性（也就是沒有「深意」）卻使得它的反影響「欲反無由」或「反而無義」；以至暫且把它排除在創造性童謠的範圍，也就有相當的理據可以說服人。因此，在創造性童謠寫作的教學上，有關「普遍而深刻的情感」層面是要以「反面義」為指導重點的（也就是以「反面義」來反扣該「普遍而深刻的情感」或逕自期以「反面義」為一新的「普遍而深刻的情感」）。

至於實際的教學，則可以講述法和環境法並用。當中環境法的運用，在教學者提供範例後，還可以搭配閱讀教學法中的討論法來讓學習者分組討論寫作的方向。如果是以講述法為主，那麼這一寫作的方向在教學者的講解示範（提示範例）裏，不妨將範圍「確切」化（以免學習者盲目的摸索）。也就是說，所謂的以反影響思維來展現差異創新的本事，也得有一個可以施展的著力點；而這個著力點在必要的時候無妨由教學者予以提示。而這除了前節所舉的一些例子可以利用，還有《紅樓夢》第一回所載的〈好了歌〉也很可以「藉為說明」或

「比照舉證」:「世人都曉神仙好,惟有功名忘不了!古今將相在何方,荒塚一堆草沒了。世人都曉神仙好,只有金銀忘不了!終朝只恨聚無多,及至多時眼閉了。世人都曉神仙好,只有嬌妻忘不了!君在日日說恩情,君死又隨人去了。世人都曉神仙好,只有兒孫忘不了!痴心父母古來多,孝順兒孫誰見了」(馮其庸等,2000:12~13)。這所要看淡或去執的功名、錢財、愛慾和親情等俗世事物,以最後一件為最基進。也就是說,看淡或去執功名、錢財、愛慾等是許多人都可以發願的,只有看淡或去執親情為最大難關。而就形式上比較功名、錢財、愛慾和親情等四件俗世事物後,把最深繫人心(也就是最難以割捨或忘懷)的親情抬出來而給予戲仿式的處理,也就等於抓到了反影響的竅門。這在原歌謠中深寓「揭示一種倫理抉擇的途徑」和「提供全面秩序建構的模式」等多重意義(參見周慶華,1996 b:173~193),今後相關的教學者在指導創造性童謠的寫作上也無不合當它是一個參照系(也就是找出特別重要的常態性事物而予以超常態或反常態的處理),而使學習者得有較為具體的指標可以依循。至於接下來的尋求發表或演出的問題,也會因為它的「別有看頭」而諒不至全無機會才對。

㊃章

創造性童詩寫作教學

第一節 » 童詩與創造性童詩

接著要談的是有關創造性童詩寫作教學的部分。同樣的，這依理也得有從童詩到創造性童詩及其相關的寫作方向和寫作教學等序列的討論進程。當中「從童詩到創造性童詩」也是一個關鍵；它所要解決的是有關創造性童詩和一般性童詩的「差異」創新課題。而這更根本的也是詩及其所從來的因緣問題：如果也以現實經驗和文獻考察為準，那麼也可以這麼推斷「既有」的詩有底下這樣的一段形成歷程：

首先，詩是抒情性文體的大宗，或者說一般所講的抒情性文體都以詩為代表；甚至還有人把它誇大到涵括一切文學作品而有所謂「文學的特質就是詩的特質」一類的論斷（參見王夢鷗，1976:12）。它總說是以評價性的語言來表達對事物的好惡，以便獲得讀者的同情（或共感）。所謂「詩歌語文者，是用評判語句來表達一個人對於一些事物的欣賞或憎惡，而期望對方聽話的人，對於這種事物同樣的產生一種欣賞或憎惡的心理反應。譬如我真的欣賞一位女人，我就不免詩興大發，稱讚她是：『秋水為神玉為骨，芙蓉如面柳如眉』。這是我用高度的評判語句來描寫她的清俊美艷，而期待著聽話者同樣的看出她

的清俊美艷。就是說，教你去注意她的神采，而尋找出它和秋水之清雋的相同的地方；教你去注意她的肢體，而追尋它和良玉之潔白細潤的相同的地方；教你細看她的顏面去聯想到芙蓉的嬌艷；教你細看她的眉毛而去聯想到柳葉的曲媚」（徐道鄰，1980:183~184），說的就是這個意思。

其次，詩這種文類，在中國始終以抒情為主（偶爾雜有敘事，也都不脫離抒情氛圍），所謂「詩者，志之所以也。在心為志，發言為詩。情動於中而形於言；言之不足，故嗟嘆之；嗟嘆之不足，故永歌之；永歌之不足，不知手之舞之足之蹈之也」（孔穎達，1982b:13）、「詩緣情而綺靡」（陸機〈文賦〉，李善等，1979:310）、「詩者，持也，持人情性」（劉勰《文心雕龍·明詩》，王謨輯，1988:3090）、「詩者，根情、苗言、華聲、實義」（白居易，1965:26）、「詩者，吟詠情性也」（嚴羽《滄浪詩話·詩辨》，何文煥編，1983:443）等等，都在說明這個現象。但在西方卻多出了一種以敘事為主的詩，因此而有抒情詩和敘事詩的分判。雖然如此，西方詩仍以抒情詩為主調，敘事詩則入敘事性文體的範圍（而跟其他敘事性的文體共享「敘事」的特性），不再跟「詩」一起攪和。至於西方抒情詩的源流，有人作了這樣的追溯：

> 抒情詩最初是一由古希臘七絃豎琴伴奏的歌曲，後來也用其他種類的樂器為這種歌曲伴奏。這一事實值得回顧，因為在文藝復興之後，大多數抒情詩已不再供歌唱之用。儘管如此，它們的音韻和節奏仍然十分迷人動聽，它們的句式也流利自如、宛轉迴旋。這些都有助於

詩人充分地表達個人強烈的情感：他的歡樂、悲傷和沉
思……總地說來，抒情詩篇幅短小，並常以某種情緒為
基調。比較起來，二〇世紀的抒情詩要複雜得多，它可
有相互對照的主題，也允許詩人的態度發生變化，甚至
達到自我矛盾的程度。儘管如此，它還是以激情而不是
以理智為它的主要特點……在抒情詩人的眼中，生活不
是由彼此關聯而且已有定評的經驗構成，而是由一系列
強烈感覺的瞬間所組成。因此，抒情詩人在創作時傾向
於使用第一人稱和鮮明生動的意象，並熱衷於描述具有
地方色彩的生活，而對傳授系統的知識、講述奇聞軼事
以及表現抽象的思想等等卻不大感興趣……艾略特的
《荒原》和修斯的《烏鴉》都是現代詩歌中的長篇；然
而，前者是由一些片段組成，後者則由一系列短詩組
成。這種傾向應該有所矯正，因為長詩既可包容強烈的
情感，又能兼容深刻的智慧，而這二者同樣都具有很高
的價值。抒情詩的所有技巧，都可在長詩中派上用場。
不僅如此，長詩還包容了一個比抒情詩更大的結構；這
個結構由種種思想和情感衝突組成。由此和那些孤立的
「瞬間的激情高峰」（就是短篇抒情詩）相比較，長詩所
包含的衝突往往更劇烈、更深廣（福勒，1987:153~
155）。

顯然這比中國傳統的抒情詩要「複雜」許多；而有些論述者所
用來指稱西方文學（特別是詩）的「奔迸的表情法」、「熱烈的
情緒表現」等等說詞，就不是空話（參見周慶華，

2001:135~137）。

　　所謂的童詩，照理也得從這裏取義（取抒情詩義），而以兒童作為它的限制詞。換句話說，在以「兒童所能理解的文學」或「大人所認為兒童所能理解的文學」作為兒童文學的定義下（見第二章第一節），童詩自然就是指兒童所能理解的（抒情）詩。這種兒童所能理解的詩，在進一步的辨認中不論能否得著十足或有力的保證（也就是是否切合兒童經驗），它也都要保留一個可以差異創新的空間，才能顯示童詩作為一種文類的形塑力；而這種形塑力也就是童詩從「一般性的」過渡到「創造性的」一大保障。這樣的理路，無非也是在表明：如果以一種常態性的意涵來限定童詩，那麼凡是越能夠超常態性或反常態性的表現的就越有差異創新的可能性；而這種可能性一旦成形了，童詩這一文類就越見它的可塑性及其在「推移變遷」或「改造修飾」語言世界上的意義。

　　不過，同樣由基進作為在最終所保證的創造性童詩的超常態性或反常態性，它可以同時顯現在「意涵」和「形式」上而跟童謠主要顯現在「意涵」（而非「形式」）上有所不同。理由是童詩是訴諸視覺的（而童謠是訴諸聽覺的），它無妨以「極盡變化」形式和意涵而來顯示它的審美創新效果（可以讓人一再的展閱玩味）；以至現代式的創新或後現代式的創新也就可以一併攬進來「發揮作用」。因此，像底下這一段專論童詩的說詞就欠缺預留這類的空間：

綜合以上各家說法（略），兒童詩應具有以下幾項特色：（一）兒童詩具有詩的特質：以情為主，取材自生活，強調文詞優美、形式多變、想像經驗和意象分明，讀之令人回味。（二）兒童詩是適合兒童的：兒童詩是適合兒童的程度、經驗、心理、情感和想像的作品。（三）兒童詩是兒童的心聲：兒童詩是兒童的思想、觀念、想像和生活的寫照。（四）兒童詩是美的化身：兒童詩強調主題美、意境美、文字美、音韻美和形式設計美。總而言之，兒童詩必須是詩，是屬於兒童專有的詩。它具有一般詩的特質，更是兒童生活、情感、經驗的寫照，它是唯美的、心理的、趣味的和想像豐富的（林文寶等，1996:92）。

它的平板議論（或說謹守常態性的規範），顯然不及另一段泛論詩（雖然未必也包括童詩）的說詞要來得有「借鑑」的功效：「跟《艾麗絲夢遊奇境記》中的白皇后一樣，詩人在早餐之前可以相信六件不可能之事為可能的。下面是我所開列的詩歌使它成為各種學理上的不可能：（一）字面不可能；（二）非我存在的不可能；（三）做前所未有之事的不可能；（四）改變不可改變事物的不可能；（五）等同對立雙方的不可能；（六）完全翻譯的不可能。詩運用包括比喻和想像的聯想跳躍在內的許多手段使這些不可能成為可能〔戴維斯（原名未詳）等編，1992:284〕。這把它擴大開來說，所有超常態或反常態的創造性童詩，也可以透過各種能起差異創新的手段（也就是上述的現代式的創新、後現代式的創新和基進創新等手段）來使它成

為可能。而同樣的，相關的論說倘若不能為它「展衍新意」或別為「開疆闢土」，那麼自然就會減低它的可看性而我們理當也可以不再予以理會。

第二節 » 創造性童詩的寫作方向

有關抒情詩的「意涵」和「形式」變化及其所加「兒童」的限制詞，使得創造性童詩的寫作得有所謂的「著力點」，而這就是我們所能夠據為展望這類寫作的一大契機。至於具體的方向，則也有前節所提示的現代式的創新、後現代式的創新和基進創新等多種指標。這些指標，從童詩的意涵變化或形式變化著眼，而以造象觀、語言遊戲觀和反影響思維或逆向思維來結構作品（詳見第二章第二節）。現在就分別稍微舉例來標立這一現代式的、後現代式的創新和基進創新的創造性童詩的可能樣態。

首先是相關現代式的創新方面：嚴格的說，在現有的童詩作品中還看不到道地的現代式的表現。坊間一些童詩集裏所見有些「貌似」現代派的圖象詩，其實都還停留在前現代的模象觀階段。如張志銘的〈火車〉和吳澤明的〈湖畔之夢〉等就是（二詩分別收在林煥彰編著，1985:162~163 引；林文寶等編著，1989:142 引）。前者排列成舊式蒸汽火車的車箱連接和車頭冒煙的形狀，很明顯是在描寫舊式蒸汽火車給人的觀感；而後者排列成一座山和倒影在水中的形狀，也很容易看出裏面有山跟自己的倒影對話所隱喻的夢囈，彼此都不脫模擬／反映觀的範圍。也就是說，它們都是在模寫一種既存或可能的形象或

情境，為前現代的寫實主義所準則，基本上沒有什麼差異創新的地方。如果要顯現這類作品既有圖象意味又能夠帶著差異創新性的，那麼就得過渡到（尚未引進的）現代式的創新上。如詹冰的〈Affair〉和林亨泰的〈房屋〉等就是（二詩分別收在詹冰，1993:15；呂興昌編，1998:103~104）。前者（標題Affair，翻成事件，可以填入或落實為性愛或其他）以男女兩種符號變換錯置來顯示男女關係的周期性變化（以七天為一周期）。但這並不是在模擬／反映什麼既成的事實，而是在創造「周期變化男女關係為的當」的新形象或新情境；它所別為凸出的規模新的琴瑟和鳴圖，頗相近於現代派中的未來主義手法。而後者所取材的雖然是舊式的平房（兩排牙齒代表屋瓦；而兩排窗戶則誇示實物），但它也不是在「寫實」，而是在提示人觀物置情的方式，頗有意要創造新形象或新情境。也就是說，觀看屋瓦可以讓人心情開朗（屋瓦如同人在興奮時的露齒笑），而觀看窗戶則不免會讓人黯然神傷（正牆上兩扇窗戶加上中間一片門板及其延伸出去的兩條岔開的小徑，就像一個「哭」字）；反過來，人在心情開朗時觀看窗戶而在黯然神傷時觀看屋瓦，可能也會有「掃興」或「移情」的感受，這也無不可以藉機來自我「妥為調適」。而這所別為凸出的規模新的置情（或移情）圖，也頗相近於現代派中的未來主義手法。雖然這類造象觀實踐下的作品都還未有兒童文學作者「深為察覺」且試為仿效，但有它作為指標，仍然可以藉為展望一種創造性童詩寫作的趨向。

其次是相關後現代式的創新方面：一樣的，在現有的童詩作品中也還看不到什麼後現代式的表現。除了修我基進兒童文

學課的李仁傑的一首〈生活程式〉（收於吳文祥等，1998:8）和我的一首尚未發表的〈丹丹的週記〉，還稍微運用了後現代派常見的拼貼手法：「起床　早到　考試　下課　補習　回家　睡覺／起床　上課　沒事　下課　補習　回家　熬夜／賴床　上課　考試　下課　補習　回家　沒睡／賴床　釣魚　考試　下課　才藝　回家　早睡／起床　上課　上課　下課　補習　回家　晚睡／晚起　遲到　翹課　下課　偷玩　回家　睡覺／晚起　賴床　玩耍　電玩　才藝　在家　睡覺／再回第一行／我好快樂真的很快樂」、「風被我催眠　它／跑到天空變成一艘船／後來曹操不准他的兒子寫信給老師／告狀家裏沒有錢請佣人／阿姨的裙子被蟑螂咬破一個洞／很好笑／便當裏有滷蛋和雞腿／你不要嫌我太嘮叨／第四臺來了一隻恐龍／牠會說人話／沒有夢　很冷／今天是星期天要提早上學」；此外坊間所見的童詩集卻都「難能」有這類的作品。以至將後現代的語言遊戲觀提出來標劃新途，諒必也是「正當其時」。而這不妨藉一般後代詩作的表現來會意一二：

說話課　　夏宇

有些人永遠不可能跟他說話
有些人只說一些話
有些人可能比一些還多
……

那說了許多的說了又說又說還說
那說一些的不曾再說
比一些多的也只是比一些多
……

這一切
不如不說
這一切
不如不說
（夏宇，1986:28~29）

吃西瓜的六種方法　　羅青

第五種　西瓜的血統

沒人會誤認西瓜為隕石
西瓜星星，是完全不相干的
然我們卻不能否認地球是，星的一種
然而也就難以否認，西瓜具有
星星的血統

……

第四種　西瓜的藉貫

我們住在地球外面，顯然
顯然，他們住在西瓜裏面
我們東奔西走，死皮賴臉的
想住在外面，把光明消化成黑暗
包裹我們，包裹冰冷而渴求溫暖的我們

⋯⋯

第三種　西瓜的哲學

西瓜的哲學史
比地球短，比我們長
非禮勿視勿聽勿言，勿為——
而治的西瓜與西瓜
老死不相往來

⋯⋯

第二種　西瓜的版圖

如果我們敲破了一個西瓜
那純是為了，嫉妒
敲破西瓜就等於敲碎一個圓圓的夜
就等於敲落了所有的，星，星
敲爛了一個完整的，宇宙

......

第一種　吃了再說

（羅青，2002:186~189）

以上兩首作品分別運用了仿諷和解構等也屬後現代常見的手法，它所要反諷的「說話課的無聊透頂」和所要瓦解的「常人吃西瓜的觀念」（以為只有直接吃一途而不會先想及其他再有品味的享用）等，都極盡語言遊戲的能事而又不失應有的重開新局面的用意。所謂的創造性童詩的寫作，正無妨從這裏取鏡而展現另一種創新形態。

再次是相關基進創新方面：在現有的童詩作品中也幾乎不見有所謂基進性的表現；如果真要舉例的話，那麼除了修我基進兒童文學課的一些年輕朋友的作品，其餘大概都難有「像樣」的可以舉證。現在就以下列三首作品為例來略作說明：

我最好心了　　　吳文祥

兩隻鬼鬼祟祟的螞蟻
在我的書桌上急速移動著
那裏聞聞
這裏看看

突然一隻爬到我的書本上
似乎發現書上有更多牠的同伴

我好心的閤上書本
讓牠和牠的同伴永遠不分離

另外一隻在杯緣上
牠擺個漂亮的跳水姿勢
我張嘴一吹幫助牠一躍而下
那廣大湖面
從此成為牠的搖籃
（吳文祥等，1998:4）

我是好學生　　陳志豪

下午又要交作業了
我好心的
昨天就幫老師收齊
今天
忙了一個上午
吸收各家菁華
終於完成了一份
包準會讓老師讚不絕口的報告

又聽到一些人
在背後派老師的不是
我好心的
將他們的意見
詳細地報告老師

當然
每一次
老師都會問我
他們是誰

又看到有女老師
穿著新衣
燙個新髮型
我好心的
自動說出她們心裏想聽的話
然後
等待她們
投以愉悅感激的眼神
果真
沒有一次例外

從小到大
每個老師都說
我真是個好學生
（黃仁俊等，1999:192）

為什麼？　　　陳怡君

為什麼我只有一個名字？為什麼弟弟不乖，我也跟著倒楣？為什麼我的生日偏
為什麼太陽是從東邊升起？為什麼去年我一百多公分高，今年還是一百多公分？
為什麼考試一定要考一百分？為什麼每年暑假都報游泳班，只學到了更會憋氣？
為什麼男生穿褲子、女生穿裙子？為什麼下課才短短十分鐘，上課時間卻是它
為什麼只有小鳥才能飛上藍天？為什麼要到外婆家才看得到飛機，到阿嬤家才
為什麼我老是記不得昨天晚上做的夢？為什麼去年我一百多公分高，今年還是
為什麼爸爸總是食言，卻沒有肥起來？為什麼去小珊家玩五次了，我還是繼續
為什麼同學們都說「打是情、**罵是愛**」？**為什麼**還要等那麼久我才「長大」？
為什麼小時候我明明很**愛哭**，**現在卻變得比較勇敢？**為什麼每年暑假都報游泳
為什麼數學課天氣就**好好的**，一要上體育課就下雨？**為什麼**爸爸說別的作業要
為什麼我的生日**偏偏**在暑假，不能請小朋友們吃糖果？為**什麼**我只有一個名字？
為什麼去年我**一百多公分**高，今年還是一百多公分？為什麼**太陽**是從東邊升起？
為什麼弟弟**不乖，我也**跟著倒楣？為什麼綺綺的眼睛又大又**美**，睫毛長長翹翹
為什麼去小珊**家玩五次了**，我還是繼續迷路？為什麼我不是**睡美人**，那我就可
為什麼我不是睡美人，那我就可以睡一千萬年？為什麼男生**穿褲子**、女生穿裙
為什麼我的抽屜裏出現了一張沒有寫名字的聖誕卡？為**什麼我們**家沒有汪汪叫
為什麼要到外婆家才看得到飛機，到阿嬤家才看得到海？**為什麼**去年我一百多
為什麼爸爸說別的作業要很認真，美勞作業可以馬馬**虎虎**？為什麼小時候我明
為什麼下課才短短十分鐘，上課時間卻是它的四倍？為什麼我沒有愛護我的哥
為什麼我才小小年紀就有好幾個令我欣賞的**男生**？為什麼我老是記不得昨天晚
為什麼每年暑假都報游泳班，只學到了更**會憋氣**？為什麼同學們都說「打是情、
為什麼還要等那麼久我才「長大」？為**什麼**數學課天氣就好好的，一要上體育
為什麼綺綺的眼睛又大又美，睫毛長長**翹翹**的，跟我都不一樣？為什麼爸爸總
為什麼我沒有愛護我的哥哥，只有調皮**搗蛋**的弟弟？為什麼我要寫一個叫做「自
為什麼我們家沒有汪汪叫的狗狗，只有**悶聲**不響的金魚？為什麼我才小小年紀
為什麼我要寫一個叫做「自傳」的東西？為什麼我的生日偏偏在暑假，不能請
為什麼我只有一個名字？為什麼弟弟**不乖，我也**跟著倒楣？為什麼我的生日偏
為什麼太陽是從東邊升起？為什麼去**年我一百多公分**高，今年還是一百多公分？
為什麼考試一定要考一百分？為什麼**每年暑假**都報游泳班，只學到了更會憋氣？
為什麼男生穿褲子、女生穿裙子？為**什麼下課**才短短十分鐘，上課時間卻是它
為什麼只有小鳥才能飛上藍天？為什麼要到外婆家才看得到飛機，到阿嬤家才
為什麼我老是記不得昨天晚上做的夢？為什麼去年我一百多公分高，今年還是
為什麼爸爸總是食言，卻沒有肥起來？為什麼去小珊家玩五次了，我還是繼續
為什麼同學們都說「打是情、罵是愛」？為什麼還要等那麼久我才「長大」？
為什麼小時候我明明很愛哭，現在卻變得比較勇敢？為什麼每年暑假都報游泳
（張家霈等，2000:78）

第一首作品所形塑的「暴力美學」（實際是一件殘忍的事卻說
得很美好）和第二首作品所形塑的「反道德形象」（實際是一
件違背良心的事卻說得理直氣壯），都充分體證了諧擬或戲仿
的反影響取向；而第三首作品所顯露的近似無厘頭的詰問以及
語句的任意截斷再「隨機連續」等現象，也不無體證了曲解或
反設計的反影響趨勢。這也是創造性童詩的寫作所可以極力
「衝刺」的領域（雖然所舉例都未及逆向思維的部分）；而它所
會帶給我們更新觀念或新創文化的機會想必會更多（如前兩首
作品可以促使我們重新思考「好心」、「好學生」等等的道德正
當性而有助於本身態度的調整或社會倫理的重建；而這在現代
式的創新或後現代式的創新的作品裏，就比較不容易感受
到）。

　　所謂創造性童詩的寫作方向，約略就如上面所述。這種基
進求變和現代式創新或後現代式創新的創造性童詩的寫作表
現，所著重的就不像創造性童謠那樣僅為「從意歧出」而已，
它還包括「依形衍變」，從而挑激或考驗著讀者的視覺美感。
而從上面所述創造性童詩的寫作可以「全方位」開展一點來
看，它的前景應該是樂觀的；有心人不妨勉力一試以體嚐「恣
意」寫作的快悅！

第三節》創造性童詩寫作的教學

　　同樣的，從區別童詩和創造性童詩的不同到試擬創造性童
詩的寫作方向等，已經逐漸在「下指導棋」了，現在再別出一
個「創造性童詩寫作的教學」課題，也正好可以把相關的問題

作一最後的統整性的處理。而縱是如此,所謂的「創造性童詩寫作的教學」也是擬議的,它也旨在提供創造性童詩寫作教學的策略(而非實際的教學行動或教學經驗);同時該課題所蘊涵的教學對象(學習者)也不一定侷限於兒童(它還包括任何有意學習這類寫作的人)。而這所關切的重點,一樣在於如何把創造性童詩寫作推上踐履的行程,並且還能夠藉由發表或出版來擴大它的效應。

這種教學,同樣可以是「躐等式」的,也可以是「漸進式」的。這裏仍然比照前面的作法(詳見前章第三節),只針對後者來略作說明開展。而相似的,這也得從最基本的(抒情)詩說起:前面已經提過,抒情性文體約略是以詩為大宗,(詳見本章第一節),所以有關抒情性文體中的「意象的安置和韻律的經營」等抒情動機(參見周慶華,2001: 58),也就可以由詩來「擔綱」了。當中意象的安置一項又最為關鍵,它是表達情感(兼提或蘊涵思想)的主要「媒介」,也是詩成就藝術作品的一大保障。而所謂意象,在心理學上,是指過去的感覺或已被知解的經驗在腦海中的重演或記憶〔參見韋勒克(R.Wellek)等,1987:278〕;而用在文學方面,簡單的說,是作者將內心的感受或經驗藉著語言表達出來(按:所謂內心的感受或經驗,也是以語言的形式存在;只是它在傳達時可以運用「不同層次」的語言,而我們就姑且將那些不同層次的語言、甚至第一層次的語言視為「媒介」。參見周慶華,1999a: 33~37),使它成為可被知解和想像的成分(參見周慶華,2000a: 25)。而這種成分,可以有不同的性質,包括空間的、時間的、關係的、人事的、價值的、情緒的、確定或不確定

的、真實或不真實的、意識或潛意識的和公眾或個人的等等
（而有所謂空間的意象、時間的意象、關係的意象、人事的意
象、價值的意象、情緒的意象、確定或不確定的意象、真實或
不真實的意象、意識或潛意識的意象和公眾或個人的意象等
等。參見姚一葦，1974:27~33）。這對詩人來說，就得特別的
注意「鍛鍊」:「所謂意象，就是詩人之意，訴之於外在之象」
（余光中，1986:17），但「意象在詩人腦中出現後，想訴諸筆
墨，也許只用一個語句來說明，也許要費許多語句才能表明；
而相同的意象，各人的表達方式卻不一樣。如同樣是表述『時
間過得很快』的意象，有的說『逝者如斯夫，不舍晝夜』；有
的說『人生天地間，忽如遠行客』；也有的說『朝如青絲暮成
雪』。這只是比較簡單的例子。再深一層來看，有些詩人並不
使用這麼淺白的語句來表述他的意象，而是使用令人費解的語
句來表述他的意象；像李商隱的詩，歷來一直被認為晦澀難
懂，光是一首〈錦瑟〉詩，就不知有多少人為它作過箋注，到
現今仍沒有定論。難怪元好問會感慨的說:『望帝春心託杜
鵑，佳人錦瑟怨華年。詩家總愛西崑好，獨恨無人作鄭箋。』
事實上，李商隱心中的意象（也許）並沒有什麼特別，只是在
表述的過程中多轉個彎而已」（參見周慶華，2000a: 26）。這涉
及的是意象表達的技巧問題:

> 從修辭上觀察詩人文學家們對於意象的表述，大體可分
> 為三個層次:第一層，是積極運用記號所能達成的效
> 果，而直接把意象翻譯為外在的語言。第二層，則連同
> 原意象所衍生的類似的意象，同時譯為外在的語言，而

就以那類似之點來代表原意象。第三層，是為著注意那
衍生的意象，就把它當作原意象來描寫；如果使原意象
是由客觀的事物促起的，但促起之後繼起的意象，則是
純主觀的另一經驗的再現，以純主觀的另一經驗的再現
當作主體來描寫（參見王夢鷗，1976:122~123）。

所謂「三層次」表達方法，跟中國傳統區分詩法為賦、比、興
等約略相當。論述者又各以一句話來標明它：第一層叫做「意
象的直接的傳達」（賦）；第二層叫做「意象的間接的傳達」
（比）；第三層叫做「意象的繼起的傳達」（興）（同上，123）。
這頗可藉來說明意象表達技巧的差異，「如杜甫〈旅夜書懷〉
『星垂平野闊，月湧大江流』一句，這是詩人曾見過（或曾想
像過）的景象，屬於他記憶的一部分，現在被促起後變成一個
意象，詩人就直接把它『翻譯為外在的語言』，這是『意象的
直接的傳達』。又如王昌齡〈春宮曲〉『平陽歌舞新承寵，簾外
春寒賜錦袍』一句，明是在描寫失寵的宮妃欲怨不得的心情，
卻不直接把原意象翻譯為外在的語言，而從受賜錦袍的平陽公
主謳者這個衍生的意象入手，間接的表述出原意象，這就叫
『意象的間接的傳達』。又如李商隱〈無題〉『春蠶到死絲方
盡，蠟炬成灰淚始乾』一句，表面在描述『蠶死絲盡』和『蠟
燃成灰』等意象，事實上是要表述某種情思（有殉情的意
味），這才是原意象。他把『衍生的意象』當作原意象來描
寫，這就叫『意象的繼起的傳達』」（參見周慶華，2000a:
27~28）。換句話說，「意象的直接的傳達」是直敘，「意象的間
接的傳達」是比喻（以甲比乙，意義在乙），「意象的繼起的傳

達」是象徵（以甲比乙，甲乙都有意義），有關意象表達的技巧就盡在這裏了（按：當中直敘的部分「藝術」性並不高，理當屬於陪襯性的）。雖然如此，這三種表達技巧，還是得「斟酌運用」或「變換為用」，才能提升詩作的審美價值〔正如鍾嶸《詩品‧序》所說的：「詩有三義焉：一曰興，二曰比，三曰賦。文已盡而意有餘，興也。因物喻志，比也。直書其事，寓言寫物，賦也。宏斯三義，酌而用之，幹之以風力（文氣），潤之以丹彩（詞藻），使味之者無極，聞之者動心，是詩之至也。」（何文煥編，1983:7~8）〕；否則，就會難受肯定或淪為劣作〔也正如鍾嶸《詩品‧序》所說的：「若專用比興，患在意深；意深則詞躓。若但用賦體，患在意浮；意浮則文散，嬉成流移，文無止泊，有蕪漫之累矣」（同上，8）〕。西方現代主義的前期運動中有所謂「意象派」詩，所標榜的有「使用日常口語，務求準確，而揚棄藻飾」、「創造新的節奏，以自由詩為表現詩人個性的有效工具」、「要求絕對自由取材」、「推陳意象，摒除含糊的泛論，把握具體的細節」、「追求詩的堅實和清晰，放逐混淆和籠統」和「堅信詩的本質在於高度集中」等六大信條。這被認為「對二〇世紀英美詩壇影響甚大」，但「當時那些意象詩人的成就並不很高」（余光中，1986:20~21）。如該派重要作者杜立達（H.Doolittle）最有名的作品〈暑氣〉：

風啊，撕開這暑氣
切開這暑氣，
把它撕成碎片。

在這種稠密的大氣裏，
果子無法下墜——
暑氣上壓而磨鈍
梨子的尖角，
也磨圓了葡萄，
果子無法落下。

切開這暑氣吧——
犁開它，
把它推向
你路的兩旁。

（同上，21~22 引）

這「十三行詩只指向一個意象——暑氣之密，有如固體，需要
風的刀來切開它。整首詩只是一個持續的隱喻，一幅平面的素
描；沒有經驗的綜合、變形、轉位等等作用，只有幾何性的比
例。這種詩淺，只有眼睛和皮膚那麼淺；它只訴諸視覺和觸
覺，離性靈尚遠」（同上，22）。意象派的詩所以這樣不耐玩
味，未必只是「意淺」，也當包含拙於變換表達意象的技巧；
不然加入象徵這種能造成多義效果的手法（按：象徵固然以
「以甲比乙」為基本形式，而甲乙都有意義，但甲所比的未必
只限於一個乙，也可能還有丙、丁、戊、己等等，而造成「無
盡義」），一定會立刻改觀。後者處理得好，還會蒙受特能「反
熟悉化」或「陌生化」的讚美。而這種反熟悉化或陌生化正是
二〇世紀初俄國形式主義學家所賦予文學的「文學性」所在：

「從語言學觀點看……語言最普通的功能應該是表達、傳播思想情感和交換、溝通意見，就是所謂『傳訊』或『溝通』的功用。但這顯然並非文學語言的特點，『傳訊』的功用只是『實用語言』的特徵。從另一方面看，如果以詩為文學語言的代表，一般直覺會以為文學語言的特徵是以『意象』代替平鋪直述的語言（詩中多意象）……但意象在實用語言（或科學論文的語言）其實也俯拾皆是，意象並不是文學語言的專利。佘格洛夫斯基在〈以機杼為藝術〉一文中指出：『問題並不在意象本身。詩人所以為旁人所不及的，端賴他對意象乃至於一般語言材料所作的安排措置，也就是所謂機杼（手法）的設想和安置』。佘式認為文學語言有它的自主性，並不為『表達思想』、『發抒情感』而服務，『意象』也只是諸多『手法』中的一項而已」；形式主義學家認為「手法」主要功用是在「增強我們對文字經驗的感受和注意。文學語言既然有它的自主性，功用不在直接表達『思想』或發抒『情感』，那麼它的安排取決應該另有標準（按：就是反熟悉化或陌生化）」（高辛勇，1987:17~18）。而這儼然已是人類「認知」文學的一個新的標準（參見周慶華，1996a:46~48）。在這種情況下，詩的寫作可能就會專門致力於反熟悉化或陌生化效果的營造，而形成意象的表達本身變成大家所關注和玩賞的對象（而不再是意象所代表的意義）。像「無色的綠思想喧鬧地睡覺」、「她拳頭般的臉緊握在圓形的痛苦上死去」這類充滿矛盾的詩句（既「無色」，又是「綠」；睡覺是安靜卻「喧鬧」；痛苦無形狀，怎會出現「圓形」），卻頗受讚賞〔詳見查普曼（R.Chapman），1989:1~2〕，很明顯是因為它的意象表達太過特殊所引起的（不然它是無解

或難解的）。這也等於指出了安置意象的另一個可能的方向，值得寫作抒情詩的人「勇於一試」。

　　至於韻律的經營一項，是詩逼近音樂的旋律和節奏的唯一途徑。由於文學的語言是特別經過藝術般額外加工的（也就是運用比喻、象徵等表達技巧），而詩的語言又是眾文學作品語言中最精鍊的，以至讓它具有音樂性也就可以使語言結構體的審美功能發揮到極致（至於它還可以製造繪畫的效果，那又是「餘事」）。這一般是透過字詞的選擇、聲韻的搭配、音調的調節以及句式的變化等來成就（參見黃永武，1976；朱光潛，1981；渡也，1983；蕭蕭，1987；黃維樑，1989；李瑞騰，1997；趙衛民，2003），但它卻很難有什麼特定的方向可以遵循。所謂「在認識和理解一系列事物時，我們有一種按節奏的方式去理解它們的傾向。不論這些事件之間存在著怎樣的時間關係，它們似乎總要形成一定的形式。在使用語言時，我們都有這樣的體驗，如果我們用心傾聽英語的語句，我們就會發現某些凸出的音節在大致相同的時間間隔之內會重複出現，而且這個現象跟在這個時間間隔之內出現的輕讀音節數目的多寡是無關的。詩歌既有韻律又有節奏，作為上層結構的韻律對節奏有制約作用。語音組織的另外一個層次──詩行把節奏單元組成了韻律單位。在散文中，文本不斷延伸，節奏也隨著延伸；而詩歌卻被分為若干有規律地重複的韻律單位」（福勒，1987:162），這說的容或存在西方的傳統詩裏（好比中國的傳統詩也講究某些格律）；但「實際的情況」可能比這個「複雜」。正如一位論述者所說的「接近於音樂的韻律雖然可適應特殊的濃烈的情感，但很妨害知解的要素。接近於習慣語言的

韻律雖然有益於知解的要素，但很妨害濃烈的情感的表現。因此，詩的語調應何去何從，歷來就作了韻律的第一問題，而為詩人以及詩論家所討論，並且發生了相對立的主張。大抵注重文學語言的知解性的，像我國講究性靈直接表達的詩論家們，都看輕音樂性而主張韻律應接近於習慣的語調；但注重情緒及想像性的，則傾向於韻律的音樂的效果。不過，這只是就理論上作大體的區別；在事實上，古今中外的詩論家們，對於『韻律形式』的主張和對於『表現內容』的主張，並沒有絕對的關聯。有的極注重語言的知解性，同時又注重韻律，像我國格調派的一些作家；相反的，有些極不注重韻律，甚至打倒傳統的韻律的人，他所表現的，卻是遠離口語習慣的內容。因此，關於這一點，韻律理論上的分歧，要看那出主意的人對於詩的音樂的關係的認識如何而定：大抵通曉音樂或語言聲音原理的詩人或詩論家，他們要求文學語言的知解要素之外，更要求語調上音律的效果；有時為了取得音樂的效果，而寧可減少知解的作用，於是就顯為韻律偏勝的語言形態，例如我們看到有些詩歌，它所表現的內容都很淺陋，甚至構詞法都很不通順（不合於習慣），但讀起來卻有很好的聲音效果。相反的，有些詩人要求滿足想像的和情感的價值，但他不懂聲音和樂理，時時放棄韻律上的音樂效果，於是顯為意義偏勝的語言，例如我們讀到許多拗口的詩歌，當中卻有豐富的供人想像和同情的材料」（王夢鷗，1976:75~76）。這在現代詩（自由詩）方面，「自由度」更大，已經不是少數幾種論調所能「概括」得了的（參見羅青，1994；孟樊，1995；白靈，1998；翁文嫻，1998；焦桐，1998；丁旭輝，2000；孟樊，2003）。不過，抒情詩的語

言既然是最具藝術特徵的，那麼為了維持它這種特有的格調，還是得隨時留意讓它向音樂靠攏；以至講究音樂般的旋律和節奏，也就成了在意象的安置這種視覺美感外為再達聽覺美感的必要的要求了。

當然，抒情詩所著重的抒情，在整體上還是以對於普遍而深刻的情感的追求為終極進境所在（抒情太個別化，則不易為人所理解，而有礙於邀人同情或共感；或者抒情普遍而不夠深刻，那也難達對人的刺激或惕勵效果，而容易為人所忘卻）；上述的意象和韻律的講究也都是為營造該一效果而被考慮。如杜甫的〈月夜〉「今夜鄜州月，閨中只獨看。遙憐小兒女，未解憶長安。香霧雲鬟濕，清輝玉臂寒。何時倚虛幌，雙照淚痕乾」（清聖祖編，1974:1304），「想家」是每一個外出或因故滯外的人普遍有的情感，但詩人不直接說自己想家，而說家人正思念著自己；這一設想，將自己對家的惦念和家人所受「君何時歸來」的心理煎熬一起呈現了，不啻要賺人「兩次」熱淚！詩人的巧為安排（尤其「遙憐小兒女，未解憶長安」一句，寫詩人遙想家中小兒女，不了解他們母親「望月思夫」的衷情，最見細微），使得詩作傳達情感婉曲潛蘊，感人至深，遠非一般空寫思情的作品所能相比。又如崔顥的〈黃鶴樓〉「昔人已乘黃鶴去，此地空餘黃鶴樓。黃鶴一去不復返，白雲千載空悠悠。晴川歷歷漢陽樹，芳草萋萋鸚鵡洲。日暮鄉關何處是？煙波江上使人愁」（清聖祖編，1974:740），「睹物思人」為常情，但接著想及自己不如對方「功成名就」而感懷，那就讓人不由得「心有戚戚焉」了。詩人寫登樓傷己不如乘黃鶴而去的仙人子安「已成仙名」，以「鄉關何處是」隱喻自己的成就之

路渺茫，讀來令人惻怛！所謂「煙波江上使人愁」，正為相同處境的人所「共感」（而不獨詩人自己在發愁）；千載以來，作品的聲名都不曾有絲毫的減損。類似情深且具有恆久意義的作品，在現代詩的行列裏也不欠缺。如夏宇的〈甜蜜的復仇〉和瘂弦的〈上校〉（二詩分別收於夏宇，1986:26；楊牧等編，1989:481），這一寫復仇心切者只想到最少後遺症的復仇方式（不會遭反報復），一寫無緣在戰場上立不朽功名的軍人僅能靠暖陽撫慰殘敗之軀，頗有反諷的意味。而在這反諷中所蘊涵的巧思（指前者）和悲情（指後者），都讓人憐惜低迴再三；而有相似處境的人，更會視為「深獲我心」而勉為仿同自我遣懷，一樣有深情在且耐人尋味（參見周慶華，2001:137~145）。

　　根據前面的規劃（詳見第二章第一節）以及上述隨機的論說，可以再把抒情性的文體細緻的塑造出這樣的形象：第一是「意象的安置和韻律的經營」的普遍律；第二是高標上得有「奇情」或「深情」的蘊涵（按：這裏以「情」來提領「思想情感」；同時「奇情」部分是要保留給基進性的作品）和在低標上陌生化語言（用反義詞或矛盾語）或變化形式（以便有可以讓人玩味的餘地）；第三是如果可能的話，兼容並蓄上述這種種成分，那麼就算是最為圓滿或特能表現了。而這可以用一個簡圖來表示：

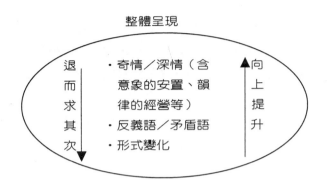

整體呈現

退
而
求
其
次

・奇情／深情（含
意象的安置、韻
律的經營等）
・反義語／矛盾語
・形式變化

向
上
提
升

依照這個模型，可以分別從歌謠、抒情詩、抒情散文等次類型去尋求「適性」的落實（參見周慶華，2001:121~153；2002C:序 VII~VIII；2004a:202~203）。而在想落實卻還沒有落實時，就稱它為「抒情動機」。所謂抒情詩的寫作，就是以上面這些「依違去取」等論點（由抒情動機所統攝）為必要遵循的規範。而所有衍發性的相關童詩的論述，凡是不能在這方面有所「精銳」限定的（這類論述，可見徐守濤，1979；宋筱惠，1994；林文寶，1995；陳正治，1995），可能都還需要再作簡別調整。

漸進式的創造性童詩寫作的教學，也約略就是從上述這些「基本」環節指導起的。當中跟一般抒情詩相通的意象的安置和韻律的經營等等，也得讓它固定為一種常識性的條件；至於可以當作高度審美要求的「普遍而深刻的情感」部分，也轉由基進創新「奇特的情感」來充當（而現代式創新和後現代式創新等相關的考慮，則可以依違在這兩端之間）。此外，可以當作低度審美要求的陌生化語言或變化形式，則逕歸為現代式創新或後現代式創新或基進創新的「專利」（這樣上述的模型圖就帶有「統包」性）。換句話說，在一般抒情詩裏得以蘊涵

「普遍而深刻的情感」為進取標準，而在創造性童詩裏則改以基進創新「奇特的情感」為終極歸趨（同樣的，所謂的基進創新「奇特的情感」也仍然是以「超常態」或「反常態」的策略來徵候或逼近那「普遍而深刻的情感」的）；至於在一般抒情詩裏兼顧其他的審美效果而不能（或不知）陌生化語言或變化形式的，在創造性童詩裏則一併由現代式創新、後現代式創新和基進創新等相關的作為來示範完構。

　　至於實際的教學，由於受到創造性童詩的篇幅可長可短（不像創造性童謠為了協律和易記等考慮而多半不會太長）、作者斟酌字詞文意的時間不定和刺激源不必容易尋獲等因素的影響，所以所提過的講述法、自然過程法、環境法、個別化法等等都可以看情況「單取」或「變換」為用。當中在前章第三節所擬議的有關「環境法的運用，教學者提供範例後，還可以搭配閱讀教學法中的討論法來讓學習者分組討論寫作的方向。如果是以講述法為主，那麼這一寫作的方向在教學者的講解示範（提示範例）裏，不妨將範圍『確切』化（以免學習者盲目的摸索）」，這在創造性童詩寫作的教學上依舊適用；只是它已經不限於基進創新方面（還包括現代式創新和後現代式創新等方面）。倘若還有可以再補充的，那麼大概就是新加入的現代式創新或後現代式創新本身也可以再自我區分「高下」（而不只像前章第三節所舉基進創新部分才會發生這種情況）。現在就以一般後現代詩為例：

車站留言　　陳克華

阿美阿草

我先搭 11:37 的南下了　我並不恨你
如果颱風明天到達
來電：（00）7127 ㄓ 998F
父留。孩子記得我
……
很久很久以後，本質
和現象衝突　得很厲害
祝快回家
三隻母雞和甘藍菜
都好
你最真誠的愛匆此
再還你
（陳克華，1997:9~10）

我把一條河給弄丟了　　黃智溶

A. 那當然是我的錯
　　我不該離開那條河
　　足足有十年之久
　　……

B. 其實是地圖的錯
　　是繪圖者一時疏忽
　　把一條綠洲的動脈
　　無端地
　　抹掉了

......

C. 是河自己要走的
　　或許是　我的河
　　等候我太久了
　　才絕望地離開

D. 其實誰都沒有錯
　　其實
　　......
　　是童年
　　把我記錯
　　（孟樊，1995:250~251 引）

以上兩首作品，前一首純為拼貼意象（以達解構分裂語言意義
的目的）顯然不如後一首還能層層剝除觀念定見的迷霧（終而
能夠提供不斷地自我省察認知和體驗的可靠性的可用的資源）
（參見周慶華，2004a:296~298）。而依此類推，也可以轉逼出
同類型作品「向上昇華」的可能的方向（現代式創新的部分可
以比照辦理），而使得相關的教學者在指導創造性童詩的寫作
上能夠多一個參照系來相激勵而更有效的提供學習者寫作的指
標。至於接下來的尋求發表或出版的問題，一樣的也會因為它
的「與眾不同」而諒不至全無機會才是。

第五章
創造性故事寫作教學

第一節 》故事與創造性故事

　　再接著要談的是有關創造性故事寫作教學的部分。相同的，這依理也得有從故事到創造性故事及其相關的寫作方向和寫作教學等序列的討論進程。當中「從故事到創造性故事」也是一個關鍵；它所要解決的是有關創造性故事和一般性故事的「差異」創新課題。雖然如此，最基本的「故事」這種類型所以可以列入兒童文學的範疇以及所以選擇列入兒童文學的範疇，卻得比其他類型多一點轉折；以至它所需要「另加說明」的地方也就特別多了。

　　首先，故事是所有敘事性文體的「共構」；它的取義，在中文裏約略是從「過去的事跡」開始的（論述者常將詞源追溯到《史記‧三王世家》所載「竊從長老好故事者，取其策封書，編列其書而傳之」和《史記‧太史公自序》所載「余所謂述故事，整齊其世傳，非所謂作也」等。詳見吳鼎，1980；林守為，1988；林文寶，1990）；後來為了翻譯英文 story、history、tale 等詞以及相關論說紛紛「加釋」的結果，終於有了極大的變化。原來 story 是專指長篇的傳奇故事，history 是泛指歷史或傳記，而 tale 則是指「以人類日常生活的事件」為

題材所成就的（屬於「正宗」的故事）；但最後統一以「故事」來稱呼時，就看不出它有上述多重的意義。而這在論述者的討論中，又衍變出故事不盡是「過去的事跡」或「日常生活的事件」，它還可以是「虛構或幻想的事件」（詳見許義宗，1984；蔡尚志，1989；何三本，1995）。這樣故事一詞自然就出現了歧義現象；同時也讓原先僅依字面命義的規矩失去了約束力。這到了晚近，論述者似乎不再時興追問故事的詞源，而只就「內在事實」而說故事的特徵。這是受到二○世紀七○年代以來在西方興起的敘事學的影響，試圖擺落外在語境（包括心理、社會、歷史文化等背景）的化約作法。當中像「故事最單純的解釋，是指一些依時間順序排列的事件的敘述。就敘事理論來說，故事是由一系列事件構成的，什麼是事件？用理論化的語言說，事件就是故事『從某一狀態向另一狀態的轉化』。在這裏轉化一詞強調了事件必須是一個過程，一種變化；如果換用比較通俗的話來說，在故事中，事件就是行動。敘事學是研究敘事文的科學，所謂敘事文是指它的內容的形式；而敘事文內容的形式，就是指故事的構成因素和構成形態。敘事學的『故事』是一個抽象概念，它已脫離具體故事所承載的歷史或現實的內涵而成為自主的存在。故事在這裏被定義為從敘述信息中獨立出來的結構」（林文寶，2000）。這種說法，就是雜揉相關的敘事理論而來的，它無異在宣告著故事一詞的意涵是「我說了算數」，從此不再牽扯「無謂」的溯源一類的工作。這原也是一種「省事」的作法，但當人人各有「一套說詞」時，問題又變得相當複雜（也就是為何連這種「內在事實」的判定也都紛出歧見呢）。比如說，假定故事是一些按

時間順序排列的事件的敘述，而這些事件如果彼此具有因果關係，就出現了所謂的「情節」（plot）。這在先前佛斯特（E.M.Forster）的《小說面面觀》一書中已經有過這樣的分辨：「我們對故事下的定義是按時間順序安排的事件的敘述。情節也是事件的敘述，但重點在因果關係上。『國王死了，然後王后也死了』是故事。『國王死了，王后也傷心而死』則是情節。在情節中時間順序仍然保有，但已為因果關係所掩蓋。又『王后死了，原因不明，後來才發現她是死於對國王之死的悲傷過度。』這也是情節，中間加了神秘氣氛，有再作發展的可能。這句話將時間順序懸而不提，在有限度的情形下跟故事分開。對於王后之死這件事，如果我們問：『然後？』這是故事；如果我們問：『為什麼？』就是情節」（佛斯特，1993:75~76。按：佛斯特的原文書，出版於 1927 年）；而後人也不少認為或期待故事中一定要有情節才能夠稱為故事。但有人卻反對說：

> 這種類型（按：指佛斯特所分辨的情況）的邏輯順序是一種十分常見的敘事規則，以至於讀者們常常期待著每個故事都有一個情節；但實際情況並非總是如此。《艾麗絲夢遊奇遇記》就是一個沒有情節的故事，因為構成艾麗絲奇遇的各種事件常常是相互之間根本沒有因果或邏輯關係。《蒙弟・皮東的飛行馬戲團》的一段插曲在每當一個序列戛然而止而沒有結局時，也傳達出同樣的無邏輯順序的效果。所以一個故事就不一定非得把事件安置（設置）在一個因果性的邏輯順序之中，也不一定

非得完成序列的核心行動。但為了組織一個序列，故事
必須把事件置於時間之中。儘管《艾麗絲夢遊奇遇記》
和《蒙弟‧皮東的飛行馬戲團》的插曲都缺少因果性的
邏輯順序，它們確實是有序地把事件連接在時間之中
〔科恩（S.Cohan）等，1997:63〕。

這樣有關故事的「內涵」就不可能有一致的見解了。又比如
說，故事的最小單位是「母題」（motif，情節單元），而不是
事件（事件含有母題，但事件本身並不等於母題），這在「主
題學」裏常被提及。所謂「在把文學作品簡化成主題元素後，
我們就獲得了不能再減縮的部分，就是主題素材中最小的質
子：『黃昏蒞臨』、『拉斯若尼可夫殺死那老婦人』、『那英雄
（或主角）死了』、『信收到了』等等。作品再不能縮減的部分
的主題就叫做母題；每個句子實際上都有它的母題」（陳鵬翔
主編，1983:25 引湯瑪薛弗斯基說），正說出母題的一般情況。
然而，母題究竟可以含有那些成分或要含有那些成分才算「圓
滿」，卻又有了爭議：有的說母題包含「故事的角色」、「情節
的某種背景」（如魔術器物、不尋常的習俗、奇特的信仰等
等）、「單一的事件」等三類〔詳見湯姆森（S.Thompson），
1991:499〕；有的說母題是由「兩個或兩個以上不斷出現的意
象所構成」（而且還應擴及「理念」部分）（詳見陳鵬翔主編，
1983:24）；有的說母題可以是「一個角色、一個事件或一種特
殊背景」（詳見劉守華，1995:83）；有的說母題可以是「敘述
中的一個場景、一個事件、一個意象或象徵或行動」（詳見趙
毅衡，1998:177），莫衷一是。這樣連構成故事的素材的認定

也在「未定之天」。此外，還有「在現代敘事理論中，『故事指的是被一個敘述文本所喚起的各種事件和情況。跟情節相反，它指的是處於時間先後順序中的各種事件，而不管情節中對各種事件的重新安排。』也就是說，故事是未經任何敘述行為加工處理過的『客觀的』事件和情況，相當於俄國形式主義所說的『本事』；或者『是指從作品文本的特定排列中抽取出來並按時間順序重新構造的一些被敘述的事件，包括這些事件的參與者』」（王先霈等主編，1999:194）這類將故事抽離「完形」階段而純粹當它是「本事」的說法。這同樣也沒有「解決」什麼歧見的作用，反而更迫使人得不斷地回顧上述所揭發的那些問題（也就是事件是如何組成的，而事件和事件之間又是如何聯結的呢）。可見光一個故事概念，就得讓人大為頭痛費思了！這一點到底要怎麼處理？我想這不是什麼「是非對錯」一類的真理之爭。而是「信仰抉擇」或「意識形態鬥爭」一類的權力之爭。也就是說，論述者都是在「我相信故事是這樣的意思」或「我認為故事應該是這樣的意思」的前提下強為論說的，目的是要藉它來滿足影響或支配他人的慾望（另詳後）。這不論是早期所見的將「過去的事跡」限定為故事，還是後來所見的各種添加式的或化約式的故事的界義，都沒有一個例外。因此，任何後續的相異的說法，也就毫無阻礙的可以獲得保障。因為大家都同秉一個權力慾望，沒有人有充足的理由說你「不可以」。既然這樣，為了方便論說（背地裏仍然預設著權力慾望），姑且把故事界定為「一系列事件的組合體」。而這一點可以同意結構主義的故事觀：「故事由安置在某個序列中以展示某種變化過程（一個事件向另一個事件轉化）的事件組

成。一個事件描述某種物質或精神的活動，就是發生在時間的某事（某個由作為人的施動者引發或及於該施動者的行動）或存在於時間中的某種狀態（諸如思、感、在或有）。事件構成故事，這並不是孤立地而是屬於某個序列。每個序列至少包含兩個事件：一個建立起一種敘事的情境或前提；一個改變（至少是略不同於）那個最初的情境……一個故事以兩種方式描述事件的這種轉化。它在組合關係上將事件置於一個序列之中，以組成增加和結合的指意關係，從而像一個語言結構中的轉喻一樣運作。此外，一個故事裏的事件不只是在一個組合關係鏈中『簡單地發生』，而且也在選擇關係上被結構起來。一個故事在選擇關係上用一個事件替代另一個事件，以組成選擇和替換的指意關係，從而像一個語言結構中的隱喻一樣運作。這樣為分析起見，一個故事就可以被分解為許多事件，而事件又可以根據故事將它們置於一個組合以及選擇關係的結構中的方式而彼此區分開來（從而被確認為能指）」（科恩等，1997:75~78）。至於該事件的「生成」，則不論是「寫實」或「虛構」，也不論是「過去式」或「現在式」；而它的「成分」，更不論是涉及「實事」或「理念」。此外，事件和事件之間的聯結，也不論是否有因果關係（後面這一點，特別是要保留給現代派的意識流手法和後現代派的拼貼手法等在故事中的運作）（參見周慶華，2002b:9~14）。

其次，故事是所有敘事性文體的「共構」，那麼故事本身就不具有文體類型義；但從近代「兒童文學」興起以來，卻逐漸凸出一類「故事」在跟童話、寓言、（少年）小說、（兒童）戲劇等併列。而由於後面幾類都有故事體，為了避免「混

淆」，所以「故事」一類就被限定在專為兒童寫作（或改寫）
或適合兒童閱讀的「生活故事」、「神話故事」、「傳說故事」、
「歷史故事」、「民間故事」、「科學故事」等範圍（詳見吳鼎，
1980；寺村輝夫，1985；蘇尚耀主編，1989；蔡尚志，1989；
林文寶，1990；林守為，1988；王秀芝，1991；祝士媛編，
1989；黃雲生主編，1999）。這種強為限定劃分固然也是基於
權力慾望而可能的（將一般的「描述用語」轉為特定的「文類
概念」），但也不能短少「自我圓構」的自覺。因此，像「凡是
一切有人物、有情節的散文類敘事性作品，它的人物為社會所
實有，事跡為世界所可能，情節合乎現實，內容適合兒童的閱
讀和欣賞，就是『兒童故事』（林文寶等，1996:167）、「兒童
故事是故事的一個分支，它符合故事的一般特徵，如注重故事
性；講究情節的連貫性、懸念性、戲劇性和故事的完整性；表
現手法以敘述為主等。這些特徵跟成人故事都是一致的。但兒
童故事由於讀者對象的年齡特徵上的差異，帶來了閱讀欣賞上
的不同特徵。因此，兒童故事也就形成了自身特有的一些藝術
特徵，主要表現在以下幾個方面：（一）結構單純，脈絡清
晰……（二）情節曲折新奇，趣味性強……（三）主題集中明
朗，有針對性……（四）語言質朴明快，口語化……」（黃雲
生主編，1999:88~91）這種太過空泛而不把故事「特殊化」的
處理方式，就不宜再沿用（不然說了等於沒有說）；而像「故
事和童話，同為兒童文學中的主榦。實際說起來，故事也不僅
限於『以人類日常生活的事件』為題材，它的範圍包括至廣，
如：（一）以日常生活事件為題材的，稱作『生活故事』；
（二）以神仙幻想為題材的，稱作『神仙故事』；（三）以科學

或自然現象為題材的，稱作『科學故事』；（四）以歷史的人物或事實為題材的，稱作『歷史故事』；（五）以地理或名勝古蹟為題材的，稱作『地理故事』；（六）以公共衛生或個人衛生等為題材的，稱作『衛生故事』；（七）以道德規範名人嘉言懿行為題材的，稱作『道德故事』；（八）以民間傳說為題材的，稱作『民間故事』；（九）以探險為題材的，稱作『探險故事』；（十）以藝術為題材的，稱作『藝術故事』；（十一）以文學為題材的，稱作『文學故事』；（十二）以聖經為題材的，稱作『聖經故事』……」（吳鼎，1980:257~258）這種可能讓故事「無限衍變」的情況（也就是只要有故事可說的，就可以比照而命名為「某某故事」；這樣等於沒有分類），也要自我節制、甚至一起杜絕。在這個前提下，所謂的文體類型義的「故事」，為了不淆亂其他的分類系統，就得讓它專指「兒童的生活故事」（雖然這也是權宜的限定），而把也有故事體的神話、傳說等等「各歸其類」（也就是逕稱為「神話」、「傳說」等等，而不再另加被修飾項）。

再次，根據第二章第一節的分類系統，故事的對照類型是敘事散文，這在取過童謠、童詩等作為討論的對象後，中間所略過的抒情散文、神話、傳說、敘事詩（史詩）、傳記等等，又為何「必須略過」而不比照標題，顯然也得有所交代才行。我們知道，散文在當代的一般界定中，是採西方式的將它限定為詩和小說之間的「中間型文類」（在中國傳統上大多是指韻文、駢文以外的所有文體，並不純在文學的範圍內）；當中要再把它區分為「抒情散文」、「敘事散文」，是因為有的散文作品比較接近詩而有的散文作品比較接近小說（參見周慶華，

2001:145~153）。但不論如何，這種以散行文體來抒情的作品，如果要在兒童文學領域「變易」發展，那麼它就得多要作者或學習者付出「半詩」的寫作識見或閱讀品味（而價值又不高），而這明顯是「專務細小」而不知有詩和小說等大類可以去盡情的「仿照馳騁」。因此，在這裏就不別為規劃跟抒情散文相應的一類。此外，神話是以散體敘寫神的事跡，傳說是以散體敘寫古代英雄的事跡（參見周慶華，2002b:57~58），這都跟兒童的經驗不類；而敘事詩（史詩）是以詩體敘寫英勇或不凡的事件，傳記是以散體敘寫現實中人的事跡（同上），這也都不是兒童短淺的經驗所能夠「入詩」、「入傳」的，以至在這裏也不別為規劃跟它們相應的類型。

所謂的故事，就是依上述的理路取義（取兒童的生活故事）；它相對應的是一般的敘事散文，而以兒童作為限制詞後所成就的。換句話說，在以「兒童所能理解的文學」或「大人所認為兒童所能理解的文學」作為兒童文學的定義下（見第二章第一節），故事理當就是指兒童所能理解的生活故事（雖然這有點纏繞）。這種兒童所能理解的生活故事，在進一步的辨認中不論能否得著十足或有力的保證（也就是是否夠道地），它也都要保留一個可以差異創新的空間，才能顯示故事作為一種文類的形塑力；而這種形塑力也就是故事從「一般性的」過渡到「創造性的」一大保障。這樣的理路，無非也是在表明：如果以一種常態性意涵來限定故事，那麼凡是越能夠超常態性或反常態性的表現的就越有差異創新的可能性；而這種可能性一旦成形了，故事這一文類就越見它的可塑性及其在「推移變遷」或「改造修飾」語言世界上的意義。

　　當然，同樣由基進作為在最終所保證的創造性故事的超常態性或反常態性，它也可以同時顯現在「意涵」和「形式」上；只是相較於後面所會討論到的童話、少年小說等可以大幅度開展「意涵」和「形式」的超常態性或反常態性的情況來說，故事這種受限於「現實經驗」的反映或模擬的類型顯然會有某種程度的素朴性，以至現代式的創新或後現代式的創新在這裏就難以使上力而得全由基進創新來「一手包辦」（換個方式說，如果故事也要像其他「純虛構」的敘事性文體那樣力逞現代式的創新或後現代式的創新，那麼它已經可以改稱童話、少年小說之類而不再擁有故事的「特殊面貌」，所以最後才要「略過」現代式的創新或後現代式的創新而由基進創新來保障它的「故事性」）。在這種情況下，所謂的創造性故事的超常態性或反常態性也「可以同時顯現在『意涵』和『形式』上」就得保留到以後有機會更易時再特准它「完全的實現」。而相同的，相關的論說倘若不能為它「展衍新意」或別為「開疆闢土」，那麼自然就會減低它的可看性而我們理當也可以不再予以理會。

第二節 》 **創造性故事的寫作方向**

　　有關故事的「意涵」和「形式」變化及其所已經內加的「兒童」的限制詞，也使得創造性故事的寫作得有所謂的「著力點」，而這就是我們所能夠據為展望這類寫作的一大契機。至於具體的方向，則也有前節所提示的基進創新一個指標（以及可以保留的現代式的創新和後現代式的創新等指標）。這個

指標從故事的意涵變化或形式變化著眼（形式變化的部分，特別保留給現代式的創新或後現代式的創新去使力；但它也可以由基進創新所「蘊涵」），而以反影響思維或逆向思維來結構作品（詳見第二章第二節）。現在就稍微舉例來標立這一基進求新的創造性故事的可能樣態。

　　這也不妨先有一點後設性的自覺。也就是說，雖然以反影響思維或逆向思維作為衡量標準也不難找到相近的故事作品，但坊間相關的作品集裏所見的大抵不出一種「如實」似的基進性作品，它的審美情趣終究不夠濃厚而有待另闢例證範圍。如：

　　　　「五年級時，一戶有錢人家搬到我家附近，」羅傑回憶說。「他們家的孩子伊凡跟我同年，伊凡安靜而羞澀，我馬上就知道他不是那種會反擊的人。」

　　　　「所以我就慢慢開始欺負他。下課時，大多數男孩都在玩摔角，一開始伊凡並不想玩，他不喜歡跟別人作身體接觸，上體育課時也一樣。我帶頭起鬨：『少沒膽了！大家都會，連女孩子也會玩哩！』最後伊凡跟我們玩了。輪到我時，我立刻找上伊凡；他並未全力反擊，當我把他壓倒時，他給我壓得死死的。我覺得佔了上風，十分威武，而且知道自己可以繼續吃定這傢伙，我也的確那麼做了，而伊凡從沒向老師報告過。」

　　　　「有一回我甚至找我老妹幫忙，她打電話給伊凡，假裝是廣播電臺打的，說伊凡中獎了，伊凡真的相信自己得獎了！第二天上學，等伊凡把消息告訴大家後，我

才公布真相，當眾給他難堪。」

「那幾年真是太好玩了。」

〔莎舒（K.Zarzour），1998:13~14〕

這很明顯有點反規範式的顛倒事物的意味（雖然它是出自大眾心理學書所徵引來作為消弭校園暴力論述的案例），但它內蘊的暴力赤裸裸的穿透時空而為人所直接感受，卻少了那麼一點趣味。因此，要展現這類基進創新成果的，目前還是得仰賴修我兒童文學課的一些年輕朋友的「斗膽嘗試」。如底下這一篇：

離婚吧！　　顏佩勳

爸媽最近又一直吵架，吵到讓我受不了。每次都在為那一些事吵；又都沒有任何的結論。反正就是，吵個幾天，再冷戰個幾天，再和好如初。我快被這樣的戲碼煩死了。不過，這次好像有一些不同，從他們對罵的對白中，我似乎聽到了「離婚」這兩個字。這真是太棒了，我一直希望他們兩個能離婚，這樣我就可以不用再看著他們兩個。為了能讓他們兩人順利離婚，我開始了一些行動。我跟爸爸說：「媽媽嫌你錢賺太少，讓她不能過奢侈的生活。她要再去找一個會賺很多錢的男人。」然後，我再跟媽媽說：「爸爸覺得你愈老愈像一頭豬，他沒辦法再和你在一起了。」我看著這兩個人，為了我說的話，又吵得更嚴重，我感到非常的興奮。其實，我心中有一個念頭，讓我極度地希望他們離婚。那

就是，他們離婚後，我就要剃頭為僧。最好兩人離婚後
再各自婚嫁，這樣他們就不會注意到我。我就能做個快
樂的和尚。所以，爸媽——離婚吧！

（尚未刊印）

相較於前一篇的缺少「悖理張力」，這一篇就充分蘊涵了。它
所採用的諧擬手法以及模仿兒童慧黠式的「理直氣壯」，都頗
有可觀。而這從兒童的立場來「看」成人的婚姻裂痕，也很有
警意（當父母的總是只逞自己的「一時快意」而左右婚姻的持
續與否，幾乎都未嘗設想小孩可能的感受）；它的基進性不啻
為成人世界的「不穩定關係」再埋下一顆炸彈，隨時等著成人
誤闖而點燃。

　　凡是不能夠顯出創造性的故事或已顯出創造性但仍嫌「差
一級次」的故事，大抵都可以比照上述的方式去進行辨別；而
凡是能夠顯出創造性的故事或可以更強烈顯出創造性的故事，
則「反其道而行」或「再變質變量而行」也無不可以得著見
證。如下列兩篇分別在自吹自擂自己的「英雄」事跡和得意推
崇家人的「英雄」事跡的作品：

我叫王阿霸　　鄭夙惠

我叫王阿霸，今年 9 歲，就讀琉芒國小三年級。

我最大的嗜好是打架，因為看到他們駭怕很有成就
感。

我最喜歡的偶像是許謙龍，因為他夠屌。

我最喜歡的水果是榴槤，因為他夠臭又硬。

我的座右銘是「敢，是一種美德」。

我最喜歡的天氣是夏天，因為可以去游泳池看美妹妹。

我最喜歡的動物是狗，因為可以追著打。

我的口頭禪是「卡，你的王八烏龜」。

我的好朋友是林小地，因為他會帶我去鬥他妹妹哭，很好玩。

我的志願是有一天長的比新爸爸高，換我把他打倒跪地求饒叫我阿爸。

我的家庭有一個媽媽一個新叔叔，以及我王阿霸。

我最愛的人是我爸爸，因為他是英雄坐過警車。

我最愛的電視是南方四賤客，因為夠低級，我喜歡。

影響我最深的一個人是我阿公，他告訴我，要做一個男子漢，不可以被人看不起。要做，就要做最猛的。

我做過最有成就感的一件事，打贏了隔壁校的壁虎幫，看著他們遇到我時自動閃到兩旁，等我過去，我就好像武林盟主。

我最喜歡的科目是自然科，因為聽說以後可以用刀子把青蛙割開來，看他一抖一抖的樣子，一定很有趣。

我印象最深的一件事是那一天爸爸坐上警車揚長而去，他告訴我他是要去深山上拜師學藝，等有一天他回來時，將會滿腹武功，他要把一切武功全部傳給我。

我的綽號是英雄，如果你敢叫我鴨霸、狗熊，你就給我小心。如果你叫我阿爸，我可以考慮一下收你為

徒。

（張志維等，2003:15~17）

我最崇拜的英雄　　余如恒

　　我的哥哥在我心中是最偉大的英雄，他非常的照顧家裏，尤其是我。每次心情不好，就把我叫到房裏，教我練拳頭，並且告訴我：「現在我打你是為你好，免得以後你出去被人打死了，我還要幫你報仇。」我覺得好痛，但心裏還是感激哥哥，他真是為我著想；每當我被人欺負完，他還是會奮不顧身的幫我出口氣，雖然他用在別人身上的招式和用在我身上的都一樣。可是打完了，欺負我的人還會跟我道歉認錯，給我錢買玩具哩！

　　哥哥也是個非常有人緣的人，常帶不一樣的姊姊回家來，每個姊姊都打扮的好漂亮，而且好節儉，衣服的布料都捨不得用太多，老師也一直告訴我們節儉是個好習慣，但每個姊姊都對我好大方，喜歡送吹起來小小的氣球給我玩；可是我也有些同情她們，不知為何，每次到我們家過夜，都會做惡夢，叫的好大聲，有時連哥哥也會做惡夢，也許他們做的是同一個夢吧？

　　哥哥也是個孝順的孩子，沒隔幾天就會找媽媽聊聊天，雖然他們聊天的聲音有些大聲，有時連警察都會來叫我們小聲點。有時他還幫媽媽按摩，可是力氣大了點，媽媽的臉上都出現不一樣的顏色。有時又怕媽媽閒在家裏，會覺得無聊，就故意把家裏弄亂，讓媽媽收拾。

　　除了這些，哥哥最喜歡保護別人喔！我們學校的學生好多都受到他的保護，還有我們家前面的菜市場也是，每當哥哥走進這些地方時，總是走的好神氣啊！鄰居和賣菜的人，甚至還有學校的同學，看到哥哥經過，都很快把錢拿出來給哥哥，可能因為他們覺得哥哥一定能使他們安安全全的生活吧！

　　應該是政府覺得哥哥太好了，就請他去綠島做他們的顧問，使我覺得哥哥真的好棒，我以後一定要跟哥哥一樣，做個社會上有用的人。

（陳建勳等，2004:133）

這兩篇作品都在「崇高化反派人物」或「塑造另類英雄」（按：前一篇在我的兒童文學課寫作時，原題為〈我的自傳〉，後由出版社出版並略遭刪節，今仍注明新出處，但稍微補回一點原有的語句），濃厚的諧擬色彩和撙唆調侃的語氣，把整個格調摶造得有如一副「悲涼式喜感」模樣。而這無異可以使人想及社會中一些低成就人物也想要「力爭上遊」而不得的苦悶，從而考慮如何為他們預留可以「正常」發展的空間（而不是一味的限定而有意無意的「逼迫」他們走上絕路）。兩篇作品所帶有的一點反諷性，應該可以讓人在一番「嫌惡」後也能夠有所「省悟」。此外，還有一篇同類型卻更具諧謔味且略帶形式變化的作品：

充實的一天　　蘇億真

AM 9:00　起床，肚子覺得好餓，走進廚房想煎個荷包

蛋，順手幫媽媽把所有的沙拉油、水、鹽巴以及味精調和在一起，這樣媽媽以後炒菜，一定可以省去不少的麻煩。

AM 10:00 拎著書包上學校，沿途路經計中，我特意叮嚀自己要記得進去印今天要交的報告，幸運的動到了一個有毒的軟體，所有的電腦全部當機，計中工讀生用他那淚光瑩瑩的眼睛看著我，感動的痛哭流涕。

AM 11:30 準時在第四堂課進行 30 分鐘後走進教室，老師詢問了我遲到的原因後，滿意的拍拍我的頭，建議我參選下學期的模範兒童，要全班的同學向我看齊。

AM 12:10 學校送來的營養午餐香噴噴的擺在教室後面，趁廚房阿姨還在披圍兜兜戴口罩，我熱心的幫她把所有的菜飯湯融合在一起，這樣待會兒她分菜時就可以忙的團團轉。

PM 1:05 教心又要考試了，為了避免我的答案寫得太過凌亂，傷了老師的眼力，我盡量讓所有的題目保持空白，希望老師可以了解我的苦心。

PM 3:00 路經教官室，發現教官趴在辦公桌上打盹，可是公事包和回家的車門鑰匙就放在一旁的茶几上，我擔心等一下被小偷拿走，連忙拿了兩副大鎖及鐵鍊幫教官把所有的門窗從外面緊緊鎖上，確認了任何人即使用盡了辦法

都無法從外闖入之後，才安心離開。

PM 5:18　到小巨蛋比賽跳健康操，在喊口號時，大家喊：「一、二、三」，我喊：「三、二、一」。中途為了使大家跳的更起勁，我還特別故意伸出腳來，各絆了前後排的同學一下，好讓大夥兒吼得更大聲，喊得更賣力。

PM 5:30　忙碌而又充實的一天，就這樣結束了，拎著書包，走在夕陽的餘暉下，我的內心，充滿了成就感。

（黃龍翔等，2002:51）

這諧擬某些小學生的「頑皮搗蛋」，相當傳神；而當中穿插的一些大學場景〔如計中（電子計算中心）、教心（教育心理學）考試、教官室、教官打盹及時間表等〕，又帶有自我解構事體的遊戲性。它所要塑造的這類「危險」分子 ◉ 表面上看似不可理喻，實際上卻頗具深意。也就是說，它是在考驗或挑戰我們的「容忍度」（也就是對這類「危險」分子的包容程度）；同時又可以促使我們想起自己也曾經「邪惡」過的尷尬經驗（從而更能夠寬大胸襟去待人處世）。後面這一點，有個成人世界的案例可以用來互相印證：「美國電視夜晚漫談綜藝節目主持人大衛‧賴特曼擅長的就是無意義性。他戲弄所有的事物。他幾乎從不說任何正經的話。凌亂、混淆和不折不扣的反社會性惡毒主控了他所主持的節目。一股強力的負面性傾向有如暗流般地貫穿他的節目，要使所有一切騷亂發昏。他唯一的期望是人的愚蠢，而且從未失望……上賴特曼節目的來賓無非是陪

襯他惡毒嘲諷和令人難堪的矯揉造作表演的道具。他將每一個
人貶損到毫無價值。他將所有的自負都化為有意義的價值。有
一次在節目中，有人罵他是『驢蛋』，而他仍將這段事先錄製
的段落照樣播出。在如此無比無意義性的環境中，一切都喪失
了真正思考或感覺的力量。這對一個大多沒有內容、只有體面
的名人說幾句體面俏皮話的陳俗場面的媒體來說，是再適合不
過的內容……初次看他這個節目的人似乎覺得這是一種驚人的
浪費時間，他在節目中將白痴般的愚蠢當作娛樂來呈現。這種
娛樂（根本談不上諷刺地戲弄，根本毫無重要性的人和事）永
遠是一個形式，由一個重要的媒體廣播網和一位酬勞極高的明
星來支持。觀眾什麼都學不到，也沒什麼需要記得的……約瑟
夫・海勒所著《有那麼回事》的書名倒是挺適合這個節目採用
的。賴特曼最拿手的是當節目出了些小差錯，原本設計的噱頭
結果漏了氣或沒表現出來，他會裝作氣憤難消。他擺出一副沒
道理的世界中那個講道理的人的姿態，而觀眾愛死了。想必這
一定使他們想起了自己的生活」〔金格隆（F.Zingrone），
2003:262~263〕。所謂看充滿惡毒嘲諷和矯揉造作的漫談綜藝
節目一定會使觀眾「想起了自己的生活」（也有類似的消遣別
人和自我裝模作樣的經驗），不正反襯出上述那類作品的類同
性的「前階段顯真」？只不過一般性寫作「不敢」碰觸而基進
性寫作「敢」碰觸罷了。

　　所謂創造性故事的寫作方向，大致上就如上面所述。這種
基進求變及兼容許可能的現代式創新或後現代式創新的創造性
故事的寫作表現，雖然整體上還是比較偏重在「從意歧出」，
但它的「歧出」幅度卻遠比抒情性的作品來得大（得利於它有

故事體「方便」具體而細緻的刻劃營造），而可以讓人更「稱意」的去馳騁。因此，在故事這一類型還會繼續被保留（或說尚未被淘汰或取消）的情況下，這一主要的基進取向仍然是改造故事寫作命運的「不二法門」，嗜好此道的人實在毋須自我壓抑而停止不前。

第三節 » 創造性故事寫作的教學

相同的，從區別故事和創造性故事的不同到試擬創造性故事的寫作方向等，已經逐漸在「下指導棋」了，現在再別出一個「創造性故事寫作的教學」課題，也正好可以把相關的問題作一最後的統整性的處理。而雖然如此，所謂的「創造性故事寫作的教學」也是擬議的，它也旨在提供創造性故事寫作教學的策略（而非實際的教學行動或教學經驗）；同時該課題所蘊涵的教學對象（學習者）也不一定侷限於兒童（它還包括任何有意學習這類寫作的人）。而這所關切的重點，同樣在於如何把創造性故事寫作推上踐履的行程，並且還能夠藉由發表或出版來擴大它的效應。

這種教學，同樣可以是「躐等式」的，也可以是「漸進式」的。這裏仍然比照前面的作法（詳見第三章第三節），只針對後者來略作說明開展。而相似的，這也得從最基本的故事說起。前面說過，故事原是一個描述用語，後來才轉為兒童文學領域的一個文類概念（詳見本章第一節）。但不論如何，它都是一個敘事體（不論它存在或體現在那一類型的敘事性文體中）；而作為一個敘事體，自然有它特定的性質（有別於同為

文學範疇的抒情體）。因此，它就有「敘事性」及其相關的問題可說。

我們知道，就作者的立場來說，寫作抒情性文體是要藉所抒情跟讀者對話，以便獲得讀者的同情（或共感），而遂行作者的權力慾望（見前章第一節）。同樣的，作者寫作敘事性文體也是要跟讀者對話而獲得相同的效果。只是他所藉來達到目的的是「敘事」而不是「抒情」，同時所要激起讀者同情（或共感）的方式也是「間接」而不是「直接」的（也就是它是藉所敘述的故事或事件來「迂迴」引發讀者對內蘊的思想情感的認同）。

有人認為在時序上敘事性文體後於抒情性文體而發生，而且彼此還有「血統」關係：「過去關於詩的一般的分類，大別為三：抒情詩、敘事詩、劇詩（戲曲）。並且在這排列的順序上，還隱含有詩的歷史的演進情形；也就是說，由抒情的歌謠演進為敘事的詩歌，敘事的詩歌和舞蹈相合而有戲曲。到了後來，這些詩歌所具備音樂性的韻律形式傾向於口語化的韻律形式，於是抒情詩變為無韻的自由詩，敘事詩變為小說，劇詩也變為口語化的戲劇。因此，在西洋詩的歷史常被簡括成為『韻文的』和『散文的』兩大階段。前者大部是具有音樂性的韻律形式的抒情詩、敘事詩、劇詩；後者大部是口語化的自由詩、小說、戲劇。前者是十八世紀以前的；後者是十八世紀以後的。我們從這簡要的認識中，不但可以看出近代的詩歌、小說、戲劇是古代詩的嫡系子孫，而且還可以看出古代敘事詩和劇詩的鼻祖都是抒情的。抒情詩是一切文學作品的鼻祖，這點認識本來很有助於我們了解文學作品；也就是說，無論是近代

的或古代的，必然要帶有抒情詩的血統。捨此之外的，它們是
否可冒充為文學作品，都得嚴格檢討」（王夢鷗，1976:163）。
這當然不是什麼「真理」之見（原因就在抒情性文體／敘事性
文體都是人所界定的；而所有相關的溯源和評定，也都是先有
該界定才成立的。不能反過來說「事實」就是那樣，不然就會
成了「循環論證」），但它所提及的敘事性文體和抒情性文體
「同源」一點，卻頗可以刺激我們聯想到「人為何要透過敘述
故事或事件來傳達思想情感」？這個問題，不妨這樣來思考：

　　首先是人普遍有的對故事或事件的需求。所謂「為什麼我
們需要故事而且還那麼欣賞它們？亞里斯多德在《詩學》的開
頭給出的答案是雙重的。我們之所以欣賞模仿，有兩個原因：
第一，模仿是有節奏有秩序的，而人們能自然而然地從有節奏
的形式中獲得愉悅；第二，人類可以透過模仿學習，而人類從
學習中獲得愉悅也是自然而然的。我們從故事中學習什麼？我
們（以之）弄清楚事物的屬性。我們需要故事以檢驗不同的自
我和學會在現實世界中找到我們的位置，並且在那個位置上演
好我們的角色……將亞里斯多德的斷言用一種更現代的表述來
說也許就是：在故事中我們整理或重新整理現有的經驗，我們
賦予經驗一個形式和一個意義，一個具有勻稱的開頭、中間、
結尾和中心主旨的線性秩序。人類講故事的能力是男人和女人
在他們的周圍共同建立一個有意義有秩序的世界的一個方面，
我們用小說研究、創造出人類生活的意義」〔蘭特利奇
（F.Lentricchia）等編，1994:91〕，說的就是人要藉故事或事件
來體現或感受對於生活的意義的創造或啟發（前者是對作者而
說；後者是對讀者而說），而構成一種（論述者所沒有說出

的）權力關係。

其次是作者藉故事或事件來體現或感受對於生活的意義的創造，裏頭有他對事物的好惡（會強調某一面而壓抑另一面），但他並不像抒情性文體的作者那樣「直接」表露，而是以所寫故事或事件來蘊涵，這就別有一些心理的考量；正如底下這段話所說的：「『敘事』一詞常被用來排除詩歌，僅僅因為許多詩歌是抒情詩。跟歌曲相仿，抒情詩是情感或意識狀態的內心獨白。敘事也表達情感，但它是在故事及其講述的框架之內表達。抒情詩可以被當作私下的言語活動去閱讀，可是敘事卻必須被當作公開的言語活動；講述一個關於人物的情感的故事是介入私人的體驗以使它公開」（科恩等，1997:1）。換句話說，透過故事或事件可以滿足讀者的好奇心或窺伺慾以及其他可能有的求知慾（如對於自己所欠缺的社會經驗或神秘體驗的追求），以至敘事性文體也就跟抒情性文體想直接打動讀者心坎的作法「同工」而「異曲」了。

再次是故事或事件的呈現自有一些規律，而這些規律已經不是意象的安置或韻律的經營一類審美規範所能限制。所謂「對於文學作品來說，讀者和文本（作品）的關係的實質至關重要。正因為如此，作品的敘述者取得了舉足輕重的地位。作品的敘述者可能是作者自己，而且以『自己的聲音』講述事情的原委。在某些時候，作者可以扮演某種角色，如誠實的朋友、好開玩笑的伴侶或傲慢不遜的敵人，並以此身分向讀者講話。敘述者也可以是作品中的某個人物或某些人物，作者把他（他們）放在作品中充當講故事的角色。敘事作品因此具有兩個在某種程度上相互疊合的方面：第一個方面涉及作品的內

容，也就是組織安排材料並確定事件之間的關係的實質；第二個方面跟修辭有關，也就是確定以何種方式向聽眾敘述事件」（福勒，1987:172~173），說的正是敘事性文體另有審美考慮。換句話說，寫作敘事性文體在某種程度上是要有別於寫作抒情性文體而另造審美效果，「互別苗頭」的情況自所難免。

此外，敘事性文體在理論上可以分解為「故事」和「敘述」兩部分（在實際上「故事」和「敘述」是一體呈現的）。前者為題材及其意義（思想情感）所繫；後者則純屬技巧，彼此可以分別予以認知。雖然如此，有人還是刻意將前者再分出「故事」和「事件」，而將後者視為是組合「事件」為「故事」的過程：「故事由安置在某個序列中以展示某種變化過程（一個事件向另一個事件轉化）的事件組成。一個事件描述某種物質或精神的活動，就是發生在時間中的某事或存在於時間中的某種狀態。事件構成故事，這並不是孤立地而是屬於某個序列。每個序列至少包含兩個事件：一個建立起一種敘事的情境或前提；一個改變（至少是略不同於）那個最初的情境……一個故事以兩種方式描述事件的這種轉化。它在組合關係上將事件置於一個序列之中，以組成增加和結合的指意關係，從而像一個語言結構中的轉喻一樣運作。此外，一個故事裏的事件不只是在一個組合關係鏈中『簡單地發生』，而且也在選擇關係上被結構起來。一個故事在選擇關係上用一個事件替代另一個事件，以組成選擇和替換的指意關係，從而像一個語言結構中的隱喻一樣運作。這樣為分析起見，一個故事就可以被分解為許多事件；而事件又可以根據故事將它們置於一個組合以及選擇關係的結構中的方式而彼此區分開來（從而被確認為能指）」

（本章第一節所引科恩等說）。但這不過是將俗稱的情節改換成事件，並不影響故事的「事件性」。因此，稱故事或事件，都無妨於它的活動義或行動義（情節如果限定為另有因果關係，那麼就不宜混同），不一定要像論述者那樣以後者為前者所包蘊（參見周慶華，2001:157~160）。

有關敘事性文體可「辨認」的性質，大抵如上面所述。接下來是有關故事轉換成文體類型後跟它相對應的敘事散文的「接續」定位問題。可以這麼說，敘事散文，是指排除抒情散文後所剩下的「散文」作品。它可以據題敘寫，也可以見於俗稱的日記、遊記、傳記等文體裏。由於它是敘事性的，所以「當中為事件所具備的時間元素居於特出地位」〔亨德（原名未詳），1971:314〕；而它跟抒情散文的區別，也可以簡要的說成「它不是透過借景抒情、托物言志或者對事物直接抒發情感來表達作者的思想情感的；而是以寫人記事為主的散文，正如抒情散文是以抒情為主一樣。它主要是透過對人物或事件的（完整或）某些片段的描述來表達作者對生活的認識和感受」（朱艷英主編，1994:293）。換句話說，敘事散文所要傳達的思想情感是隱藏在「事」中的；讀者必須經由對該「事」的理解去揣摩領會。

有人曾以珍珠、建築和河流來比喻詩、小說和散文並分判它們的差異：「詩必須圓，小說必須嚴，而散文則比較散。如果用比喻來說，那就是：詩必須像一顆珍珠那麼圓滿，那麼完整。它以光澤為它的生命，然而它的光澤卻是含蓄的、深厚的；這正因為它像一顆珍珠，是久經歲月，經過無數次凝鍊和磨洗而形成的。小說就像一座建築，無論大小，它必須結構嚴

密，配合緊湊，它可能有千門萬戶，深宅大院，當中又有無數人事陳設；然而一切都收斂在這個建築之內，就連一所花園，一條小徑，都必須有來處，有去處，有條不紊，秩序井然。至於散文，我以為它很像一條河流，它順了壑谷，避了丘陵，凡可以流處它都流到；而流來流去還是歸入大海，就一個人隨意散步一樣，散步完了，於是回到家裏去。這就是散文和詩及小說在體制上的不同之點」；然而「散文既然是『文』，它也不能散到漫天遍地的樣子，就是一條河，它也還有兩岸，還有源頭和匯歸之處……好的散文，它的本質是散的；但也須具有詩的圓滿，完整如珍珠，也具有小說的嚴密，緊湊如建築」（俞元桂主編，1984:148~150）。這裏意象絡繹奔會，很可以供人「遐想」；但要用來區分散文和其他文體的不同，就頗嫌抽象而有點枉費心機了。它所以有別於抒情詩的判定依據是在抒情技巧（也就是前面說過的有無多用比喻、象徵以及講究音樂的旋律和節奏等）；而它有別於小說的判定依據則是在敘事技巧（也就是有無精細的敘述觀點和敘述方式的運用以及敘述結構的經營等，都有具體的指標可以依循，詳後）。就這一點來說，敘事散文就得有非詩非小說的形式，才能「獨立」出來：首先，它的語調是接近口說的，而所敘述的故事又以「自歷」或「聽聞」為範圍；否則，它就得歸入詩或小說的領域。其次，它是以所敘述的故事或事件來比喻或象徵思想情感（而不在個別語句或段落「賣弄」比喻或象徵），而所敘述的故事或事件又得以較接近自然或素朴的方式去完成（而不窮使各種技巧花招）；不然它也要為詩或小說所統轄。

　　當今談論散文的人，在思考散文的寫作時，都有一些或就

整體或就類別而發的期使式的論調，如「（當代散文的寫作得講究彈性、密度和質料）所謂『彈性』，是指這種散文對於各種文體各種語氣能夠兼容並包融合無間的高度適應能力。文體和語氣愈變化多姿，散文的彈性當然愈大；彈性愈大，則發展的可能性愈大，不至於迅趨僵化……所謂『密度』，是指這種散文在一定的篇幅中（或一定的字數內）滿足讀者對於美感要求的份量；份量愈重，當然密度愈大。一般的散文作者，或因懶惰，或因平庸，往往不能維持足夠的密度。這種稀稀鬆鬆湯湯水水的散文，讀了半天，既無奇句，又無新意，完全不能滿足我們的美感，只能算是有聲的呼吸罷了……所謂『質料』，更是一般散文作者從不考慮的因素。它是指構成全篇散文的個別的字或詞的品質。這種品質幾乎在先天上就決定了一篇散文的趣味、甚至是境界的高低。譬如岩石，有的是高貴的大理石，有的是普通的砂石，優劣立判。同樣寫一雙眼睛，有的作家說『她的瞳中溢出一顆哀怨』，有的作家說『她的秋波暗彈一滴珠淚』，意思差不多，但文字的觸覺有細膩和粗俗之分。一件製成品，無論做工多細，如果質地低劣，總不值錢。對於文字特別敏感的作家，必然有他自己專用的字彙；他衣服是定做的，不是現成的」（何寄澎主編，1993:109~111）、「寫敘事散文，有三項原則：第一要清，第二要冷，第三要簡潔。所謂『清』，就是要把記事的場面和情節交代清楚。文章中，人物活動的地點、時間，就構成了場面；每一場面，事情的進展和變化，就構成了情節。然後情節一個個接連著，將事情的經過交代清楚……所謂『冷』，就是記事要冷靜、客觀。在構思上，能別出心裁；在取材上，能獨具慧眼，然後把握事物的重要和

特色，加以客觀地描述……所謂『簡潔』，就是記事要洗鍊，其實任何文章都要求簡潔，不蕪雜、不累贅，有秩序、有條理，懂得如何剪接、割愛。古人寫文章，『惜墨如金』，就是這個道理。《文心雕龍‧鎔裁》篇說：『規範本體謂之鎔，剪截浮詞謂之裁。裁則蕪穢不生，鎔則綱領昭暢。』一篇文章有主題，雜詞不生，進而懂得開闔，前後呼應，就可以說合乎簡潔的原則」（方祖燊等，1975:129~132）等。這些都無妨把它「吸收」進來當作寫作的參考；但要論及比較基本的規範，還是以前面所說的為準，這樣才不致「漫無頭緒」或「惑亂方向」。

　　此外，敘事散文作為一種敘事性文章的次類型，也同樣會被追問要寫些什麼，也就是題材的問題。所謂「因為散文本身沒有特定的藝術形式，所以在表達方式上也可以任意發揮，因此任何題材都可以被包裝進去」（鄭明娳，1987:27）、「敘事散文題材的來源，大抵不出兩類：一類是寫實性的，一類是想像性的。前者是作者憑生活經驗的創作，題材的來源，來自日常生活中所見所聞的事，然後採擇當中值得記述的，介紹給別人也知道；後者是作者憑想像的創作，不一定是真實的事，但它的來源，來自於作者心靈的構思和玄想，創造出一些動人的場面和情節，使人們也能嚮往其間，分享到一份快慰和啟示」（方祖燊等，1975:125）等，這種「沒有限定」說（後則也涵蓋「想像性」的，等於沒有限定），用在小說或戲劇可能更為合適；敘事散文題材的「自歷」性或「聽聞」性（見前）還是得維持。雖然敘事散文所敘述的對象依舊要驟括變化採用再現、重組、添補和新創等手段來完成（見第一章第二節），但

它總不能像小說或戲劇那樣可以極盡「天馬行空」或「幻化怪誕」的能事；否則，敘事散文一類就得取消（多分出這一類並沒有多大意義）。因此，再有敘事散文的題材可以無所不包的說詞，我們就該留意裏頭有「陷阱」，小心輕易的「掉下去」（參見周慶華，2001:173~176）。

如果沒有別的考慮，敘事散文最後還是以追求普遍而深刻的情感為它的終極進境所在（同上，176~181）。而有關敘事散文的敘事體類型，到這裏也就有一定的規模可以權定依循；而所轉出的專屬兒童文學範圍的故事一類，也同樣得從這個架構中來作衍發性的定位，才不致像一些相關的論述那樣「漫無定準」（詳見本章第一節）。至於它所該顯出的「敘事動機」（卻還不夠強烈的），則留待專論創造性少年小說寫作教學時再一併詳述。

漸進式的創造性故事寫作的教學，也約略就是從上述這些「基本」環節指導起的。當中跟一般敘事散文相通的所略為具有的事件的構設和情節的安排等等，也得讓它固定為一種常識性的條件；至於可以當作高度審美要求的「普遍而深刻的情感」部分，也轉由基進創新「奇特的情感」來充當（而兼容許可能的現代式創新和後現代式創新等相關的考慮，則可以依違在這兩端之間）。換句話說，在一般敘事散文裏得以蘊涵「普遍而深刻的情感」為進取標準，而在創造性故事裏則改以基進創新「奇特的情感」為終極歸趨（同樣的，所謂的基進創新「奇特的情感」也仍然是以「超常態」或「反常態」的策略來徵候或逼近那「普遍而深刻的情感」的）。

至於實際的教學，由於受到創造性故事的篇幅普遍增長、

作者重組和添補經驗的時間不定以及刺激源不必立即見效等因素的影響，所以所提過的講述法、自然過程法、環境法、個別化法等等也都可以看情況「單取」或「變換」為用。當中在第三章第三節所擬議的有關「環境法的運用，教學者提供範例後，還可以搭配閱讀教學法中的討論法來讓學習者分組討論寫作的方向。如果是以講述法為主，那麼這一寫作的方向在教學者的講解示範（提示範例）裏，不妨將範圍『確切』化（以免學習者盲目的摸索）」，這在創造性故事寫作的教學上也依舊適用；此外，如果有必要還可以搭配閱讀教學法中的探究法（詳見第二章第三節），讓學習者主動去挖掘自歷性或聽聞性的相關的事件而予以揉融編綴成篇。倘若還有可以再補充的，那麼大概就是有關基進創新的故事所可能兼含的色情和精野成分的「勉為包容」。如下列兩篇修我兒童文學課和基進兒童文學課的年輕朋友的作品：

尸　　　吳世全

今天他們口中所稱的癩蛤蟆老師一來，就開始抄黑板。這些同學也真毒，老師長那麼帥，還這樣稱呼，都該打到十八層地獄的 B1（地下室）。

雲知道我不快樂
就在我的面前變魔術
她變成一卷冰淇淋
接著變成一匹馬
一會兒又變成一棵大白菜

雲兒　雲兒
你只會自己玩兒
不會變一個朋友陪我

　　老師抄完，介紹它是一種文體，叫做「新尸」。我只知道斯斯有三種，治療感冒、流鼻水和喉嚨痛。斯斯的大姊姊裙子都穿得很短，難怪會感冒！

　　老師介紹完後說：「小朋友們有沒有問題？」只見甄聰明不慌不忙地舉手發問：「雲又不是作者，她怎麼會知道作者不快樂？」

　　我只是在一旁暗爽，搞不好和雲姊姊套套交情，變一個漂亮妹妹來陪我也說不定。

　　雖然沒寫過，我還是硬著豬頭皮，勉強擠出一首來。而為了求押韻，把字典都翻爛了，尤其是從後面注音的部分翻。押ㄠ韻，是這樣子的：

春光好　春光好
結伴遊春郊
菜花香　豆花嬌
桃花李花迎人笑
流鶯枝頭聲聲叫
落翅仔歸來尋舊巢
老鴇牽牛郎下田去
三五人客來報到
你瞧　這幅圖畫多美好

（郭雙慶等，2000:157~158）

大姊頭　　曾秀春

　　真是他媽的不爽，那幾個成天在我身邊打轉的小嘍囉都被他們家的老母給「拎」回家了，平常每天都嫌他們老是嗡嗡嗡地吵個不停，現在沒人吵倒是覺得冷冷清清，已經無聊得開始學那些無聊女生假裝沈思，說穿了還不是在思春或發呆而已，實在亂沒個性的。講到這我就不得不驕傲起來了，大家都叫我「大姊頭」，方圓十里沒有任何女性敢靠近我，我知道她們都很怕我，一個個只敢在背後批評我是男性賀爾蒙分泌太多，幹！也不知道是那些人一天到晚刮腿毛，毛多得像猩猩一樣壯觀，實在不曉得到底是誰男性賀爾蒙比較多？聽小嘍囉1號說他姊姊常常偷拿他爸爸的刮鬍刀來刮腿毛，弄得水管阻塞不通，害他媽媽每天都在用通樂通通通。唉！煩死了！不講那些裝純情的無聊小女生了，說說那幾個小嘍囉吧。小嘍囉1號是從小跟我穿同一條褲子長大的死黨，他常說很羨慕我，因為我爸爸白天上班晚上還到漂亮小阿姨家「加班」，媽媽每天去三姑六婆七叔八爺家打麻將，都沒人管我寫不寫作業、看不看電視，而他每天都被逼著念牛頓小百科，因為他媽媽希望他將來當科學家，學那個李 ××拿諾貝爾獎，實在是沒創意的人生規劃。小嘍囉2號的家裏開「雞店」，就是那種有個吃檳榔的混混在門口喊來ㄟ來ㄟ，三不五時還會有警察來收錢的店，聽小嘍囉2號說他將來想當警察，因為

聽說很好賺，沒事就來走走有錢拿，聽說還有全套
「SERVICE」，聽起來好像很不錯的樣子。小嘍囉 3 號
是我最喜歡的一個，他的臉白白嫩嫩水水的，比那個電
視上只睡一個小時的女生漂亮多了，如果我將來有錢，
真想養他當我的小白臉，我看我老母養的那個就沒他好
看，還是我比較有眼光。小嘍囉 4 號是個大痞子，是在
被我打得鼻青臉腫後才加入我們的，我看他是有點變態
變態，喜歡被我打，他還說他將來一定要娶我，幹！我
才沒那麼沒品，嫁個痞子還有什麼搞頭。小嘍囉 5 號家
裏很有錢，所以他也是我常常借錢的對象，沒辦法，我
爸媽太忙了，常常忘記給我錢，就算有給也都不夠我打
一次架的醫藥費，我是說賠給對方媽媽的啦！把人家兒
子打得那麼慘，不給點醫藥費會被告到學校去，我是不
怕被記過啦，是怕連累我那一班小嘍囉！做大姊頭的要
講義氣，這是江湖規矩，出來混不知道就太遜了。這些
是我的基本手下，至於來來去去的實在太多，也記不住
啦！做大事業的人不用記太多這種小事，平常這些人員
名單都交給小嘍囉 1 號在管，他腦袋比較好，記得比較
清楚。至於我只要負責打架就好了，這年頭女生不能太
溫柔，瞧那些每天只會往男生前面呵呵裝傻笑的無聊小
女生，到最後都嘛哭哭啼啼跟老師報告裙子被臭男生掀
開的這種小事，被掀裙子就脫他們褲子好啦！跟老師講
有個屁用，打一打下次男生還不是照掀，脫了他們的褲
子看他們下一次還敢不敢再來，我看跑都來不及喔！所
以說那些無聊小女生沒腦袋，每天只會在說陳曉東好

帥，帥就去追啊！沒聽過女追男隔層紗嗎？送上門的誰
不要啊！笨！怎麼又講到這些無聊小女生啊？真沒營
養，不講了，回家看看書，這年頭大姊頭也不好當，連
功課都要「罩」才行，不然誰服你啊？

（黃仁俊等，1999:27）

前一篇所諧擬的早熟男孩的「黃色遐想」和後一篇所諧擬的憤
世女孩的「自數太妹行徑」，或許會被衛道人士詆斥為「低
級」或「不堪入目」，但它們所傳神的模仿了現實中一些缺乏
正常發展空間的兒童的「不得已變樣」，豈不是給我們更多的
「反思」的機會？因此，這類的基進創新，基本上並沒有「不
可容納」的問題。如果有可以不用色香粗話噴湧而還能夠表現
出「超常態」或「反常態」的意態，那麼它已經別臻上境而進
入我們「更所期待」的範圍，依然不妨礙相關的教學者在指導
創造性故事的寫作上當它是一個參照系來規模前進或級次性的
指標，而使學習者得有不斷「成長」的可能性。至於接下來的
同類型作品的尋求發表或出版的問題，相似的也會因為它的
「異常凸出」而諒不至全無機會才合理。

第六章
創造性童話寫作教學

第一節 » 童話與創造性童話

　　再接著要談的是有關創造性童話寫作教學的部分。一樣
的，這依理也得有從童話到創造性童話及其相關的寫作方向和
寫作教學等序列的討論進程。當中「從童話到創造性童話」也
是一個關鍵；它所要解決的是有關創造性童話和一般性童話的
「差異」創新課題。縱是如此，在別的兒童文學作品有相對應
的類型可以對觀它的「性質的所從來」，而童話這種兒童文學
作品卻得另外形塑。理由是：一般文學並沒有童話這種「原
型」（有些論述者試圖把童話定位在「根源於神話、傳說」，不
免牽強。詳後），童話是兒童文學領域所獨有（詳見第二章第
一節），也是兒童文學的大宗；而它究竟如何的撐起這「獨
有」、「大宗」的局面，就得有「特殊性質」來自我賦予並取信
於人。以至相關的討論就不妨從這一點開始。

　　我們知道，劃分出童話這一文體類型，在先天上已經是專
屬於兒童的了（不然就不必叫做「童話」）；但有關它的稱名、
定義及其起源等等，卻有不少的爭端。如童話一名，就有的說
是中國傳統就有了，有的說是清末從日本引進的（詳見吳鼎
等，1966；林守為，1970；洪汛濤，1990；陳正治，2000），

彼此都可以「自我作古」或「引證歷歷」；至於今人所稱呼的「格林童話」、「安徒生童話」一類中的童話，在英語系統中原來都只是命名為 Fairy Tale（神話或傳說故事）或 Fantasy Tale（幻想故事）及 Fable（寓言）等，現在統統譯成童話，也就看不出它的外來過程中所存在的意涵差異性。換句話說，在中國或日本所稱的童話，僅是跟兒童有關的故事（不論是真是假或半真半假）；而在西方所被轉譯的童話，卻盡是幻想的故事（不一定跟兒童有關），彼此並不在同一個層次上。但不論如何，從西方的幻想的故事傳進中土並被指稱為童話以後，童話一名也就漸漸地西化了；相關的爭論從此就只存在論著裏，幾乎沒有人願意再重新炒作「童話的東方性」一類的議題。而坊間所見的童話作品，也幾乎不是迻譯的就是國人仿作的，是徹徹底底的西方的童話觀念佔盡優勢了。

這裏所指的童話，當然也是要「委屈」的自我限定在這一由西方傳來的童話觀念（雖然它的原名是東方的）。只不過西方童話出現初期（十八世紀）並非是專為兒童而作，以至在「過渡」到後來專為兒童而作後，就發生了有關童話定義的紛爭。這種紛爭，一方面顯現在「童話，特為兒童編撰之故事，大抵憑空結構，所述多神奇之事，行文淺易，以興趣為主，教育上用以啟發兒童之思想，而養成其閱讀之習慣」（中華書局編輯部，1977:2168~2169）、「誠如雅各所說，『童話根本不是為兒童而寫的。當然成人和孩子們都喜歡聽童話故事；但對小孩子們來說，童話像甜食，每次只能給他們一點嚐嚐，不能一次就給他們太多。』這真是絕妙的比喻」〔格林兄弟（J.Grimm & W.Grimm），2001：陳良吉導讀 18〕這類定位童話「屬性」

的對立仍未完全平息;一方面顯現在「童話是在現實的基礎
上,用符合兒童的想像力的奇特情節,編織成的一種富於幻想
色彩的故事」(蔣風,1982:115)、「童話是依據兒童的生活和
心理,憑藉作者的想像和技巧,透過多變的情節、美麗的描寫
以及奇妙的造境來寫的富有興味和意義的遊戲故事」(林守
為,1970:18)、「童話,一種以幻想、誇張、擬人為表現特徵
的兒童文學樣式」(洪汎濤,1989:39)這類擬議童話「成分」
的差異(也就是一個說「符合兒童的想像力」而一個說「憑藉
作者的想像和技巧」;又一個說只要有「幻想」就算數而一個
說還要加上「擬人」手法)還在持續複製,而使得定義童話還
會是一個難有定準的課題。

除了童話稱名的中西轉易和童話定義的取徑差異,還有關
於童話的起源也是「揣測紛紛」。如「童話最早是口頭創作,
屬民間文學。它和神話、傳說有密不可分的關係。它們的共同
點是有濃烈的幻想色彩……神話是虛構的故事(它講的是神的
活動),重在對宇宙的起源、生命的產生以及種種自然現象的
解釋和說明……傳說是在神話傳演的基礎上產生的。內容多為
一定的歷史人物、歷史事件、地方古蹟、自然風景、社會習俗
有關的故事……由此可以看出神話、傳說是童話的淵源。很多
民間童話由神話、傳說演變而來的。有的神話、傳說就成了現
代童話的原始材料,有的表現手法也為童話所借鑑」(祝士媛
編,1989:85)、「研究童話的學者,探求童話的淵源所自,認
為童話和神話及傳說差不多是同時發生的。上古時代,文明未
啟,先民的知識有限,他們對於生活周遭所接觸的自然物如日
月山川,自然現象如四季循環、陰雨雷電,常常懷著敬畏和驚

異；更常將變化不測的自然現象，比擬作不可捉摸也難以接近的精靈。於是用了自己種種的經驗去揣摩、去想像，創造種種幻想怪誕的故事，這就成了自然童話。童話的生命，就是這樣漸漸地啟發培養起來的。後來由於人類生活的發展和社會的進化，又產生了一種英雄童話。這自然童話和英雄童話，可以說是依附於神話和傳說而存在的……只是初民既無童話、神話、傳說等的分別，我們也無法嚴格區分究竟這些古老的故事，那些是自然童話，那些是神話；或那些是英雄童話，那些是傳說」（吳鼎等，1966:121~122）、「迄今為止，在一些文學研究文字中，提到童話的起源，總是說童話是由神話、傳說演變而來的：先有神話，再演變成傳說，然後演變為童話……這是一椿很不公平的事……殊不知童話是太古時代很早就有了，是和神話或傳說同時產生於世界上」（洪汛濤，1989:225~228）等，這有的說童話根源於神話、傳說；有的說童話跟神話、傳說同時產生；有的說童話比神話、傳說還要久遠，幾乎已經到了「各有堅持」的地步。當中又以童話根源於神話、傳說一說較受肯定（畢竟還是跟神性有關的東西會被認為優先存在）。這樣一來，童話這種文體類型就得「重新估定」才能夠順利的論說下去了。

這首先要比照前面所提及的分類觀念（詳見第二章第一節）而將童話限定為兒童文學領域所獨有且來自西方的一種文體類型。而這種文體類型就以擬人且帶有奇幻色彩的敘事特徵作為它可供辨認的標記；當中擬人（手法）一項是它唯一可以明確區別於其他文體的地方（按：現存許多分類系統中，還有「寓言」一類，特指有特定寓意或道德訓誨的短篇故事；而它

可以用一般寫實手法來表現，也可以用擬人手法來表現。這顯得很多餘。因為它如果用了擬人手法，就可以歸入童話範疇；而它如果用了一般寫實手法，就可以歸入故事或敘事散文或小說範疇，實在不必費心多列這一類型）。至於這種文體類型究竟「緣何而起」，那就可以別作思維。也就是說，從它的擬人且帶奇幻色彩的特徵來看，自然可能有它的原生民族浪漫性格在背後「支撐」；如西方童話的一大源頭「格林童話」就可能來自近代德國浪漫主義風潮的醞釀：「在德國文化發展史上，浪漫主義是德國民族文化對當時歐洲中心的希臘羅馬世界性文化及市民文化對宮廷文化尋求自主和解放的運動，它的基本精神是反規範、反形式的。在費希特的哲學理念中，我們可以見到康德哲學『物自體』概念的進一步發展。因為他認為作為知識論起點的自我，不是有限經驗的自我而是絕對的無限的自我，這是一種先驗的自由、本原的活動。在這一哲學的潮流中，格林兄弟所蒐集的民俗童話故事，最能反映日耳曼民族神話傳統及世界觀。童話乃是從民族中產生、由民間傳述、為百姓敘述並由民間掌握的文本的典型」（格林兄弟，2001：陳良吉導讀 10）。但這種起源觀仍然忽略「為何是童話而不是其他」的這一頗為重要的環節，而使得它所作的解釋還差一間。因此，不論童話是否可以尋得它的根源（如上述論述者所提及的神話、傳說之類），都要能夠顧及它的「童話性」（也就是擬人且帶奇幻色彩的特徵），才算是一種必要且合理的解釋。

　　現在就順勢試著為「為何是童話而不是其他」這一大環節略作一點深層性關聯的解釋。而這不妨取神話來作「對觀」：大致上可以肯定在神話和童話這兩類相當特殊的故事類型上，

當今所見的相關的解釋就還差這麼一大截：所謂「希臘之神話中，多言神人之衝突，神之播弄人……人由神造之歷程，在希臘及猶太教神話中，亦皆有極詳細之描寫。凡此等等，皆足證在他方宗教中，神高高在上之超越性與人神距離之大……中國古代神話中，有關於大禹治水之神話，有后羿射日之神話，有夸父追日之神話，有嫦娥奔月之神話，有共工氏怒觸不周之山而天柱折之神話，有女媧氏鍊石補天之神話，有倉頡造字『天雨粟，鬼夜哭』之神話，有神農嚐百草之神話，此皆為人力勝自然、補天之所不足之神話」（唐君毅，1989:29~30），這僅以「為人力勝自然、補天之所不足」和「神高高在上之超越性與人神距離之大」來區別說明中西神話表現的差異，顯然是不夠的（也就是我們可以再追問為什麼有這樣的差異）；它還得追溯到中西方的宗教信仰才行。在西方，因為以神或上帝（造物主）為主宰，所以才有戀神情結和幽暗意識的存在（戀神而不得，必致怨神，所以有人神衝突；而人有負罪墮落，不聽神遣，所以會遭神懲罰播弄）；而在中國，沒有唯一主宰的觀念（在氣化觀底下，只有「泛神」信仰），所以才會有那些「人化」的神話被用來共補天地人間的「缺憾」（參見周慶華，1997:124~125）。至於童話，大家都能為它內涵的奇幻性或虛幻性所著迷，但在詮解上卻只能以「為符應兒童的智識未開或為滿足兒童好奇的本性」一類理由來搪塞（詳見韋葦，1995；洪汛濤，1989；林文寶等，1998；陳正治，2000；洪文瓊主編，1989；周惠玲主編，2000；張嘉驊，1996；廖卓成，2002），而根本搆不到這種奇幻或虛幻色彩的內在根源。就以童話中常見的巫婆角色為例，她的存在多半代表著「邪惡」；

而「每個重要的童話故事其實都在處理一項獨特的個性缺陷或不良特質。在『很久很久以前』之後，我們將會看到童話故事處理的正是虛榮、貪吃、嫉妒、色慾、欺騙、貪婪和懶惰這『童年的七大罪』。雖然某一個童話故事可能處理不只一項『罪』，但當中總有一項佔主要地位」〔凱許登（S.Cashdan），2001:35〕，這就由巫婆在「擔綱」演出，將那些罪惡「攏總」的承擔起來。而最後巫婆也「一定要死」（同上，42~43），才能大快人心！但我們所要納悶的是為什麼這種角色是一個「女性」？一般人都很少思考這個問題，以至相關的詮解等於沒有詮解。其實，這跟西方人的負罪觀念有密切的關係（童話起源於西方，所以只能從西方去追溯根源）。在舊約《聖經·創世紀》裏明白的記載了人類的墮落是從夏娃受蛇引誘而偷吃禁果開始的（她偷吃禁果後又拿給亞當吃，亞當也才跟著一起墮落）。因此，「罪」是從夏娃一人開啟的；而她一人所無法「全部」承擔的，就有可能被轉到其他的女性身上（也就是其他的女性會被連累而一併遭忌受怨）。所謂的巫婆，就是在這種氛圍下被創造來受「類型」式的指責的。而她在西方的文化傳統中，也合該得到這樣的待遇（除非西方人不再留戀他們的宗教信仰）。所謂「在中世紀晚期，教會對人們熱衷於奉獻聖母瑪利亞的現象感到不安，於是下令禁止人們向祂禮拜。因而在十四世紀之後，對女性的敬重也漸趨式微了。許多婦女失去她們的財產所有權；在某些國家裏，女人竟成為她們丈夫的禁臠。黑死病的流行甚至進一步貶低婦女的地位。在瘟疫流行期間，死神的象徵符號成了『一個罩著黑色斗篷、留著長髮的老女人。她的眼神令人不寒而慄；隨身帶著一把寬刃、致命的大鐮

刀。她的腳下是爪而非腳趾』。（而）晚近這三百年裏，對死神
的恐懼，還有逐漸受到抑制的想像力，以及對自然界的誤解，
都助長了歷史上這段最要命的時期。把女巫送上火刑臺，是歐
洲歷史文化中最黑暗的秘密之一。大約有九百萬的女人（還有
一些男人）被指為女巫，在火刑臺上被活活燒死。為了減輕婦
女分娩時的痛苦，許多產婆竟遭殺害。這似乎逾越了僧侶的角
色了；而且跟《聖經》中要女人因為夏娃的行為而受苦的誡命
相違。那些懂得運用草藥的療效和知道其他自然療法，以及因
為懂得觀察季節變化和陰陽曆法而被視為異教徒的女人，都被
懷疑是在施行巫術。言行並不符合社會習俗所規範的女性角色
的女人（因為她們是聰明的，或是因為她們未婚、沒有子嗣，
或擁有財產），全都生活在恐懼中。她們之間有許多人被扭送
至有關當局，受到不公正的審判，嚴刑拷問，然後被處以死
刑。許多人就這樣在火刑臺上結束她們的生命」〔艾翠斯
（L.Artress），1999:175~177〕，這段話所提到西方婦女被怪罪的
因緣，多少都可以用來印證這裏所說的話〔雖然在西方後出的
童話已經有要扭轉傳統童話一些「不合時宜」的觀念（如對巫
婆的形象有所改變而讓她也有慈愛的一面）以及為平衡性別的
歧視而刻意強調象徵男性的大野狼的邪惡面等，但這當中所
「妖魔化」女性的觀念並沒有完全去除（相對的譴責男性的僅
是他包藏著類似大野娘的「野性」而已），不平等對待男女的
態度依然存在。有關西方童話觀念的轉變部分，參見羅婷以，
2002；奧蘭絲姐（C.Orenstein），2003〕。而從另一個角度看，
西方式的神話和童話，正好體現了兩種「對立」而「互通」的
思維；也就是西方式的神話是西方人「模擬」造物主創造的行

動而出現的一種文體，而西方式的童話是西方人「模仿」造物主創造的風采而出現的一種文體（以超現實的創作來展現人「操縱」語言構設事件的「不可一世」的能耐），彼此在表面上相對而實際上卻是相通的（也就是只要敬仰了造物主，難免就會接著想辦法「媲美」造物主；而神話和童話的創作正是能夠滿足這類的需求）。反觀中國傳統的神話形態不一樣，也缺乏西方式的童話，就是根源於中國傳統並沒有西方人的宗教信仰；彼此原有不可共量的因素在，很難相互遷就（參見周慶華，2002b:297~300）。而在這種情況下，要說西方的神話和童話「孰先孰後」，也就沒有多大意義。因為它們是「同源」而不同取徑，終究得「各為賞鑑」。

　　所謂的童話，於理於情也得從這裏取義（取擬人且帶奇幻色彩的故事），而以兒童作為限制詞後所成就的（按：這裏的「故事」是一個描述用詞，跟作為兒童文學範疇的故事類型不同意涵）。換句話說，在以「兒童所能理解的文學」或「大人所認為兒童所能理解的文學」作為兒童文學的定義下（見第二章第一節），童話應該就是指兒童所能理解的擬人且帶奇幻色彩的故事（雖然它多了一個「童」字在字面上攪局）。這種兒童所能理解的擬人且帶奇幻色彩的故事，在進一步的辨認中不論能否得著十足或有力的保證（也就是是否夠道地），它也都要保留一個可以差異創新的空間，才能顯示童話作為一種文類的形塑力；而這種形塑力也就是童話從「一般性的」過渡到「創造性的」一大保障。這樣的理路，無非也是在表明：如果以一種常態性的意涵來限定童話，那麼凡是越能夠超常態性或反常態性的表現的就越有差異創新的可能性；而這種可能性一

且成形了，童話這一文類就越見它的可塑性及其在「推移變遷」或「改造修飾」語言世界上的意義。

　　由於童話的「自歷」性或「聽聞」性幾乎沒有了（但以「擬自歷」或「擬聽聞」來保留它的兒童文學性格），所剩下的擬人手法和奇幻色彩就躍升為大家所矚目的對象。而就因著童話有這一擬人手法和奇幻色彩，所以同樣由基進作為在最終所保證的創造性童話的超常態性或反常態性，也可以同時顯現在「意涵」和「形式」上。換句話說，童話的超現實性在「先天」上已經容許它可以「極盡變化」形式和意涵來顯示它的審美創新效果（可以讓人一再的展閱玩味）；以至現代式的創新或後現代式的創新也就可以一併攬進來「發揮作用」。而一樣的，相關的論說倘若不能為它「展衍新意」或別為「開疆闢土」，那麼自然就會減低它的可看性而我們理當也可以不再予以理會。

第二節》創造性童話的寫作方向

　　有關童話的「意涵」和「形式」變化及其所內蘊「兒童」的限制詞，使得創造性童話的寫作得有所謂的「著力點」，而這就是我們所能夠據為展望這類寫作的一大契機。至於具體的方向，則也有前節所提示的現代式的創新、後現代式的創新和基進創新等多種指標。這些指標，從童話的意涵變化或形式變化著眼，而以造象觀、語言遊戲觀和反影響思維或逆向思維來結構作品（詳見第二章第二節）。現在就分別稍微舉例來標立這一現代式的創新、後現代式的創新和基進創新的創造性童話

的可能樣態。

　　首先是相關現代式的創新方面：這一部分在現有的改寫性或重製性的童話作品中，也不乏其例。所謂「美國有一家小小的出版公司，叫做 Greative Education，四年前印行了一系列改寫過的童話故事，改寫的宗旨是跳出迪斯奈電影的窠臼而在舊瓶中裝入新的時代意義。這樣的企圖裏，〈仙履奇緣〉的結局由婚後過著幸福快樂的日子延續下去，女主角成為酗酒的老婦，在窗前凝眸……佳期如夢……她只能遙想著跟王子成婚之日的光景。而〈小紅帽〉的故事也被搬演到現代叢林的大都市裏，新的版本中，狼在結尾前從未真正的現形；但牠的陰影無處不在，狺狺地出沒於現代人惶恐的夢魘。故事告終時大野狼跳到小紅帽身上，把牠一口吞了；機警的獵戶或好心的樵夫不曾打現場經過，沒有，全然沒有救援的到來」（平路，1988），當中所提到〈仙履奇緣〉和〈小紅帽〉的新版結局，就含有現代造象式的預言成分。這種情況，表現在〈小紅帽〉故事方面的尤其「花樣百出」：如小紅帽有時會勾搭大野狼；或者搖身一變在好萊塢夜總會跳脫衣舞；或者搽著蜜斯佛陀口紅、噴上香奈兒香水，開著紅色敞篷車，到處賣弄風情逗弄男人；或者掏出武器將危害她的傢伙幹掉；或者變成女同戀、春宮片肉彈脫星‧女色狼等等（詳見奧蘭絲妲，2003）。而在這「百變小紅帽」的演出過程中，所關聯的已經不只是文學的翻新求變，還有道德、文化、性別角色、自我認同、性愛和暴力等課題的再建構，充分顯現通貫於一般現代派作品所有的現代性。而這在修我基進兒童文學課的年輕朋友的作品中，也經常可見。如：

灰姑娘續集　　陳靜紋

　　話說灰姑娘因為玻璃鞋的關係而和王子結成良緣之後，從此過著養尊處優的生活，可能是生活太舒適了吧，灰姑娘的個性也有了一八〇度的轉變。

　　「我要吃水果啦！還不快點幫我拿過來，你們到底在幹嘛啊！」躺在柔軟沙發上的灰姑娘大聲叫著，一旁的宮女連忙遞上一盤新鮮無比的水果。

　　邊吃著水果，灰姑娘還邊把水果的殘骸丟到一旁宮女的手上，「真的不是我愛說你們，連一點點的小事都做不好，難怪你們沒有我這種好命，實在是怨不得別人。」灰姑娘數落著，一旁的宮女連忙稱是，因為如果她們沒有回應的話，灰姑娘不知道又要嘮叨多久了。

　　這時有一位老者求見，他一見到灰姑娘就說：「小王后果然長的天仙動人啊！難怪會贏得王子的疼愛了。」灰姑娘聽的樂極了，連忙請老者入坐。

　　灰姑娘笑盈盈的問說：「不曉得老人家你有什麼事？」

　　老者回答：「草民這裏有一顆來自東方中國的水蜜桃，它能養顏美容，防止老化，而且還能讓小王后的臉龐更加晶瑩剔透，到時絕對沒有人比小王后更加美麗了，不曉得小王后是否願意接受草民的禮物？」

　　灰姑娘一聽到是可以讓自己更漂亮的東西，連忙站起來走到老者的身邊百般討好的說：「真是太謝謝你了，你這麼的好心，我一定會請王子好好的獎賞你

的。」說完，連忙接過老者手上的水蜜桃，仔細的端詳
者，心裏暗自在想：「有了這一顆水蜜桃，我就不用怕
會年華老去，真是太好了。」越想越高興，連忙再次向
老者道謝。

寶貝似的把水蜜桃拿回房裏，灰姑娘迫不及待的大
口大口咬著水蜜桃，可是不知怎麼著，肚子突然一陣絞
痛，跟著人也就倒下去了。躲在一旁偷偷看著的老者不
禁發出一長串的笑聲，心裏高興著終於把她給解決了，
從此自己可以過平靜生活，不用再看她那一副嘴臉了。

老者慢慢的撕下面具，露出他王子的真面目，轉身
往外面走去，不留一絲絲的眷戀。

（張家霈等，2000:29）

新三隻小豬　　魏美香

在好遠好遠有一顆星球，名叫豬豬星球，在這顆星
球上有一隻老母豬生了三隻小豬，三隻小豬的名字分別
是阿肥、阿胖和阿朱。

這三隻小豬每天在家也不幫忙老母豬做事，只會
吃、吃、吃，而且越長大，吃的就越多，把老母豬都快
吃垮了。老母豬終於受不了了，就把三隻小豬趕出家
門，要牠們去自立門戶；可是小豬們在外面待一天後就
受不了了，外面太陽又大，又沒吃的東西，於是牠們又
死皮賴臉的要回家享受舒適的生活。這下老母豬可火大
了，忍無可忍之下，牠請來了牠的好姐妹野狼，要野狼
幫牠把這三豬不肖豬趕走。野狼也很不喜歡這三隻懶

豬，所以牠就用力的深深的吸了一口氣，然後「呼」的一聲，把三隻懶豬吹向外太空。這三隻懶豬只覺得一片天昏地暗，飛沙走石，完全看不到東西。等到一切都靜下來，三隻小豬看看四周，真是一片奇怪的景象，路上有奇怪的盒子，下面有四個輪子在快速的移動，還有很多用兩隻腳站著的動物。小豬越來越覺得這地方真是詭異，可是太陽快下山了，必須趕緊找住的地方才行。於是牠們開始走啊走，走不到十分鐘，阿肥看到了一堆紙箱子，牠就跟阿胖和阿朱說：「我已經走不動了，我就用這些紙箱子造個窩吧！你們保重啊！拜拜！」。

跟阿肥道別後，阿胖和阿朱只能繼續走下去。走啊走，再走不到十分鐘，突然間牠們看見路旁有一堆木板，兩個一起撲了過去。可是這些木板只夠造一間屋子，牠們誰也不讓誰，兩個扭打在一起。畢竟阿胖比阿朱胖，所以阿朱打輸了，只能帶著一身的淤青，在黃昏的夕陽中繼續往下走。

阿朱走啊走，一邊走一邊咒罵阿胖：「這隻死阿胖，真是※○○※，竟然不顧兄弟道義，真是一隻豬。」就這樣阿朱走啊走，走進了一間磚造的屋子，裏面什麼東西都有，而且沒人在家。阿朱想這真是一個好機會，既然沒人在，那我就把它強行佔領，它就是我的了。越想越覺得這真是一個好辦法，忍不住就ㄍ又、ㄍ又的笑起來。於是阿朱就很心安理得的在這間房子中睡著了；牠的打呼聲震天價響，連小偷進來了都不知道。這小偷在房子內東翻翻西翻翻，可是沒找到值錢的東

西，只看見一隻豬睡得像死了一樣。小偷突然想到過幾天村裏要建醮，正好缺一隻大豬公，看看這隻豬，真是一隻大肥豬，真適合啊！於是他請來了一臺起重機，把阿朱整隻吊回村裏去，當晚阿朱就被村裏的人們一起殺了準備祭典要用。可憐的阿朱，睡的太熟了，連被殺了都不知道。

　　話說那搶贏了木板的阿胖，三兩下就把木板房隨便搭蓋起來，然後像阿朱一樣也睡死了。但因為阿胖的打呼聲實在太驚人了，把木板房都震垮了。而阿胖一點都沒感覺，繼續睡牠的大頭覺。到了白天，因為太陽太大，阿胖被晒啊晒，晒成豬肉乾，被路上的流浪狗吃了。這些流浪狗一邊吃一邊說：「這些豬肉脂肪真多啊！我們可要好好補一補。」

　　那用紙箱子造窩的阿肥？原來阿肥實在太懶了，只是把紙箱子鋪在自己身上，遠遠望去只是一堆紙箱子堆起來的垃圾堆。有一位路人經過以為是垃圾堆，就把煙蒂扔下去，結果那堆紙箱子就著火了。等到火滅了，紙箱子都燒光了，只看見一隻烤乳豬出現在火場中，眾人都嘖嘖稱奇，這隻烤乳豬還上了新聞的頭版呢！標題是「烤乳豬火場現形記」。

（張家霈等，2000:121~123）。

前一篇所預言的「麻雀變鳳凰」的好機緣不會「恆常如斯」（文中由女方來擔綱演出這一「忘形突變」的情節，特別令人警省！此外，這也暗示著男方也有可能如此「變卦」，終究

「王子和公主從此過著幸福快樂的日子」是個神話）和後一篇（改寫「三隻小豬和大野狼」的故事）所預言的缺乏危機意識的人所得嚐受「苦難」或「災難」的考驗，不啻是在促使我們重新評估所謂的「幸福」和「幸運」，各自想「重開新局」的企圖心十足而可取。而這所別為凸出的規模新的存在圖，則頗近於現代派中的存在主義手法，也很可以藉為展望一種創造性童話寫作的趨向。

其次是相關後現代式的創新方面：同樣的，這一部分在現有的改寫性或重製性的童話作品中，也所在多有。所謂「他（張嘉驊）的許多作品，看起來都像是信手拈來一個童話，然後加油添醋，改變了故事原有的味道……譬如他的〈人魚公主〉，王子臉上有九十九顆痣，美人魚去魚尾變人腿時，竟得到兩條粗粗的蘿蔔腿。王子一直不肯接受她，最後美人魚喊著：『你雖然不是休葛蘭，可是我卻想做你今生今世的新娘呀！』故事在解構之餘，還不忘插入、借用當今電影名片《你是我今生的新娘》的餘韻，休葛蘭正是片中英俊小生。又如〈睡美人〉，為了公主的『吻』，把『青蛙王子』移花接木；〈二十四笑〉的『臥冰求鯉』，孝子王祥求來的卻是西洋童話的美人魚；〈三劍客〉的三劍客改邪歸正後，就跟一連串數字遊戲聯結在一起：四健會、五木拉麵、六福村等等」、「民生報社出版林世仁的《11 個小紅帽》，它的寫作形式完全是後設寫法……書名『11』個小紅帽，其實只寫了十個故事，第十一個是開放式的、未完成的，而且不仔細計算，還無法察覺第十一個根本未標示出來；這代表改寫故事有無限的可能……作者的顛覆還不只這些，若干故事本身就是後設的。因為故事中的人

物，非常清楚自己扮演的角色，以及即將進行的情節。例如（二）故事中的大野狼生病了，可是故事還得『演』下去，於是就有一頭大象自告奮勇上場。但大象一再被識破，最後牠氣呼呼走了：『一點也不好玩！』『跟大野狼說的都不一樣！』可見作者賦予各個人物角色的自覺，在故事中自動演出、自動解構掉自己。又如（四）故事，小紅帽一再走進別人的故事，但也點出『她怕自己又走錯故事，再破壞別人故事的結局』、『媽媽還在我的故事裏等我回去呢』的自覺，因此終於回到原本的情節模式。在（十）故事裏，小紅帽還在百貨公司圖書部看到一本故事書《小紅帽與大野狼》，她完全知道接下來『應該』發生的狀況。只不過時空轉移，獵人老公公打不動槍，只好由兒子代勞。最後獵人老公公和老奶奶久別重逢，聊個不停」（並見劉鳳芯主編，2000:158、159~161），當中所提到的張嘉驊、林世仁的童話作品中所顯露的即興演出、拼貼並置和後設技巧等等，就是屬於後現代語言遊戲的範疇，它所要支解、分裂的是傳統童話的嚴肅性和意義壟斷性，從而開啟一個意符自由流動重組的新局面。而這在修我基進兒童文學課的年輕朋友的作品中，也所在多有。如：

新小紅帽　　侯明達

　　小紅帽和她的外婆相依為命，但外婆在城裏工作，小紅帽則每天在家裏混吃等死。有天小紅帽的外婆生病了，小紅帽必須經過有狼的森林去看她。大野狼得知此消息之後，火速趕往城裏把外婆吃掉，接者便裝扮成外婆的樣子想吃小紅帽。大野狼此時正打著如意算盤：

「呸！那又乾又瘦的老太婆真難吃，我一定要吃到水水嫩嫩的小紅帽。」

可是當小紅帽到了外婆租的房子，一眼就看穿外婆是大野狼所喬裝的，她就開始往外跑，大野狼尾隨在後。小紅帽逃到一座山崖下，大野狼一步步逼近，眼見她就要成為大野狼的囊中物，忽然從山崖上掉下一個龜殼把大野狼砸死了。原來山頂上正在舉辦龜兔賽跑，烏龜想下坡時用滾的比較快，卻沒想到滾過了頭。小紅帽雖然逃過一劫，但從此以後再也沒有人養她了。小紅帽只好走到城裏找工作，成為賣火柴的女孩。

過了一陣子，在一個雪夜裏她一盒火柴都沒有賣出去，窮極無聊之下，她只好點火柴取樂，反正閒著也是閒著。沒想到點了一根火柴之後，從火光之中掉出一雙玻璃舞鞋，驚喜之餘，她又點了另一根火柴，這次是一套高級禮服。接著馬車、馬匹、車伕都出現了。她換上舞鞋、禮服，坐著馬車參加王子的舞會去了。

舞會上，小紅帽和王子是王八看綠豆對上眼了，王子邀她共舞好幾次。但當鐘聲敲響十二下時，小紅帽身上的舞鞋和禮服都不見了，是魔法消失了嗎？不，是王子把它們脫掉了。從此以後，小紅帽和王子就過著幸福快樂的日子……嗎？不，吵了幾架之後，小紅帽和鐘樓上的野獸私奔去了……

（黃仁俊等，1999:117）

新白雪公主　　鄧淑方

⋯⋯從此白雪公主和白馬王子一起過著幸福快樂的日子。

「等等⋯⋯你撒謊！」白雪公主突然從故事中跳出來，瞪著斗大的雙眼，匆匆地搶走我剛寫好的草稿。

「你這是何苦？快把稿子還我。」我用一種幾近哀求的語氣對她說。

「好呀！那你把真相寫出來。現在、立刻、聽到了沒？」她把稿子捏得頗緊，得意地向我命令著。

「真相？沒人喜歡真相的，大家都愛一種被裝飾過的假相，一種所謂好的結局。」我開始後悔把她設計成公主，現在居然反過來命令我；可是望著稿件，我只好耐著性子解釋如此做的理由。

「我不管！你到底還有沒有良心呀？竟然為了讀者喜好而抹煞事實⋯⋯」被一個女人指著鼻子大罵還是生平頭一遭呢！我越來越後悔創造她了。

「對呀！我的良心老早在我開始寫故事前就被狗啃了，你高興了吧？」我心中默默盤算著，開始嘗試著用激將法對付她，希望有效。

「你⋯你⋯你⋯⋯」她的臉上一陣青一陣白，顯然我的策略奏效了。

「哈哈！還不快昏倒，你這弱不禁風的白雪公主。哈哈⋯⋯啊⋯⋯」

「手好疼，不過那討厭的傢伙終於可以暫時閉嘴

了。他不肯寫，我自己來。」白雪公主一邊撫摸著自己紅腫的玉手，一邊喃喃自語。

「喂…喂…喂……放我出去呀！」清醒的我開始像瘋狗般大叫，並死命地往門上敲打。

「不行，公主有令：在她發表故事前都不許放你走。」

「等一等，你是阿靛對吧？我一聽聲音就認得了……」其實心裏一點把握也沒，但我還是想碰碰運氣，搞不好他會因此放我一馬。

「白雪公主說的有理：你雖然創造了我們，卻一點都不了解我們……」居然猜錯了，真他媽的背。為了早點離開這個鬼地方，再試試好了。

「喔！你是阿紫吧?疑！又好像是阿綠、阿黃……」

「夠了，你不用猜了，我是阿紅。今天是星期一，輪我看守。」

「我就知道你是阿紅。七個小矮人中的老大，最帥最有智慧的那個呀！」灌些迷湯，軟化心房，管你是老幾，都一樣啦！我開始為自己的機智感到些許自豪。

「哼！我最討厭人家拍馬屁了，你喔！無…藥…可…救…」

「喂…喂……別走呀！別走呀！我真的是無藥可救了，老創造些背叛自己的傢伙。哎！」

「請問一下：到底是什麼樣的動機會讓你對這個古

老的童話有如此特別的改寫？」

「請問：為什麼你可以把女性心態刻畫的如此生動？」

「請問：你是不是想以本故事傳達你對後現代女性的觀點？」

「請問……」

面對大批的記者，我緊張的快要窒息了，從來沒想到這本新書會如此大受歡迎。看來我真該好好地謝謝白雪公主，只要她下次出手輕些，我會很樂意請她代寫的。該死的那拳，害我的鼻頭仍有淡淡的淤青，這樣上鏡頭肯定破壞畫面。

「嗯，請各位稍安勿躁……關於以上的問題，我會竭盡所能一一回答的。第一個問題……我個人認為……」

這一刻我覺得好像被簇擁上天，全身飄飄然；偷偷瞄了封面一眼，白雪公主和阿紅、阿橙、阿黃他們幾個兄弟，似乎也對我投以滿意的微笑。

（黃仁俊等，1999:101~102）

前一篇把「小紅帽」、「龜兔賽跑」、「賣火柴的女孩」、「灰姑娘」、「美女與野獸」等童話故事「冶於一爐」而即興拼貼出全新的局面，令人發噱；而後一篇故事中的人物（白雪公主）跳出來「改寫」自己的際遇，也顯現出一種女性主義式（為後現代派的流裔）的後設寫作形態，都能充分體現後現代的遊戲興味和為重開新局的理念嘗試。

　　再次是相關基進創新方面：在初版格林童話（原編者迫於輿論而修改前的版本。詳見桐生操，1999）還未被發掘以前，有關基進性的童話幾乎是不可想像的（大家都囿於童話必須溫馨感人和光明希望一類觀念的緣故）；而一旦初版格林童話重見天日了，隨後的仿作自然也不會缺乏。所謂「幾乎佔據每個兒童心靈的〈白雪公主〉，在格林兄弟的七個版本裏，故事面貌有相當大的差別。在桐生操的解讀下，1812 年的初版所透露的信息極為駭人。原來壞心眼的巫婆，其實就是白雪公主的親生母親……不過，在倉橋由美子的改編下，童話以教訓為目的。《殘酷童話》顯然是對現實血淋淋的揭發。白雪公主在故事中扮演『天真等於愚蠢』的笨女角色，一再被繼母迫害而毫無招架能力。王子最後屈服於繼母的妙計色誘，除去國王，一起鑄造幸福。而可憐的白雪公主只好跟七個矮人生一堆孩子，共度一生」（凌性傑，2000），當中所提到的倉橋由美子的童話作品就是一個顯眼的例子。而這在修我基進兒童文學課的年輕朋友的表現中，也不遑多讓。如：

米羅　　黃仁俊

　　「哎唷……」從草叢傳來一陣驚呼，小瓢蟲米羅探出頭來，想知道到底發生了什麼事。

　　「怎麼『咻』地一下就不見了，難道是聽錯了。」自顧自地在心中嘀咕了一會，又趕忙轉過頭去，享受好不容易發現的蜜汁甜點。

　　「哎唷……哎唷……」草叢裏又傳來斷斷續續的聲音，「這次該不會錯了吧！」米羅循著聲音瞧去，只見

到葉的邊緣伸出了一隻色彩鮮艷的長腿。他忽然想起，好久以前伯伯曾告訴他一個有關森林的傳說：一些死去昆蟲的鬼魂，因為感到一個人孤伶伶地，就躲在葉子裏，把接近的昆蟲抓了去，陪他們一起玩。

就在失神的片刻，天空吹來一陣大風，米羅站不穩，「碰」的一聲就跌落在草堆上了。他掙扎的站了起來，只見到一隻受傷的小蜘蛛躺在他的面前。

「快救救我……」小蜘蛛微弱的發出呼救的聲音。

米羅腦中浮現媽媽說過的話：「蜘蛛是他們的敵人」。

「可是……可是……」米羅始終抵抗不了良心的煎熬。他背起了蜘蛛莉莉要去找醫生，走了三、四步路，他的頸部一陣疼痛。他在臨死前，明白了原來「美麗」和「脆弱」才是最可怕的武器。

（黃仁俊等，1999:4）

還在吠的狗　　曾素娥

且聽我吠一段吧！在你聽膩了那些人面獸心的廢話之後……

吠到你們這些「人」，最受不了，自認高貴，甚至高喊什麼「以人為本，萬物為芻狗」。這種嘴臉，像話嗎！更可憐的是，打從小你們就根深蒂固地歧視我狗族。小傢伙琅琅的讀書聲中，竟然就有這麼一句「狗不叫，性乃遷」。真是「駭狗聽聞」啊！好像是說狗生性

愛胡叫亂吠的樣子。你用膝蓋想想嘛，我們總不至於不怕口渴使命地亂叫，當然是我們「小狗怕怕」，見到「人」這種可怕的動物，只好以「狂叫亂吠」掩飾一下我們的駭怕，轉移一下恐懼。

另外什麼「博士」、「碩四」的，在我們看來還不是一個樣一粒鼻子兩球眼睛一口嘴（通常又加副眼鏡），所以我們當然「一視同人」的照常胡叫亂吠，也沒因為偏心或是差別待遇而叫的比較難聽，沒想到卻慘遭破口大罵：「博士不認得呀！畜生！真是『狗眼看人低』！笨狗！」

吠到罵人，只要是污穢低賤的字眼，總是會帶上個狗字。什麼「狗嘴吐不出象牙」，廢話！什麼濫句子！聽說還被列入成語大辭典、優良必學佳句什麼的。真讓人想不透，當然只有象嘴才吐得出象牙，這還用說嗎？虧你們人類還聲稱什麼萬物之靈，腦袋紋路最多，這有什麼鳥不起的！我們毛才多呢！

還有啊，美麗的戴安娜王妃車禍掛了，也說是「狗仔隊」惹的禍，真是睜眼說瞎話；明明是那些追新聞挖八卦的記者大人，只是手段不太像人而已，怎麼又扯到我狗族身上來了，真是冤枉阿！

吠到用詞，你們人啊，自己的名字總是費盡心思取

得美侖美奐、詩情畫意，而對我們，就只會頭腦簡單地用顏色分辨，白的叫「小白」，黃的喊作「小黃」，黑的叫「小黑」，雜色的索性叫「阿花」，真是隨便草率加亂沒創意，難怪我們都沒有被「請問芳名」的經驗。廢話！大家都有眼睛嘛！察「顏」觀「色」不就知道我們是叫……

吠到這裏，我突然想到一個以前遇到令我狗族氣憤的畫面。那天，有個人走在街上被一輛橫衝直撞的車子擦到，於是就大罵：「黃色的狗！」噯！真可憐，你們有些人竟然分不清「四個輪子」和「四條狗腿」的差別，只因為它漆上黃色就把我們扯進去罵。真是需要再教育囉！

吠到這裏我暫時休息了，但我狗族尊嚴革命尚未成功，同志仍須努力……吠！
（黃仁俊等，1999:61）

前一篇所徵候的現實中的華美／惡毒、柔弱／易折等「二律背反」情事，不無體證了諧擬或戲仿的反影響趨勢；而後一篇所「代狗吐槽」的連番詈罵，也充分體證了略帶顛倒事物或幻化怪誕的逆向操作取向。而這一揭發生命的弔詭性和譴責無謂遷怒怪罪的非正當性等，所會帶給我們自覺自反能力的增長或強化也勢必更為可觀（相對的在某些稍顯「意弱」的現代式的創新或後現代式的創新的作品裏就不容易看出會有這種效果）。

　　所謂創造性童話的寫作方向，大約就如上面所述。這種基進求變和現代式創新或後現代式創新的創造性童話的寫作表現，已經比創造性故事要有更大彈性伸展的空間。而它所兼有的「從意歧出」和「依形衍變」的特性，也不啻可以讓讀者恆為耽戀或遐思；以至勤於寫作這種作品，也就是「勢所必趨」而足以邀來同好一起「戮力於斯」。

第三節 » 創造性童話寫作的教學

　　一樣的，從區別童話和創造性童話的不同到試擬創造性童話的寫作方向等，已經逐漸在「下指導棋」了，現在再別出一個「創造性童話寫作的教學」課題，也正好可以把相關的問題作一最後的統整性的處理。而縱是如此，所謂的「創造性童話寫作的教學」也是擬議的，它也旨在提供創造性童話寫作教學的策略（而非實際的教學行動或教學經驗）；同時該課題所蘊涵的教學對象（學習者）也不一定侷限於兒童（它還包括任何有意學習這類寫作的人）。而這所關切的重點，一樣在於如何把創造性童話寫作推上踐履的行程，並且還能夠藉由發表或出版來擴大它的效應。

　　這種教學，同樣可以是「躐等式」，也可以是「漸進式」的。這裏仍然比照前面的作法（詳見第三章第三節），只針對後者來略作說明開展。而相似的，這也得從最基本的童話說起。雖然童話是兒童文學領域所獨有，但它的文體性質仍屬敘事性文體的範疇；以至童話也得跟故事、少年小說等敘事性文體共享一些基本的敘述模式（童話敘述技巧的複雜度介於故事

和少年小說之間）。除了這一點（可以「遊走」於故事和少年
小說之間而逕行拿捏），童話所特具的擬人手法和奇幻色彩等
就得對它有多一點的認知。而這最見整體性特徵的，就是社會
化的幻想性：

　　就民俗學者的眼光來看，童話故事只是一種故事形態，
　　不同於神話、傳奇故事或童謠，但彼此含有若干共同的
　　成分。童話故事說的彷彿是漫天飛舞的幻想，情節全都
　　是年代不可考的稗官野史，君不見童話的開頭常說：
　　「很久很久以前」。童話故事並不一定都有神仙，但卻一
　　定有法術：施魔法、著魔、會說話的動物、人間不可能
　　有的野獸等。物體會飛、河水會說話、男人以獸身出
　　現，也有野獸是女人變的……但在民俗學和真實生活
　　中，童話的定義有時很模糊。各種故事某些地方符合某
　　類型的定義，某些地方又不符。通俗用法會比理論更常
　　以不同的名詞來形容同一件事。今天一提到「童話」，
　　大部分人都會認為是指源自丹麥童話作家安徒生和德國
　　格林兄弟的那些故事。安徒生大受歡迎的那些童話故
　　事，其實是現代文學創作；格林兄弟於 1812 年第一次
　　出版的《兒童與家庭童話集》，已成為各時代最廣為流
　　傳的故事書……無論如何，比我們定義童話更重要的是
　　童話如何定義我們。在童話的名義之下，也許也正因為
　　這名義的緣故，童話故事常含有最強烈的社會化敘述手
　　法。童話中常含有了解自我和待人處世之道的不朽規
　　範。誠如學者所說的，在童話故事的扉頁中，我們發現

自己像王子、公主；父母像國王和皇后（或魔王和惡毒
的後母）；兄弟姊妹像討人厭的敵手，終必受到處罰，
大快人心。故事中也有巨人（彷如兒童對成人的看法）
和侏儒（跟成人比起來兒童會覺得自己像侏儒）。童話
故事的目的：男孩渴望當國王，女孩渴望婚姻，至少一
般人的標準是如此，並且用比較不尖銳的口吻述說社會
對男女的期許，這種口吻教人渴望再聽一遍。故事的結
局「從此過著幸福快樂的日子」，即使令人懷疑，也不
致懷疑太久。在認識字以前，童話故事是我們第一次接
觸到的語文；在長大成人離家以前，也靠童話第一次接
觸社會的雛型。童話教導我們閱讀、書寫和是非對錯。
在杜撰的外觀底下，童話預備我們跨入真實世界的能
力，並提供終身受用的功課（奧蘭絲坦，2003:31~33）。

由於童話這種幻想性是帶有社會化傾向的（不純為幻想而幻
想），所以論述者「取證」時就不免各有偏重。如「在米瑞
安·懷特菲所著的《童話故事：為什麼要講？什麼時候講？怎
麼講？》一書中，就明確指出大多數的童話都在比喻人生，也
就是在『生命結束』前所必須經歷的種種試煉階段。這讓我想
起一則童話故事〈燕歸來〉，作者是波斯的泛神論者兼詩人盧
米。在這則充滿人生哲理的故事裏，它敘述的是一群候鳥的心
路歷程。歸鄉之路是何其漫長而艱辛，因為經過重重關卡的考
驗，包括『探索谷』、『博愛谷』、『求學谷』、『絕情谷』、『蛻變
谷』、『試煉谷』以及『滅絕谷』等。熬到最後，只有少數幾隻
灰頭土臉的鳥兒能平安返家；但還是遍尋不著親人的蹤影。經

過聲聲呼喚後，他們赫然見到一面鏡子。透過鏡中的自我形象，再加上摯親的吶喊聲，他們才曉得自己所搜尋的目標就是『原我』。這是泛神論裏最重要的比喻之一……當然啦，並非所有的童話故事都能傳達這麼深奧的哲理，但至少能藉著真實或虛構人物來闡述『化危機為轉機』的道理。藉著巫婆或神怪的相助，劇中的主角終能將一己的潛能給悉數激發出來，進而達成上天所交付的重責大任」〔羅森（A.Rowshan），1999:13~14〕，這就著重在童話所蘊涵的哲理能夠予人有關聰慧的啟發上。又如「童話文學是一種富有想像和詩意的敘事文體，能夠引導成人和小孩進入一個夢幻的領域，悠然於人間天上、神佛鬼怪之間，同時又可藉以和古人溝通，超越時空的拘執，獲得心靈的慰藉和寧靜……對童話故事持懷疑態度的人，視之為『荒誕不經』。然而童話故事的長處正在於此。『可能世界』和『想像世界』二者之間的鴻溝，在童話裏隨時可以自由跨越、來去；夢境或真實，對它來說也是一而二、二而一的東西。它追求的，正是那些日常生活上經驗不到，而在想像世界中卻非常活躍而『真實』的東西：例如令人驚奇的、陌生而遙遠的國度、不尋常而神秘的故事等等。我們認為，不論成人或小孩，都有在冷酷的現實生活中也偶爾進入想像空間和夢幻世界一遊的權利」（格林兄弟，2001：陳良吉導讀 20~21），這就著重在童話所能引人進入想像世界而自由馳騁情思上。又如「過去的童話，經常藉由故事裏的魔法來創造一個合理的超現實世界。因此，在超現實的世界裏，故事發展處處合情合理，文章內涵也十分明確，不因同情或傷感等龐雜的心理因素動搖了故事該有的發展和結局。也因為如此，在講求因果報應、勸

善懲惡或自業自得的原理下，過去的童話故事顯得較為殘酷；
透過閱讀，孩子們可很明確地了解這個世界殘酷的一面，在觀
念上得到強烈的烙印。只可惜，到如今孩子們閱讀過去這類童
話故事的機會逐漸減少了；取而代之的是一些新興童話。這些
新興童話或稱為『兒童文學』的讀物，乃是大人們特地為讓孩
子閱讀所寫出的。當中的故事主角不管是個孩子或是動物，所
欠缺的始終是一份寫實。而部分作品更是以為以孩子的語調寫
出些童言童語就算是童話，結果故事裏面盡是一些空想及不符
合實際生活的敘述，對孩子來說無異是本無聊的讀物罷了……
基於此，模仿從前的童話故事，以過去的故事為骨架，創作出
一個合乎情理、超現實且具殘酷特色的童話是有必要的」（倉
橋由美子，1999:203~204），這就著重在童話所會（得）有的
現實徵候所可以給人的如實體證上。但不論如何，童話一旦幻
想化了，它的童話性特徵（就是擬人且帶奇幻色彩）就得予以
持續性的維持，才能保證它的文體類型的獨立性。此外，童話
既然也是隸屬敘事性文體的範疇，那麼它也得比照其他敘事性
文體以追求普遍而深刻的情感為它的終極進境所在（詳見前章
第三節）；至於它所該顯出的「敘事動機」（卻依舊不夠強
烈），則一樣留待專論創造性少年小說寫作教學時再一併詳
述。

　　漸進式的創造性童話寫作的教學，也約略就是從上述這些
「基本」環節指導起的。當中跟一般敘事性文體相通的所具有
的事件的構設和情節的安排等等，也得讓它固定為一種常識性
的條件；至於可以當作高度審美要求的「普遍而深刻的情感」
部分，也轉由基進創新「奇特的情感」來充當（而現代式創新

和後現代式創新等相關的考慮，則可以依違在這兩端之間）。換句話說，在一般敘事性文體裏得以蘊涵「普遍而深刻的情感」為進取標準，而在創造性童話裏則改以基進創新「奇特的情感」為終極歸趨（同樣的，所謂的基進創新「奇特的情感」也仍然是以「超常態」或「反常態」的策略來徵候或逼近那「普遍而深刻的情感」的）。

至於實際的教學，也由於受到創造性童話的篇幅普遍增長、作者重組和添補經驗的時間不定以及刺激源不必立即見效等因素的影響，所以所提過的講述法、自然過程法、環境法、個別化法等等也都可以看情況「單取」或「變換」為用。當中在第三章第三節所擬議的有關「環境法的運用，在教學者提供範例後，還可以搭配閱讀教學法中的討論法來讓學習者分組討論寫作的方向。如果是以講述法為主，那麼這一寫作的方向在教學者的講解示範（提示範例）裏，不妨將範圍『確切』化（以免學習者盲目的摸索）」，這在創造性童話寫作的教學上也依舊適用；此外，如果有必要也還可以搭配閱讀教學法中的探究法（詳見第二章第三節），讓學習者主動去挖掘擬自歷性或擬聽聞性的相關的事件而予以驅遣編綴成篇。倘若還有可以再補充的，那麼一樣的大概就是有關基進創新的童話所可能兼含的色情和精野成分的「勉為包容」。如下列兩篇修我兒童文學課的年輕朋友的作品：

龜兔賽跑　　林怡君

時光匆匆，轉眼之間，距離黑森林運動會已過了一年。自從去年那一場百米賽跑，烏龜贏了兔子以後，烏

龜變得很驕傲而且到處吹噓自己多麼了不起，相對的兔子卻變得很自卑整天愁眉苦臉。原本是一對無話不講的好哥們，自從那天起就老死不相往來。這一天剛好是白文鳥七姐妹中老三露比要嫁給貓頭鷹波利。在阿Ｑ飯店宴請黑森林的親朋好友，說有多巧就有多巧，烏龜和兔子竟然好死不死的坐在一起。

烏龜得意洋洋對兔子說：「兔哥哥，好久不見了！自從上次的比賽後，我們有好長一段時間沒有見面了！聽說你一直對賽跑的結果耿耿於懷，心中超不爽，是不是？」

「對啊！你杯（台語）就是不爽。上一次要不是被你設計了，憑你這一短腿龜想贏我，還早得很。」

烏龜聽完之後，氣得直跳腳：「沒（台語）你是要怎樣才會爽！」

「大家再比一次，這次我如果再輸給你，我叫你阿爸。」

全場的賓客一直起閧著說：「好耶！再比一次。」

「好！再給你一次機會，讓你輸的心服口服。」

到了星期天，整個運動場被擠得水洩不通，有賣冰淇淋的、有賣烤玉米、香腸……多到數不清。大家分別下起注來，有的賭兔子贏，有的賭烏龜贏，抱著看熱鬧的心態來這裏觀看。

槍聲一響，兔子一如往常，咻一下就不見「兔」影，而烏龜背著厚重的龜殼一步一步的爬著。心裏暗地得意著，好戲就要登場了。原來烏龜又重施奸計，途中

安排了一位兔女郎想要色誘兔子。可是這一次兔子早已
作好萬全準備了，命令黑社會的小弟們，把那位身材一
級棒的兔女郎綁去山上的別墅，等到比完之後再來好好
快活快活慰勞自己。一想到這，兔子就跑得越起勁。

　　可憐的烏龜這次如意算盤打錯了，不知道兔子早已
識破他的詭計，而且早就跑到終點了。現在正在快樂享
受著美人，他還被矇在鼓裏，天真的以為「叫阮第一
名」。

（陳建勳等，2004:139~140）

龜兔賽跑續　　陳月霞

　　話說烏龜先到這山頂，後來當兔子也跑上山頂之
後，突然心中一陣不爽，口氣很衝的罵：「媽的例！你
這個小人，趁人之危才會贏我；不然，哼！憑你？哈！
搞屁啊！」」烏龜也不是好惹的貨色，不甘示弱的回
答：「怎樣？你不服氣啊！贏者為王，敗者為寇啦！
哈！哈！你這個手下敗將。」就這樣兩個吵起架來了，
髒話滿天飛。最後，不幹架不行啦，左勾拳，兔子臉歪
了；右勾拳，烏龜頭扁了。旁邊圍觀的動物分成兩派，
為他們的籌碼大聲加油：「烏龜，我賭你贏，加油啊！
把那個手下敗將 k 一頓，狠狠的打！」「兔子，用你的
佛山無影腳把它的頭踹下來，加油啊！」到最後兩敗俱
傷，各自回家療傷兩個月。

　　不久，兔子又遇見烏龜，眼紅的罵：「他媽的！你
有種就跟老虎比賽跑，你一定不敢啦！膽小鬼！」誰知

道烏龜竟然說：「誰怕他啊！我一定比他先到好不好啊？你這個豬頭。」就這樣比賽又開始了，只見老虎死命的衝，三秒鐘就不見人影；而烏龜則是悠閒的拿起手機「喂！華航啊！現在來接我到山頂，快，拜拜！」原來他是華航董事長啊！就這樣老虎也敗了，從此烏龜稱霸整個樹林。

（袁鴻佑等，2000:240）

前一篇所諧擬的競賽者的「粗魯」和「色誘」以及後一篇所諧擬的競賽者的「頻出穢言」和「小人詭計」，或許會被自命高雅的人責罵為「俗不可耐」，但它們所逼真的模仿了現實中一些投機取巧的人（兒童）的「尋常表現」，豈不是給我們更多「認知」的機會？因此，這類的基進創新，基本上也沒有「不可容納」的問題。如果有可以不用色情髒話迭呈而還能夠表現出「超常態」或「反常態」的意態，那麼它已經別臻上境而進入我們「更所期待」的範圍，仍舊不妨礙相關的教學者在指導創造性童話的寫作上當它是一個參照系來規模前進或級次性的指標，而使學習者得有不斷「成長」的可能性。而由這一點延伸出來，它還可以有重構事物的創意表現來展示「恆久性」創新的途徑。如下列兩篇修我兒童文學課和基進兒童文學課的年輕朋友的作品：

小紅帽　　陳奐君

這天媽媽叫小紅帽送水果去給奶奶吃，小紅帽露出可愛甜美的笑容應聲說好，然而心裏卻是一串的三字

經：「你他×的，動不動就要我送東西給那老太婆吃，要吃不會自己來拿呀！什麼家有一老如有一寶，根本就是廢話、狗屁！我呸！」一路上小紅帽邊走邊露出可愛的笑容向大家問好，每一個人都誇小紅帽是個可愛善良又乖巧孝順的女孩；然而誰又知道在這單純笑容的背後是多麼深不可測的黑暗世界。

走在森林裏，每個小生物一看到可愛的小紅帽都跑來和她問聲好。忽然一隻小兔子很緊張的告訴小紅帽說：「小紅帽，聽說大野狼要吃掉你，你趕快想想辦法，自己要小心一點！」小紅帽向小白兔道了謝後臉上突然露出詭譎的笑容。路上，大野狼出現了，但小紅帽一點也不驚怕。大野狼一看到小紅帽那清純的臉龐便心生邪念，而小紅帽也發現了大野狼的意圖；於是小紅帽和大野狼進行了一場交易，只要大野狼能將小紅帽的奶奶吃掉，小紅帽就願意獻出她的身體。大野狼聽了欣喜若狂，色咪咪的眼神直看著小紅帽，而後便狂奔到小紅帽的奶奶家將她的奶奶吃掉。原本大野狼要等小紅帽來的，但突然一想：「那有人這麼笨，自動獻上門來。」於是他又衝回去找小紅帽。而小紅帽原本已開心的在回家的路上，看到大野狼又回來了不由得一愣。小紅帽急的想趕快跑，但她那裏是大野狼的對手呢！大野狼伸手一扯就將小紅帽身上的紅衣給脫掉了，而小紅帽的帽子在這時也跟著掉落下來。原本大野狼準備來個餓虎撲羊的，然而在小紅帽帽子掉落的那一刻，他嚇的屁滾尿流連滾帶爬的逃了。

「她只有一半的頭殼……啊！怪物呀！」

小紅帽哭了，一直以來她戴著帽子的原因就是因為她的頭。從她出生的那一刻起，她就注定被家人唾棄，凹陷的頭顱使得奶奶一看到她就冷嘲熱諷的，媽媽也是一生氣就要打她出氣。為了討好家人她一再的陪笑臉，但誰知道她有多麼的恨呀！因為她總是戴著帽子，所以除了她的家人之外沒有人知道這個秘密；但小紅帽自己知道，就像大野狼的反應一樣，大家知道了都會把她看作怪物。小紅帽突然冷冷一笑，整個人倏地往柱子撞去，就這樣一灘紅血結束了小紅帽的一生。

（池泳鋐等，2004:153~154）

烏龜和兔子　　吳靜如

烏龜是森林裏跑得最快的動物，來去就像一陣煙，可比那慢吞吞的兔子快多了。烏龜總是笑兔子說：「可憐啊！怎麼跑得這麼慢？現在是中午，你回到家大概是晚上了吧！」兔子沒有辦法，只能忍氣吞聲不說一句話，因為牠的動作真的很慢，就讓烏龜笑吧！

有一天烏龜又想捉弄兔子，於是牠便對兔子說：「我們來賽跑吧！你如果跑贏我，我就把我這四隻飛毛腿送給你，而且以後我每天都背著房子出門。」兔子拿烏龜沒辦法只好答應牠，雖然牠知道自己是不可能贏的。

比賽的日子終於到了，烏龜每天興高彩烈等著兔子出糗；兔子則是天天勤練身體，為今天的比賽做準備。

比賽的槍聲響起時，烏龜一點也不在意，還在樹下乘涼
呢！兔子努力以赴，一步一步往前走，越接近終點兔子
越覺得奇怪，烏龜怎麼還沒追上來？回頭一看才知道原
來烏龜還在樹下睡覺，就這樣兔子贏得了比賽，更贏得
烏龜的飛毛腿，還挺合用的呢！

　　烏龜傷心之餘，還是實現了諾言，天天都背著房子
出門。

（張家霈等，2000:176）

這兩篇所別為模擬的小紅帽的戴帽情結和所刻意調換的烏龜／
兔子的角色，都曲解得「歪打正著」（雖然前一篇以「玉石俱
焚」的悲劇收場而讓人怵目驚心），頗見基進創新（反影響）
的能事。因此，上面所說的「使學習者得有不斷『成長』的可
能性」，也就確可預言成功了。至於接下來的同類型作品的尋
求發表或出版的問題，相同的也會因為它的「歧異有理」而諒
不至全無機會才正常。

第七章
創造性少年小說寫作教學

第一節》少年小說與創造性少年小說

　　再接著要談的是有關創造性少年小說寫作教學的部分。相似的，這依理也得有從少年小說到創造性少年小說及其相關的寫作方向和寫作教學等序列的討論進程。當中「從少年小說到創造性少年小說」也是一個關鍵；它所要解決的是有關創造性少年小說和一般性少年小說的「差異」創新課題。而這根本的也是小說及其所從來的因緣問題：如果也以現實經驗和文獻考察為準，那麼就可以這麼推斷「既有」的小說有底下這樣的一段形成歷程：

　　在所有的敘事性文體中，小說一類因為內涵成分多和組構方式不定而顯得特別複雜而多變。而在整體的發展過程中，它已經逐漸成了敘事性文體的代表。換句話說，大家在思考敘事性文體的種種時，幾乎都是以小說為「模本」的。因此，前面討論兩類敘事性文體所不及細談敘述技巧的問題，也就可以在本章中予以「彌補」或提供參考「資源」。而基本上，小說還是一個小有爭議的文類，它的內涵和指涉並不是很「確定」；以至上面所說的「大家在思考敘事性文體的種種時，幾乎都是以小說為『模本』的」，實際所見的就有點是「虛擬」性質

的。如小說的內涵部分，在中國向來就有「殘叢小語」或「街談巷語，道聽途說者之所造」的「小道」及「務為奇觀」或「易感人心」而不以「小道視之」等相對立的說法（參見胡懷琛，1975:8~9；周慶華，1996b:223~224）。而在西方也有所謂「用散文形式寫成且具有一定長度的虛構作品」或「用散文寫作的喜劇性史詩」或「想像性的敘事文學」等不盡一致的說法〔參見福勒，1987:178~179；韋勒克（R.Wellek）等，1987:364〕。又如指涉部分，在中國從漢代開始，有人將〈伊尹說〉、〈鬻子說〉、〈周考〉、〈青史子〉、〈師曠〉……等等歸入小說（班固，1979:1744~1745），以後歷代都有「增刪」，明朝胡應麟更將它綜核為「志怪」（如《搜神記》、《述異記》之類）、「傳奇」（如《鶯鶯傳》、《霍小玉傳》之類）、「雜錄」（如《世說新語》、《語林》之類）、「叢談」（如《容齋隨筆》、《夢溪筆談》之類）、「辯訂」（如《資暇錄》、《辯疑》之類）和「箴規」（如《顏氏家訓》、《省心》之類）等六類（胡應麟，1963:374），清朝四庫館臣又別為歸納出「敘述雜事」（如《西京雜記》、《世說新語》之類）、「紀錄異聞」（如《山海經》、《穆天子傳》之類）和「綴緝瑣語」（如《博物志》、《神異經》之類）等三類（永瑢等，1985:2882），到了近人所撰文學史幾乎都把兩漢以前的神話傳說、魏晉南北朝的志怪、唐的傳奇、宋元的平話（話本）、明清的章回體等悉數稱為小說（見胡雲翼，1982；劉大杰，1979；王忠林等，1978；孟瑤，1977）；而在西方見於一般百科全書，所指稱的小說也琳瑯滿目，包括民間故事（含神話、傳說）、寓言、故事、短篇小說、長篇小說、隨筆、小品文、劇本、史詩等等（參見周慶華，

1994:214~215）。這都會使得任何一種相關的論說要由特定的
脈絡予以保證（而不能宣稱它具有「實在性」或「普遍性」），
才得以成立。而這個特定的脈絡，未必是「承襲」性的，它也
可以是「重塑」性的或「新擬」性的。

　　既然小說是一個相對開放型的文類，那麼這裏基於論說的
方便，就暫且依語言的特性把它限定為一種「指示語句的評價
使用」。也就是說，小說「雖然用的是指示語句，但它的使用
的目的，不是在『報導』，而是在『評價』。雖然它並沒有太高
的『可信性』，可是它影響讀者的心理和態度（使讀者對於某
些事物，作一種有利或不利的評價），因此卻更為『有效』」。
換句話說，小說語言「在表面似乎是在『報導』某些事物，而
事實上卻是在作一種『評價』；雖然這些評價，讀者和讀者之
間，可能大不相同。這就是因為它所使用的是指示語句而不是
評價語句的緣故。雖然它這個評價，有時候不太明白而確定，
但它可能正因為這個原因，才使讀者對它發生了更大的興趣」
（徐道鄰，1980:171~172）。此外，小說所呈現的故事或事件，
已經不像敘事散文那樣偏重自歷或聽聞經驗的再現，而是多含
重組和添補以及新創等成分。因此，小說就可以形成一個「組
織龐大」的文體（參見周慶華，2001:181~183）。

　　所謂的少年小說，照理也得從這裏取義（取虛構自歷或聽
聞的故事），而以兒童的後階段發展「少年」（小學高年級、甚
至跨越到國中階段）作為它的限制詞（按：小說的文體複雜度
遠甚其他文體，並非較小年紀的兒童所能體會，所以將它的接
受者限定在小學高年級、甚至跨越到國中階段。至於它還有
「兒童小說」、「兒童少年小說」等異稱，那就「隨人所好」

了。有關異稱部分，詳見任大霖，1987；林政華，1991；張清榮，2002）。換句話說，在以「兒童所能理解的文學」或「大人所認為兒童所能理解的文學」作為兒童文學的定義下（見第二章第一節），少年小說理當就是指少年（兒童）所能理解的小說。這種少年所能理解的小說，在進一步辨認中不論能否得著十足或有力的保證（也就是是否切合少年經驗），它也都要保留一個可以差異創新的空間，才能顯示少年小說作為一種文類的形塑力；而這種形塑力也就是少年小說從「一般性的」過渡到「創造性的」一大保障。這樣的理路，無非也是在表明：如果以一種常態性的意涵來限定少年小說，那麼凡是越能夠超常態性或反常態性的表現的就越有差異創新的可能性；而這種可能性一旦成形了，少年小說這一文類就越見它的可塑性及其在「推移變遷」或「改造修飾」語言世界上的意義。

同樣的，由於少年小說的強為虛構自歷或聽聞的故事（但不跨越兼採童話的擬人手法）而不再受制於「現實」的多方干擾，所以它的「變幻莫測」性也就成了對人的最大吸引力。而就因著少年小說有這一「變幻莫測」性，以至一樣由基進作為在最終所保證的創造性少年小說的超常態性或反常態性也可以同時顯現在「意涵」和「形式」上。換句話說，少年小說的虛構性在「先天」上已經容許它可以「極盡變化」形式和意涵來顯示它的審美創新效果（可以讓人一再的展閱玩味）；以至現代式的創新或後現代式的創新也就可以一併攬進來「發揮作用」。而相似的，相關的論說倘若不能為它「展衍新意」或別為「開疆闢土」，那麼自然就會減低它的可看性而我們理當也可以不再予以理會。

第二節》創造性少年小說的寫作方向

　　有關少年小說的「意涵」和「形式」變化及其所內蘊「少年（兒童）」的限制詞，也使得創造性少年小說的寫作得有所謂的「著力點」，而這就是我們所能夠據為展望這類寫作的一大契機。至於具體的方向，則也有前節所提示的現代式的創新、後現代式的創新和基進創新等多種指標。這些指標，從少年小說的意涵變化或形式變化著眼，而以造象觀、語言遊戲觀和反影響思維或逆向思維來結構作品（詳見第二章第二節）。現在就分別稍微舉例來標立這一現代式的創新、後現代式的創新和基進創新的創造性少年小說的可能樣態。

　　首先是相關現代式的創新方面：這一部分，在現有的少年小說中比較常見的是超現實主義式的少年科幻小說和魔幻寫實主義式的少年成長兼奇幻小說。前者如朗格朗（M.L'Engle）的《及時的呼喚》、勞里（L.Lowry）的《記憶受領員》、黃海的《地球逃亡》等（分別見朗格朗，1997；勞里，1997；黃海，1988），它所極力表現的是科學幻想或社會科學幻想，對於未來可能的科技文明或烏托邦世界多所期待；而後者如柯爾賀（P.Coelho）的《牧羊少年奇幻之旅》、羅琳（J.K.Rowling）的《哈利波特》系列、李潼的《少年噶瑪蘭》等（分別見柯爾賀，1998；羅琳，2000a、2000b、2001、2002、2003；李潼，1992），它所極力表現的則是真實和虛幻不斷交錯存在的新現實觀，對於常人的習以「所見為真」的現實觀則多暗加批判。此外，在一般現代派的小說中還有一類像

芥川龍之介的〈竹藪中〉（見賴祥雲譯著，1995:155~167）那種「綜合」式或「雜揉」式的表現（綜合或雜揉現代派的各流派的技巧）；而這在國內也有李潼仿效而寫了一篇〈鬥牛王／德也〉（見張子樟主編，1998:146~159），但畢竟「現代性」稍遜。理由是芥川龍之介這篇小說在說「一個叫做多襄丸的強盜，打劫了一對行旅中的武士夫婦，並對武士夫婦施以強暴；武士遇害後，他的妻子逃逸無蹤，而強盜後來被捕」的故事。但武士遇害這件事卻有好幾種不同的說法；而且每一種說法又都能「言之成理」（如多襄丸的口供說他把武士誘進竹林裏並加以殺害；武士的妻子在寺廟懺悔說她被強盜凌辱後要跟丈夫一起尋死，但先刺死丈夫後卻沒有勇氣自殺；武士的鬼魂藉靈媒的口說他受不了妻子遭凌辱後禁不住強盜的花言巧語，最後變心棄他而去，他羞憤的拾起強盜遺落的刀子插進自己的胸膛而死，彼此都看不出有「破綻」），導至整個事件在文章結束後還是「撲朔迷離」。這篇小說中的「開放性」的結局以及第一人稱觀點且不斷變換敘述者等反熟悉化或陌生化的敘述技巧，就很有可看性；而它所要表達的事件「真相」會因觀看角度或特殊立場而有不同認定的主題，也很有啟發性（這篇小說是現代派的典型的作品）。換句話說，讀者會從這裏得到啟蒙（在看待事物時不會輕易的以自己所見的為真），並且習得一種高明的寫作技巧。至於李潼這篇（少年）小說，故事就比較單純。它是以鬥牛王／德也準備來個「人球灌籃」為引子，透過球友、球迷、德也前任女友及德也本人的敘述，將德也的灌籃夢予以不同的詮釋；而到最後仍然不知道德也究竟有沒有表演人球灌籃這個瘋狂的舉動。這明顯有〈竹藪中〉的影子，但實

際上卻遠不如〈竹藪中〉能震撼人心。畢竟〈鬥牛王／德也〉是對尚未發生的事的預測（這是許多人都可以這麼「紛紛揣測」的），並不怎麼新鮮；而〈竹藪中〉是對已經發生事的推測（結果卻是如此分歧），那種讀來猛地被撞擊一下的「驚異」感，是前者所不可能有的。因此，〈鬥牛王／德也〉如果不是「模仿失敗」，就是「技不如人」（參見周慶華，2001:190~191；2002b:353~354）。但不論如何，這所別為凸出的規模新的進取圖，都是現代派所準的的手法，也很可以藉為展望一種創造性少年小說寫作的趨向。

其次是相關後現代式的創新方面：這一部分，比起前一部分顯然太過於不足了。前面曾經說過，後現代式的創新表現「在小說方面，它們或凸顯作品寫作的刻意性，展露對於寫作行為的極端自覺和敏感；或暴露寫作的過程，強調一切尚在進行的『未完』特質；或一意談論作品的角色、情節等。一則藉以『自省』（自省寫作行為）；二則邀請讀者介入作品跟作者一起玩語言遊戲。而在技巧上，『諧擬』和『框架』的運用，也是一大特色。前者（兩種符號或聲音併存其中，彼此抗衡）在藉由『逆轉』和『破壞』為人熟悉的文學傳統來達到批判的目的；後者在指陳傳統所謂『開端』或『結尾』的武斷性，並藉框架模糊以建立幻覺及持續暴露框架以破壞幻覺來達到解構的目的」（見第二章第二節），這在一般小說上已經屢有「佳作」（相關的作品，可見張大春，1986、1988；瘂弦主編，1987；林燿德，1988；葉姿麟，1986；黃凡，1981）；但在少年小說上則至今仍未見蹤影，因此，只好舉一篇一般的後現代派小說來相「砥礪」，以便可以及早看到它的誕生：

錯誤　　蔡源煌

一　信札

不管我怎麼稱你，我將帶走你平靜的語音。我會記住你的臉孔，還有你的溫馨。天曉得，我傻得連你的姓名都忘了問。老闆娘說你們只是同鄉，不知道你的名字，可是她說，可以幫我問到。

……

二　臺中仔

「喂，臺中仔。」老闆娘喊著我，神秘兮兮地招手要我到店裏去，「張小姐留了一封拉夫烈達給你。」

我接過彌封的信箋，驚愕著。

……

三　作家日記

昨天晚上寫到「我的歉疚刺痛著我的良知」，突然覺得很睏，很疲憊，就上床去睡了。可是入睡以前，腦子裏迷迷濛濛的還是在想著第二部分的結局如何交代。顯然，我把自己的感覺移植到那個沒有名字的「臺中仔」身上。這個部分拉裏拉雜的，也許較為詳實，我卻一直覺得不滿意。至於第一部分那封信雖然只寫了一千六百字，可是它卻交代了一個活得很痛苦，但卻活得很真實的年輕女子。真實是對自己的誠信，也是對別人的

誠信。這樣的人，你所看到的就是她的真面貌，她的臉
上未曾戴著假面具。

……

四

昨晚寫到的最後一句是：
我的歉疚刺痛著我的良知。

……

五

親愛的讀者，這篇小說到此已結束了。不管是不是
合你的意，我實在是被挫折感所困折了。一篇小說的結
局難定，其實你們也有責任啊。要不是看在你們的期
待，我才不會搞了這麼個飛機哩！儘管我希望駕鴛成
雙，可是，光寫到臺中仔去戶政事務所查詢玉綢的地
址，我就沒輒了。我承認我是失敗了。

……

六

我最初訂下的結局是這樣的：臺中仔和玉綢終究是
要「你走你的陽關道，我過我的獨木橋」的。生命當
中，萍水相逢的人不計其數，而平生只有一面之緣的
人，最親近者也莫過於曾和我們有過肌膚之親的人
了……我的一個朋友十幾年前出國的時候，隨身帶了新
娘的禮服，結果，誰曉得，她的婚禮拖了五、六年才舉

行，而且這一回對象不是上次的那一個男人。

……

你們怎麼說都行。我承認這種手法不是什麼創新……其實，玉綢的那封信是真的，而她也真的「走了」，其餘的細節我就不知道了。

（瘂弦主編，1987:147~162）

這雖然只是節錄，但已經可以看出它的「解構小說敘事」和「諧擬小說寫作」等遊戲特性；而所精於部勒以重開新局的企圖心也極為明顯（也就是小說寫作沒有一定成規觀念的促銷）。所謂的創造性少年小說的寫作，仍舊無妨從這裏取鏡而展現另一種創新形態。

再次是相關基進創新方面：同樣的，在現有的少年小說作品中也幾乎不見有所謂基進性的表現；如果真要舉例的話，那麼除了修我兒童文學課的年輕朋友的作品，其餘大概都難有「像樣」的可以舉證。現在就以下列兩篇作品為例來略作說明：

生活中的意外　　洪嘉琪

故事始於暑假我在加拿大遊學，發生在我那位義大利籍的同學馬克身上。

有一天，我們兩人趁著週末不用上語言學校的悠閒時光；搭車前往 White Rock 小鎮，打算對印地安文化好好一窺究竟。

我們沿著 Water St.(水街)瀏覽不少印地安文物的專

賣店，還順道研究一下街角那個維多利亞時代的蒸汽老鐘。心中愜意的不得了。只是，肚子也開始咕嚕咕嚕的唱起歌來。

我們走進一家氣氛還不錯的義大利餐廳，打算來大快朵頤一番。

剛剛坐下來準備點餐，一位慈祥的操外國口音的老太太緩緩向我們這桌走來。「這位小朋友，看到你就讓我想起遠在異國的兒子，你們長得可真像。」老太太目不轉睛的盯著馬克看。

老太太得知馬克是道地義大利人，就請他推薦菜色。馬克一向以義大利食物自豪，這次又開始了；他呱啦呱啦的唸出一大串菜名。

身旁的侍者連忙振筆疾書。

慈祥的老太太向馬克提出一個小小的請求，她希望他能夠在她離開餐廳時向她大聲說：「再見！老媽。」馬克首肯了。

我們享受了一頓美味的義大利午餐，酒足飯飽。正當在櫃檯付賬，準備打道回府時……

餐廳的收銀臺小姐又拿出另一份賬單遞給馬克。

收銀臺小姐說：「你母親剛走不久，這是她的賬單！」

（池泳鋐等，2004: 35）

愛你不是我的錯　　陳乾榮

晚上的一則新聞報導說：「十一歲男童死於癌症，

他的願望是駕駛飛機環遊世界。」

「那我？假如我只能活到十一歲，我的願望是什麼？」小明心想。

第二天在學校，小明上課難得專心，今天倒是蠻安靜的——專心的發呆。手托著下巴，遠遠的望過去，水汪汪的眼睛，小小的嘴巴，頭髮斜在一邊的小美映入眼簾。小明越看越入迷，嘴角露出滿意的微笑，一點也沒有察覺老師已經站在後面很久了。

「王小明，發什麼呆？看妹妹啊！」老師在背後喊著，小明嚇得愣住了。

「我，我，我沒有啊！」小明愈講愈臉紅，不過他終於知道自己的願望是什麼了。

送花、寫信都太老套了，小明要炫一點的，他要完成自己的願望，他要活得有意義！

隔天中午，小明走進訓導處，向老師謊報有人從二樓跳下來，整個訓導處的人都嚇得跑出去，小明很從容的把訓導處的門反鎖，抓著眼前的麥克風——

「喂…喂…」聲音傳遍了校園的每一個角落，小明好得意。

「我，我是五年五班的王小明，今天，我有一個秘密要跟大家說，那就是，我喜歡我們班的張小美，小美——我喜歡你……」話傳到教室那頭，小美被這天外飛來一筆的求愛，嚇得昏倒在地上口吐白沫了。

小明的下場也好不到那裏去，先是訓導主任痛罵一頓，再來是和級任老師一起在校長室挨校長的罵，最後

是接受級任老師籐條的關照，小明活了十一歲，從來沒有一天像今天這麼精采。

回到班上，小明像拿破崙過凱旋門似的，歡呼聲不斷，只有兩個人不理他。

那天之後，小美對小明就沒什麼好感，視小明如蒼蠅、蟑螂，恨不得躲得遠遠的。小明好傷心，他覺得自己像是那十一歲的癌症兒童，人生是黑白的。說也奇怪，坐在小明旁邊的小玲卻高興了起來，她一直安慰小明，對小明付出了超越一般同學的體貼。

每天上下課都可以看到小玲陪在小明身邊，小明覺得小玲真是一位好同學，都會安慰他，都會一起說小美的不是，同仇敵愾，真好！

這天鎮上有廟會及神豬比賽，小明家裏也有盛大的拜拜，於是小明邀請了小玲去他家吃拜拜，小明的父母兄弟姊妹同在一桌子吃飯，好不熱鬧。小明隨口問問小玲的願望是什麼？小玲很認真、很靦腆的回答：「我想當你的女朋友。」小明嚇得飯菜都噴出來，整個飯桌上的人都睜大了眼睛，尤其是小明的爸媽。小明不知道該怎麼接下去講。

「啊，小玲你要不要多吃一點魚？吃魚頭好壯壯呦！」小明想矇過去，不過大家的注意焦點還是沒改變。

「哥，人家在問你耶！」小明的弟弟問著，一臉無辜。

「早知道就不要亂問。」小明小聲的嘀咕著，卻無

法阻擋小玲不聽到這句話，「哇！」哭了好大一聲，小玲跑掉了，留下一桌子錯愕的人，爸爸還問小明：「你是不是已經把人家怎麼樣了？」

隔天到了學校，小明向小玲賠不是，他說他還沒準備好，其實心裏還是對你有好感的……小明覺得自己說的話好像是爸爸過夜不歸的臺詞，對媽媽還蠻管用的。過沒幾天，小明和小玲就在一起了。

一個多月後小明參加露營活動，團隊的朝夕相處，小明喜歡上小芬，水汪汪的眼睛，小小的嘴巴，頭髮斜在一邊的小芬映入眼簾。小芬有小美的味道，小明告訴自己或許自己只能活到十二歲，所以——

我沒有花心，只是喜歡聊天。

喜歡一個人並不需要別人同意。

我喜歡她，因為她迷人。

我喜歡她，因為我需要一個我喜歡的人。

我陷入了一個喜歡和被喜歡的循環，我喜歡去愛一個人的快感，心跳得好快喘不過氣，我好喜歡！

我慢慢了解大人為什麼會離婚——

因為有狐狸精阿姨。

因為得不到的東西最好。

因為滿山花開的時候，你的注意力絕對不會放在一朵花上。

我發覺不管是喜歡上別人，或者是別人喜歡上我，都有人傷心，但我要當那快樂的人，所以我要一直戀愛下去——

　　　　因為我的愛情不留級！
　　（張志維等，2003:148~152）

前一篇所構設的現實中所會發生的詿騙事件（只是這次受騙上
當的是少年而非大人），技巧高妙傳神，很能夠讓人「警省」
發笑（隱含有一點黑色幽默成分）；而後一篇所模寫的現實中
也可見到的「愛慾強甚」的人的心態，也很「情理充足」而令
人同情（按：本篇後由出版社出版並略遭改動，今仍注明新出
處，但稍微改回一點原有的樣子），都充分體證了諧擬或戲仿的
反影響取向。這類作品在強調少年小說得有「正面啟發」意義
的研究者的眼裏，可能會被斥責為「瘋狂」而忽略它的「反向
刺激」我們重新思索人際關係和合理定位愛慾的功能。因此，
有關創造性少年小說的寫作就大可「致力於斯」，以展現另一
種（在現代式的創新和後現代式的創新以外的）創新風華。
　　所謂創造性少年小說的寫作方向，概略上就如上面所述。
這種基進求變和現代式創新或後現代式創新的創造性少年小說
的寫作表現，除了題材比童話稍受侷限，其餘都要比其他敘事
性文體更具文體「包容力」。而它所兼有的「從意歧出」和
「依形衍變」的特性，也無異可以廣開讀者的視野和深化讀者
的品味；以至勤於寫作這種作品，也就更屬恆久性的「偉大志
業」而很值得邀來同好一起「盡瘁於斯」。

第三節》**創造性少年小說寫作的教學**

　　相似的，從區別少年小說和創造性少年小說的不同到試擬

創造性少年小說的寫作方向等，已經逐漸在「下指導棋」了，現在再別出一個「創造性少年小說寫作的教學」課題，也正好可以把相關的問題作一最後的統整性的處理。而雖然如此，所謂的「創造性少年小說寫作的教學」也是擬議的，它也旨在提供創造性少年小說寫作教學的策略（而非實際的教學行動或教學經驗）；同時該課題所蘊涵的教學對象（學習者）也不一定侷限於兒童（它還包括任何有意學習這類寫作的人）。而這所關切的重點，同樣在於如何把創造性少年小說寫作推上踐履的行程，並且還能夠藉由發表或出版來擴大它的效應。

這種教學，同樣可以是「躐等式」的，也可以是「漸進式」的。這裏仍然比照前面的作法（詳見第三章第三節），只針對後者來略作說明開展。而相似的，這也得從最基本的小說說起。前面說過，小說可以形成一個「組織龐大」的文體（詳見本章第一節）；而這個文體的「龐大」性，就是從下列幾方面來定性定量的：

首先，敘事性作品所含有的敘述主體、敘述客體和敘述文體等，在小說領域可以有較為「複雜」的關聯：第一，敘述主體，指敘事活動的實施者，也就是敘述文體隱含著的作者（但不等於實際存在的那個「署名者」）。這個作者是作為生活人的署名者的「第二自我」，它一方面受「第一自我」的制約；另一方面也受到寫作實踐的影響，具有自己的特點。第二，敘述客體指敘事活動的實施對象，也就是敘述文體中的題材、主題和思想情感等所歸屬於可經歷或想像的一定的生活背景和客觀世界（不同於敘述文體的內涵）。它具有對敘述主體的相對超越性，從而在某種意義上對敘述文體在主體接受過程中的完形

化，具有直接的控制力。第三，敘述文體，指敘事活動的實施
結果，也就是具體呈現的話語（言說）形式。它是敘述主體和
敘述客體的紐帶，也是藝術欣賞和批評的根據。第四，敘述文
體所呈的形式，包含敘述者、敘述接受者和敘述話語等三部
分。當中敘述者是一個敘述行為的直接進行者，這個行為透過
對一定敘述話語的操縱和鋪陳，最終成就了一個敘述文體；而
讀者就是依賴這位敘述者的敘述而聽到一個故事或事件、了解
到世態炎涼。但敘述者未必等同於敘述主體；它往往是敘述主
體所虛構的人物（該人物的身分，有時如全能的上帝，有時為
一個事件的參與者，有時為一個事件的旁觀者）。換句話說，
敘述文體的敘述者和它的作者（署名者）以及作者在敘述文體
中的「另一自我」（敘述主體）是有區別的。而敘述接受者是
對敘述話語的被動接受者，它也是敘述主體所虛構的人物。但
敘述接受者未必等同於讀者（包括虛設讀者和實際讀者）；它
經常只是跟敘述者相對的一個角色。當然，敘述主體可以為敘
述文體確定一些虛設讀者（包括理想讀者和非理想讀者）；他
的敘述文體就以這些讀者為對象進行設計和操作。這些虛設讀
者和實際讀者不同，他們不具有固定的實際身分，只有一個大
致的範圍和特點（通常以年齡和閱歷等為界線），因而有較大
的適應性和一定的介入性。至於敘述話語是由某個敘述角色發
出的話語行為，分別有由敘述者發出的話語行為和由其他人物
發出但由敘述者引入的話語行為（簡稱為「敘述語」和「轉述
語」）。後者的功能相對地比較單純，主要是表現人物的性格特
徵。前者由於處在統攝整體的位置上，功能顯得要多方面些；
它既擔負著聯綴故事情節、填補敘事空白的任務，也暗中起著

分析、介紹文體的背景、情況和材料等，以及為隱含作者的價值評斷作出襯墊和替整個文體的敘事風格的形成定下基調的作用（參見徐岱，1992:66~119）。雖然敘述話語只包括上述兩種情況，但偶爾我們還會看到隱含作者的話語（常以評斷的口吻出現）或隱含作者嵌入的文類（如詩、詞、格言、名句、專書或文章摘錄等）夾雜在敘述話語中，這到底算不算敘述話語的一部分？目前還很難斷定。

其次，敘述話語在理論上還可以細分為敘述話語的形式和敘述話語的意義（俗稱意涵或內涵或內容。按：形式和意義的區分只在理論上為有效，實際上它們是一體呈現的）。敘述話語的形式，原指敘述話語的結構，但因為敘事過程中有敘述觀點的運作和敘述方式的行使（統稱為組構方式或敘事技巧），所以它就包括敘述觀點、敘述方式和敘述結構等三部分。這在小說中也可以有較「多」的變化或較「廣」的涵蓋。如敘述觀點部分，是指敘述者敘事時所採取的角度，又可以分為：（一）全知觀點：敘述者有如上帝，握有無所不在而又無所不知的特權（如《三國演義》、《水滸傳》、《紅樓夢》及托爾斯泰《戰爭與和平》、奧斯汀《傲慢與偏見》等）；（二）限制觀點：敘述者寄身在某個人物中，藉他的感官和意識在觀看和感知，又可以分為（1）第一人稱觀點①：特指「我」就是主角（如魯迅《狂人日記》、丁玲《莎菲女士日記》及狄更斯《塊肉餘生錄》、夏綠蒂・勃朗特《簡愛》等）；（2）第一人稱觀點②：特指「我」只是一個次要角色、一個敘述者（如魯迅〈祝福〉中的魯書生、柯南・道爾《福爾摩斯探案》中的華生等）；（3）第三人稱觀點：特指「他」是主角，敘述者透過主角的眼

睛來看世界，同時藉主角的心情和感覺來表達思想和情緒（如
愛彌麗‧勃朗特《咆哮山莊》、喬伊斯《尤里西斯》等）（按：
在後設小說中還有運用到第二人稱觀點，但不能維持全篇，僅
能視為「後設語言」）。（三）旁知觀點：敘述者純然是一個旁
觀者，他對所發生的一切，既不加以分析，也不加以解釋，只
是將觀察所得報告出來（如海明威〈殺人者〉、莫泊桑〈歸
鄉〉等）。以上各種敘述觀點，可以單獨使用，也可以摻雜使
用（摻雜使用的例子，如海明威〈有與無〉、福克納《亞卜瑟
冷》等）。又如敘述方式部分，是指敘述者敘事的方式，又可
以分為：（一）順敘：依故事情節的時空順序敘述；（二）倒
敘：倒反故事情節的時空順序敘述〔又可以分：（1）外倒敘：
時間起點和全部時間幅度都在第一敘述時間起點之外；（2）內
倒敘：時間起點和全部時間幅度都在第一敘述時間起點之內；
（3）混合倒敘：跨度點在第一敘述的起點之前而幅度點則在第
一敘述的起點之後。而上述三種倒敘，又都可以再分部分倒敘
和完整倒敘等〕；（三）預敘：預先敘述即將發生的故事情節
〔又可以分：（1）外預敘：發生在第一敘述時間以外的事件預
告；（2）內預敘：發生在第一敘述時間以內的事件預告；（3）
重複預敘：重複預告第一次表現某一個即將在以後的時間內反
覆發生的事件時，就對此後該事件的重複加以預告〕；（四）意
識流：隨敘述者的意識、感覺而進展（意識流手法建立在一個
前提上：就是記憶中的事物和情感，並不是維持物理時空架構
保存著，而是抽去時間關係或同時呈現狀態的。用在敘事性文
體上，就是讓那失去時空架構的事物和情感，隨著流動不已的
意識奔赴筆端）。以上各種敘述方式中，除了意識流很少單獨

使用（多跟其他方式摻雜行使，如白先勇〈遊園驚夢〉、劉以鬯《酒徒》、勞倫斯《查泰萊夫人的情人》、吳爾芙《戴洛維夫人》、普魯斯特《追憶似水年華》等），其餘幾乎都單獨行使〔參見熱奈特（G.Genette），1990；巴爾（M.Bal），1995；彭歌，1980；李喬，1986；胡菊人，1981；徐岱，1992；羅鋼，1994；周慶華，1994；趙毅衡，1998〕。此外，還有所謂的講述式話語（獨白）和展示式話語（呈現）等兩種語態的分立或併用（參見羅鋼，1994:189~193；王先霈等主編，1999:308~330；周慶華，2002b:180~184）。又如敘述結構部分，是指敘述者敘事的過程，又可以分為：（一）情節結構：大略有開頭、發展、變化、高潮和結局等。這可以形成多種圖式，如（1）鐘漏型（滴漏型）：如法郎士的《泰絲》中兩個主要人物：禁慾主義者伯福魯士和妓女泰絲。前者要去拯救後者，他們分居不同地方，終於見面了，泰絲因而進了修道院獲得救贖，伯福魯士卻為了跟對方見面而掉進罪惡之中。這兩個人物互相接近、交會而後再分開，正好形成一個鐘漏的形式。（2）長鍊型：如路伯克的《羅馬照片》中的那位在羅馬遊歷的觀光客，他在那裏遇到了一位朋友狄林，介紹他去參觀咖啡廳、畫廊、梵蒂岡、義大利皇宮周圍等，最後兩人又相遇了，原來這位朋友是他女主人的姪子。兜了一個圈後，兩人又合在一起，形成一個長鍊的形式。（3）圓型：凡是指向「永恆的循環」或兜回開始地點的故事形式都是，圖型就像一個圓圈。（4）橫 8型：如《雪拉斯麥納》，書中有兩個主題，各有自己的行程，彼此在一點上相遇、分開，然後再連在一起，形成一個類似橫8 字的圖型。（5）半拋物型：如史坦貝克的《人鼠之間》、康

拉德的《吉姆卿》、德萊塞的《美國的悲劇》等，小說開始以後，進行到某一覺察點，故事就順著命運的終局，一降而到結尾，形成一個半拋物狀的形式。（6）拐角型：跟半拋物型相反，小說進行到某一覺察點後，命運轉好，宛如灰姑娘般的成功故事，形成一個拐角狀的形式。（7）鋸齒型：如塞萬提斯的《唐吉訶德》，書中每一樁奇異的事件都躍升到高潮，結尾才回到開頭的水平上，形成一個鋸齒的形式（參見佛斯特，1993:135~154；龔鵬程，1987:148~150；周慶華，1994:223~225）。以上這些圖式，在中國小說中大體上都能找到例子，如《西遊記》就接近鋸齒型；而由悲劇轉為喜劇的情況，似乎又更多（參見龔鵬程，1987:150）。另外，情節結構中的「變化」一項，是就情節的歧出或人物的衝突來說的；而歧出或衝突到最緊張或最高點時，就稱它為「高潮」（參見丁樹南譯，1974:139~148；周慶華，1994:225）。這二項未必所有小說都具備（還有縱有「變化」的也未必會達「高潮」），但其他三項（開頭、發展、結局）無疑是各種小說所共有。（二）性格結構：約略有扁平形和圓形二類：前者有時被稱為類型或漫畫人物，在最純粹的形式中，他們依循著一個單純的理念或性質而被創造出來。道地的扁平形人物，可以用一個句子描述殆盡。而圓形人物卻生氣蓬勃、極富人性深度；他的個性無法用一句話就扼要地說出來，還能以令人信服的方式製造差異（參見佛斯特，1993:59~68）。（三）背景結構：這包含兩部分：一為意境，一為氛圍。前者注重生活情趣的細節，後者注重景物的描寫（以為搭配或襯托故事）（參見徐岱，1992:236）。至於敘述話語的意義，有兩部分：一是話語面意義，一是非話語面意

義。話語面意義是話語由於結構而有的內在關係和指涉在外的事項，通常稱它為主題和故事（或事件）。故事是指依時間順序排列的事件的敘述（而情節就「內」在其中。詳見第五章第一節），而故事中的角色多半是人物〔按：人物有名稱、性格和行動。當中名稱的作用不只是一個標籤，還有強烈的暗示性，並且常跟性格配合而命名；而行動則有外在的活動和內在的活動（前者如出生、飲食、睡眠、工作、愛情和死亡等；後者如夢想、喜樂、悲傷和一些不便出口或羞於出口的內省活動等），它可以帶動情節的發展，也可以由情節引發出來。參見彭歌，1980:16~17；佛斯特，1993:59~68；周慶華，1994:226~227〕，所以話語的指涉實際上就指故事和人物。主題是指貫穿故事（題材）的一般觀念（參見劉昌元，1987:251），而這可能還夾有隱含作者的主張（所辯護的思想或立場），所以話語的涵義實際上就指主題和主張。至於非話語面意義，則是伴隨話語而來的有關敘述主體自覺的情感、意圖、世界觀、存在處境和不自覺的個人潛意識、集體潛意識等（參見周慶華，1994:227~229），這在小說中也可以表現得「無一不與」〔而所謂「指示語句的評價使用」中的「指示語句」，就合見於敘述話語；而「評價使用」，就隱藏在敘述話語中（從故事的選取到主題的安置以及所伴隨的情感、意圖……等等，都在彰顯作者的好惡）〕。而這連著前面的敘述觀點和敘述方式，可以形成一個從作者立場來說的所謂的「敘事動機」（也就是想落實卻還沒有落實時的狀態）；同樣有一個簡圖來表示：

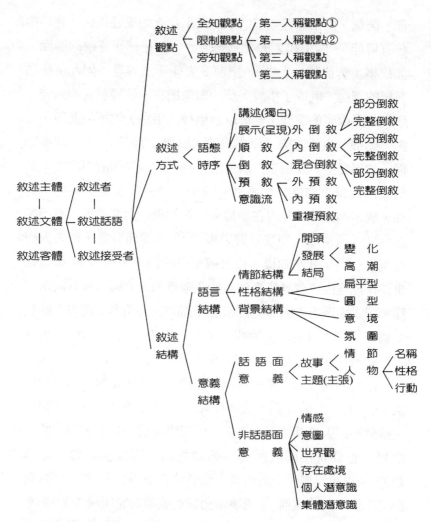

（參見周慶華，2002b:210）

　　再次，由於小說不受限於自歷或聽聞經驗的再現，所以它
就可以極力朝美學途徑去發展。我們知道小說也跟其他文類一
樣，都是語言組成的，自然有屬於語言學的層面，如語音、音

律、詞彙、語法等等；但這不足以引起人的美感經驗（在詩中較有可能）。能引起人的美感經驗的，要在超語言學的層面，如故事（含情節、人物）、主題、表達手法等等。因此，超語言學的層面，就成了小說美學的對象所在。依據前人的研究，所有作品因素的選擇、安排以及機杼（手法）的擇取運用，是由「動機」所決定的。而小說的「動機」有三：（一）故事動機：故事動機是要使事件或主題達到它們最高的故事效率。其他如以寫景來作性格或氛圍的映襯、增強，也是一樣的。另外，故事動機可以分內在動機和外在動機。內在動機，有邏輯必然性（通常以人物意志帶動事件），合理而可信，西方人較重視這一點；外在動機，沒有邏輯必然性（多偶然），以這為事件抉擇理由，容易使事件淪於牽強湊和，中國人較偏向這一點。這跟中西方人的歷史觀和世界觀的差異相類：西方人的歷史觀是一種「目的性」的觀念（朝一定的目標在發展），世界的創造有一定的原因（可以追溯到最初因：上帝），而演進也朝一定目的進行；中國人認為事物自生自滅（是自然的氣化現象），沒有一定的原因，突然而起，倏忽而滅。不過，中國小說雖然不以因果關係貫串事件，但又表現另一種「因果」的人生觀：也就是由印度所傳入的佛教的「因緣」觀念（定命觀），所以小說事件中的巧合，也並非真正巧合。（二）寫實動機：小說本為「虛構」（或說由語言的敘事功能所構成），但常賦予「真實感」。這真實感可以從三方面表現：（1）對人性真實：人物性格同時兼具有特殊性（個性）和普遍性（類型），言行「前後一致」（合於個性，不得任意安排）；即使有反常行為，也應該有原因可說。但這有類型限制，對於「寫實主義」

的作品重要性較大，而對於「超現實主義」（或「魔幻寫實主義」）的作品就沒有那麼重要了。（2）對人生事件真實：作品的事件在組織上比人生事件嚴謹（常集中於某一點上，以及具有完整的結構），但現實人生中的時空關係、事件間的因果關係，仍必須遵守（當然，這也得考慮作品的類型）。（3）對人生經驗真實：作品在對普遍人生問題（如人生的意義、價值、目的和跟它們有直接關係的其他問題，如愛情、死亡、道德抉擇、對自我及世界的認識、個人和社會的關係等）的揭露和對人生存在情境的感受上，應該對實際人生中的問題真實（否則讀者無從理解）。這項最為重要（不分類型）。（三）藝術動機：以「多義」或「歧義」（這特就主題或題旨來說）激起讀者的美感。另外，使某種因素（如敘述觀點或敘述方式或敘述結構）「反熟悉化」或「陌生化」，也是同樣的作用。在以上三種動機外，還有所謂「題旨動機」（載道或說教動機）。而比較起來，中國小說特別注重「題旨動機」和「寫實動機」；西方小說較多兼及「藝術動機」和「故事動機」（參見高辛勇，1987:47~51；劉昌元，1987:271~287）。嚴格的說，只有「藝術動機」的實現，才有小說美感經驗的發生。但為了顧全小說整體的表現，其他幾種動機的美感價值也不能忽略（按：「題旨動機」一項，還得強調或賦予它「深刻」的特性才行。另外，「寫實動機」那三點都只具有「相互主觀性」，不具有「絕對客觀性」。換句話說，對人性真實、對人生事件真實和對人生經驗真實，只在同一社群或有共同點的社群間為有效。此外，就未必會獲得相同的認定了）。因此，小說的美學成分，就在故事情節的合理真實（指對人生經驗真實）、主題的多重

深刻和表達手法的新穎上。這是從人的美感經驗累積而來，可以肯認的一個價值指標。小說家想創作高品質的作品，多少都要以它為鵠的；而讀者想評斷小說的優劣，也多少都要以它為標準（參見周慶華，1994:229~232）。而在這種情況下，不啻也把小說這種文體「充實」、「粧點」得異常耀眼可感！

雖然如此，小說的特別性和受人歡迎程度高（小說的內涵成分多和組構方式不定部分，也包括小說篇幅的「伸縮性」大一項；也就是從幾百字到幾萬字、甚至上百萬字都有。而它的受歡迎程度，可以從向來讀者的「超買氣」看出一斑），也得有一番解釋，才足以「服人」。有人認為「人類所以喜歡讀小說，不是在求了解某一種現實的環境，而是想體驗在某一種想像的環境之下的心理反應（沒有戀愛過的人，讀一本愛情小說，就替自己建造出一個戀愛的環境，來嚐一嚐戀愛或失戀的滋味）。人類有一種基本的性能，就是喜歡探討一切新奇的事物，以來練習他各種的適應能力。一個人對於人生中各種境遇所明瞭的愈多，他適應這種境遇的能力也隨著愈為充分。然而，人們不可能、也最好不要有太多的遭遇（例如被欺騙、被陷害、被遺棄或親故死亡等種種不幸的遭遇）；那麼讀幾本好小說，不但可以滿足他們一種心理上的要求，實際上也是為他們適應實際人生的一種有用的、可寶貴的準備。一部好的小說、戲劇或電影，在某種場合之下，它所發生的教育作用，有時遠比聖經、箴言、法律等為高的，就是因為它所給讀者或觀眾的一種寄託性的體驗，遠非聖經法條等所能及」（徐道鄰，1980:172~173），這把人們喜歡小說解釋成為了獲得「借鏡」或「替代性滿足」，不免稍嫌「消極」。其實，這裏面還有一些

「積極」的原因。如小說有各種敘事模式可供觀摩（學習寫作
的人常從這裏汲取養分）；這在前面已經談過，而一般小說理
論或敘事學的專書也都極盡能事的在揭發這個「事實」（詳見
盛子潮，1993；羅鋼，1994；胡平，1995；董小英，1997）。
如前節所提及的芥川龍之介的〈竹藪中〉：「這篇小說中的『開
放性』的結局以及第一人稱觀點且不斷變換敘述者等反熟悉化
或陌生化的敘述技巧，就很有可看性；而它所要表達的事件
『真相』會因觀看角度或特殊立場而有不同認定的主題，也很
有啟發性。換句話說，讀者會從這裏得到啟蒙，並且習得一種
高明的寫作技巧」。這是很珍貴的經驗。又如小說有作者費心
或精心構設的「事體」可供尋繹。這些事體都明示著或隱含著
對「現實」的批判（為隱含作者評價的一部分。參見黃瑞祺，
1986:287~290；周慶華，1994:21~37），讀者就以他既有的經
驗和能耐來理解它或評價它，終於得到「深獲我心」或「沒我
高明」的結論，然後繼續下一波的「尋找對象作同樣試煉」的
行動（參見周慶華，2000a:31）。這種藉小說作品來試煉自己
的閱歷和才能的「快意事」，就很難在別的文體中找到（這才
顯得小說受人喜愛的程度特別高）。此外，中西方小說所顯現
在敘述話語的形式上的某些巨大的差異（如中國傳統上但知採
用全知觀點和順敘手法以及以情節為結構中心等，而西方卻能
別為發展出其他敘述觀點和其他敘述方式以及著重人物性格的
刻劃和背景氛圍的描寫等。參見周慶華，1996b:59~62），也要
有所說明，才能使人「釋懷」而知所「適從」（國人從現代以
來模仿西方小說的寫作技巧，已經被同化而不復傳統面貌，另
當別論）。其實，這也跟西方人為符應他們所信守的創造觀脫

離不了關係。也就是說，當他們自知不如造物主全知全能時，就會「謹慎從事」而有限制觀點和旁知觀點的設置；而當他們妄自尊大想媲美造物主創造萬物的風采時，就會「處心積慮」要突破現狀而有順敘以外各種敘述方式和多變化敘述結構的發明。反觀中國人信守氣化觀，能寫作的人無不「教化心切」，但以「達意」為最終考量；而在沒有什麼（造物主）可以「憑藉」的情況下，也無從想及要「變化花樣」，以至所寫出的作品在敘述技巧上就不如西方小說那麼多彩多姿（參見周慶華，2001:191~192；2002b:211~214）。這有不可共量的文化背景在，已經習慣西方審美觀的人，也不必「不識大體」的批評中國傳統小說的不是。

最後，仍然要強調小說作為一種敘事性文體在終極進境上「命定」得追求的普遍而深刻的情感。這可以魯迅的〈祝福〉和七等生的〈我愛黑眼珠〉（詳見楊澤編，1996:163~181；七等生，2003:173~185）為例：〈祝福〉寫一個女子遭遇一連串喪夫失子事而沒有能耐去化解，以至鎮日沉浸在悲傷的氛圍裏，直到有一天支持不了而潰決（發瘋而死）。所點出的「命運的捉弄」（在該女子就是喪夫失子）和「自我的流失」（在該女子就是對人生的絕望）是人生悲劇的根源，相當有慧識；而所暗示的「對人不斷重複悲慘的遭遇終將減卻對方的同情心」（如該女子對人反覆訴說失子事而導至聞者紛紛走避）的道理，也很有警醒作用（參見周慶華，2002a:56~58），都能博得人的同情或共感。而〈我愛黑眼珠〉則藉男主角的遭遇及其所作的抉擇，來促使人重新思考「存在」的問題：第一，面臨災難（水災），立即有死亡可能，該當如何？第二，恐懼死亡、

逃避死亡（像水災中那些四處奔逃擁擠的人一樣）？還是保持冷靜、排除畏懼心理而等待災難自然來臨（即使不免死亡也無妨）？第三，恐懼死亡的人，為了求生，多少不顧別人死活（好比那些爭先恐後地攀上架設的梯子爬到屋頂上而以著無比自私和粗野的動作排擠和踐踏著別人的人），但也難保自己能活命（好比爭爬梯子而落水的人）；倒不如自然的面對災難、面對死亡，要來得心安理得（不至為了求生存而做出踐踏別人等可恥的行為）。第四，更進一層看，人面臨災難而恐懼死亡，乃因為他們力爭著霸佔一些權力和私慾（認為自己比別人更值得活下去），但在大自然的威力掃蕩下，有幾人有能耐躲過它的傷害？況且死亡是一件很不足道（平常）的事？既然這樣，為什麼還要恐懼死亡、逃避災難？第五，由上一點衍生開來，人的存在就是在當下自己和環境以及他人的關係；因此，救那名瘦弱的妓女，就成了唯一可以選擇而顯示人應負的責任的事。至於隔岸（對街）屋頂上的妻子，儘管他們過去的關係多麼親密，而她現在又多麼的憤怒（不甘往日的權益突然被人取代），他都不可能「捨近求遠」（照顧妻子在當下是不可能的事）。而不願意承認這個事實的人，就必須付出相當的代價（好比女主角因咆哮發狂而落水）。第六，既然人的存在不可依恃某些恆在的價值（事實上也沒有恆在的價值，人一旦幻想有它，就會畏懼死亡），又不能沒有扶持或協助他人的責任（與人共存），於是不容許過度的悲觀（像某些只靜待環境的變遷，在可以對人伸出援手而不伸出援手的人一樣），也不容許過度的樂觀（像某些嘲笑時勢，喜悅整個世界都處在危難中的無情的樂觀主義者一樣）；不然就會喪失了人的存在。這樣看

來，作者對人的存在的反省是相當深刻的，也揭示了人存在的一部分真理〔所以說「一部分」，表示還有未盡或可以繼續開發的真理在（如讓作品中的人物去從事文藝的創作或科學的發明以使人生增價之類）〕；而這同樣也能讓人諦念回味再三（參見周慶華，2001:183~193）。雖然後面這一點是「兼及」論述的，但已經可以看出小說的特能龐大性；而從它在敘述技巧的依便「自由選用」上來看，也是其他敘事性文體所不能輕易併比的。

漸進式的創造性少年小說寫作的教學，也約略就是從上述這些「基本」環節指導起的。當中跟一般敘事文體相通的所具有的事件的構設和情節的安排等等，也得讓它固定為一種常識性的條件；至於可以當作高度審美要求的「普遍而深刻的情感」部分，也轉由基進創新「奇特的情感」來充當（而現代式創新和後現代式創新等相關的考慮，則可以依違在這兩端之間）。換句話說，在一般敘事性文體裏得以蘊涵「普遍而深刻的情感」為進取標準，而在創造性少年小說裏則改以基進創新「奇特的情感」為終極歸趨（同樣的，所謂的基進創新「奇特的情感」也仍然是以「超常態」或「反常態」的策略來徵候或逼近那「普遍而深刻的情感」的）。

至於實際的教學，也由於受到創造性少年小說的篇幅普遍增長、作者重組和添補經驗的時間不定以及刺激源不必立即見效等因素的影響，所以所提過的講述法、自然過程法、環境法、個別化法等等也都可以看情況「單取」或「變換」為用。當中在第三章第三節所擬議的有關「環境法的運用，教學者提供範例後，還可以搭配閱讀教學法中的討論法來讓學習者分組

討論寫作的方向。如果是以講述法為主，那麼這一寫作的方向
在教學者的講解示範（提示範例）裏，不妨將範圍『確切』化
（以免學習者盲目的摸索）」，這在創造性少年小說寫作的教學
上也依舊適用；此外，如果有必要也還可以搭配閱讀教學法中
的探究法（詳見第二章第三節），讓學習者主動去創發虛構自
歷性或聽聞性的相關的事件而予以圓滿編綴成篇。倘若還有可
以再補充的，那麼這大概就是有關創造性少年小說在形式技巧
的審美層次的提升上，也得比照一般小說所可見的昇華演化歷
程而勉為仿效進取（這樣才能隨時扣緊它是一個組織龐大體而
有著不可「割裂」或「偏取」的特性）。我們知道，前現代派
的模象觀所展現的「寫實」性（不論是機械寫實主義／自然主
義還是社會寫實主義或是社會主義寫實主義。參見鄭明娳等，
1991；唐翼明，1995），已經定格化了；後起的現代派的模象
觀所展現的「新寫實」性（包括開發內在世界或預告未來荒誕
情境的超現實主義和塑造通向另一個世界的神秘境界的魔幻寫
實主義等。參見柳鳴九主編，1990；段若川，2003），則預告
了另一個演化式的起點。它們分別排成一道「前進」狀的光
譜，而可以讓人找到繼續向前的「參考位置」。不信可以看看
下列這三段小說文字：

> 海水用輕快、單調的波浪拍打著岸壁。一片片白雲受到
> 疾風的吹拂，宛如鳥群般迅速掠過廣大的藍天。那座村
> 莊就在緩緩斜向海面的山谷間，迎著和煦的陽光取暖。
> 瑪爾坦・勒維斯克的房子孤伶伶地佇立在遠離村莊的大
> 路邊。那是一間小小的漁民住家，牆壁糊著黏土，茅草

覆蓋的屋頂上長著藍色的蝴蝶花。小得可憐的院子裏種
著洋蔥、捲心菜、芹菜、山蘿蔔等等，悠閒地躺在大門
口。一排樹籬沿大路圍住了院子……一個十四歲左右的
少女，坐在院子入口一張鋪著麥稭的椅子上，身體向後
仰，靠在柵門上補內衣。那是件縫補過無數次，破破爛
爛的內衣。一個比她約小一歲的女孩，抱著一個不會走
路也不會說話的小嬰孩哄著。另外還有兩個兩、三歲的
小孩子坐在地上，鼻子貼著鼻子，用不很靈巧的小手玩
著泥巴，互相抓起泥塊，扔到對方臉上。

〔莫泊桑（G.de Maupassant），1997:212〕

每天晚上看七本書，每本看兩頁，嗯？那時我年輕。你
對著鏡子向你自己鞠躬，像煞有介事似的跨上一步接受
歡呼，眉飛色舞的。太妙了，這個倒楣白痴！太妙了！
沒有人看見：誰也不能告訴。你曾經打算寫一批書，用
字母當書名。你讀了他的 F 嗎？讀了讀了，可是我更喜
歡 Q。不錯，可是 W 才妙呢！對，對，W。你還記得
你那些《顯形篇》嗎？寫在長圓形綠紙上，深刻而又深
刻，要人家在你萬一去世時印送全世界各大圖書館，包
括亞歷山大城，記得嗎？幾千年，一大紀之後會有人上
圖書館去研究它們的。米蘭多拉的皮柯的派頭。不錯，
很像鯨魚。這些篇章出自一位久已不在人世者之手，令
人讀來深感驚訝，人與人之間竟能如此通氣，而此
人……

〔喬伊斯（J.Joyce），1993:132〕

他就靠這樣來謀生。他遊歷過世界各地六十五次,做過
沒有國土的水手。那天晚上在卡塔里諾店裏跟他同床共
枕的幾個女人,把他赤裸裸地帶進舞廳來,讓大家看看
他從頭到腳全身每一寸結實的身體上到處都是的刺花。
他無法跟家人生活在一起。他白天整天睡覺,晚上則到
紅燈區去過夜,他靠力氣跟人打賭。偶爾易家蘭也能說
服他坐上桌子吃頓飯,他總是表現出他有良好的脾氣,
特別是當他談起遠方冒險的經歷時,更是耐心十足。他
遭遇過沈船事件,在日本海漂流過兩星期,吃同伴的
肉,以免餓死而保全生命,那位同伴是中暑而死的;那
位同伴的肉很鹹,在太陽下煮起來有粉粉的芳香味。在
正午的烈日下,他們的船曾在孟加拉灣殺死一條龍,在
龍肚子裏發現一位十字軍武士的盔甲、銅扣和武器。他
曾在加勒比海看大海盜休吉的海盜船和鬼影,風帆已被
颶風撕得粉碎,桅桿也被海蟲剝蛀,但仍然朝著迦得洛
普航線前進。

〔馬奎斯(G.G.Marquez),1999:106〕

它們或極力描摩情狀或摻雜意識流手法或加上神奇色彩,幾乎
一個比一個還要挖空心思驅遣文字;而所造成的模象和造象效
果,則在光譜上明白的標示著,等於告訴人「寫實」技巧的昇
華途徑就是要比照著「往前站一格」(否則只是在炒冷飯)。又
如融合造象觀各個流派技巧的像芥川龍之介的〈竹藪中〉那種
模式,它對比於模象觀的模擬技巧以及後現代派的語言遊戲觀
的意符追蹤遊戲技巧(特指包裹式的逐層解構那種情況),也

可以自成一道光譜。而這道光譜則方便以圖來標示：

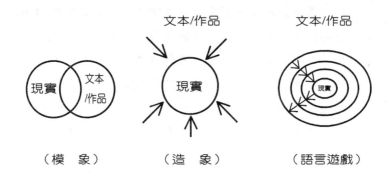

（ 模　象 ）　　　　（ 造　象 ）　　　　（ 語言遊戲 ）

模象觀一直強調文本／作品和現實的對應性；而能不能對應則該有所保留，以至姑且以部分重疊的方式呈視。造象觀為了容易造象而以「輻射」的方式變換敘述者的身分（如〈竹藪中〉，它就以我$_1$／樵夫、我$_2$／行腳僧、我$_3$／衙吏、我$_4$／老媼、我$_5$／強盜、我$_6$／武士妻、我$_7$／武士等不同「我」的多重變化來供出一樁兇殺案的「多」面相，以便營造「事物存在真相的相對性」這項真理。參見周慶華，2002b:139），所以該輻射式的敘述者一起從不同角度和立場來看待現實事件，就構成了整個的文本／作品。語言遊戲觀為了方便解構各種寫實觀念而以「包裹」的方式變換敘述者的身分（前節所引蔡源煌的〈錯誤〉，堪稱典型的例子。它就以我$_3$／作者自己、我$_2$／文中作家、我$_1$／文中作家所寫男女主角等不同「我」的層層包蘊來消解一個大敘事的嚴肅性，以便揭發敘事性作品的虛構性及其意符搭連不到意指的支解情況。參見周慶華，2002b:139），所以該包裹式的敘述者的層層包蘊和消解現實事件，就構成了整個的文本／作品。這也可以暗示一種特定技巧的「伸展」方

向;也就是說,要找到昇華途徑就得從超越這些「序列」性的類型開始才有可能(參見周慶華,2004a:307~310)。這是創造性少年小說在尋求進取的過程中所難以避免要有的參考座標;而它的可以預見的高成功率,勢必也會激勵少年小說這一有關兒童文學的「新寵」(童話則為兒童文學的「代表」)的持續發燒。至於同類型作品(如基進創新的少年小說)的尋求發表或出版的問題,近似的也會因為它的「勇於標新」而諒不至全無機會才有天理。

第八章
創造性兒童戲劇寫作教學

第一節 » 兒童戲劇與創造性兒童戲劇

再接著要談的是有關創造性兒童戲劇寫作教學的部分。近似的，這依理也得有從兒童戲劇到創造性兒童戲劇及其相關的寫作方向和寫作教學等序列的討論進程。當中「從兒童戲劇到創造性兒童戲劇」也是一個關鍵；它所要解決的是有關創造性兒童戲劇和一般性兒童戲劇的「差異」創新課題。而這根本的也是戲劇及其所從來的因緣問題：如果也以現實經驗和文獻考察為準，那麼就可以這麼推斷「既有」的戲劇有底下這樣的一段形成歷程：

如果說小說是「組織龐大」的敘事性文體（見前節），那麼戲劇就是在這組織龐大的敘事性文體上「再加一層」。這並不是說戲劇因此而可以取代小說在敘事性文體中的「代表」位子，而是說戲劇能夠「附麗」式的發展（可以融匯歌謠、詩、散文等等為一體），以及實際跟舞臺、演員和觀眾多方結合的特性，使得它在「組織龐大」上永遠要保持領先地位。但由於它的「龐大」是在演出中見的，光劇本這個戲劇的主體架構本身還不足以跟小說比複雜。以這一點來說，敘事性文體的「代表」位子仍然得讓給小說。

　　也因為戲劇是一種綜合藝術，無法跟純語言藝術並比，所以它究竟能不能視同文學而歸入敘事性文體的範疇，也就成了論述者質疑、分辨的對象。所謂「戲劇並非詩歌，甚至戲劇詩的說法也難以成立。同時戲劇和散文也有區別，只有在特殊情況下，散文才具有戲劇的特性。戲劇的本質難以用文學術語來加以定義。如果非這樣做不可的話，這些術語的意義就完全不同了。比如在小說中，『行動』這一術語是指人物所經歷的生活旅程和參與的戰鬥；而在戲劇中，上述的意義就退居次要的地位。戲劇中的『行動』主要指演員們在舞臺上的行為和動作。在《麥克佩斯》的劇本中添上一幅蘇格蘭地圖將無裨於事；因為麥克佩斯實際上並未從格拉密斯征戰到福爾斯，他只不過在舞臺上出場和退場而已。戲劇的效果既取決於演員，也取決於觀眾。即使是同戲班用同一程式演出同一戲劇，有時效果也會相差甚大。這種差異在很大程度上取決於不同的觀眾，也取決於演員對這些不同觀眾作出的不同反應。戲劇和繪畫或印在紙上的詩歌不同，它不是恆定不變的批評對象，而且也沒有所謂『心靈中的理想舞臺』。對戲劇來說，實際演出的重要性是它本身固有的。因此，在某次演出時，《李爾王》可能是一篇相當抽象的關於自然本性的說教，而在下一次演出時它則可能是一場以沈默告終的驚天地泣鬼神的悲劇」（福勒，1987:74~75），這言下之意就是不認為戲劇可以用一個「敘事性文體」來定位。然而，戲劇的表現方式，還是以敘事體為主（搬上舞臺以及演員的代言，甚至跟觀眾的互動，都是「環繞」著這個敘事體的）。在這一點上，我們要把它歸到敘事性文體的範疇，又有什麼不可以？因此，重要的是戲劇這種文體

跟其他敘事性文體到底有什麼可以區別的特徵（而不是它不夠為「純」敘事性文體），這才能「接下去」討論相關的課題。

戲劇在中西方長期以來都有不大相同的演出形式：所謂「（戲劇是）再現某一活動的表演」（葉長海，1999:3）或「一部戲劇，是設計由演員在舞臺上，當著觀眾表演的一個故事」（姚一葦，1997:15），說的就是西方戲劇的情況；而所謂「戲曲者，謂以歌舞演故事也」（王國維，1975:59）或「（戲曲是）以詩歌為本質，密切配合音樂、舞蹈，加上雜技，而以講唱文學的敘述的象徵方式，透過俳優以代言體搬演而表現出來的綜合藝術」（曾永義，1986:7），說的就是中國戲劇的情況（按：西方也有歌唱形態的「歌劇」，但仍以「話劇」為主；而中國也雜有說白的「科白戲」，但仍以「歌舞劇」為主，彼此在藝術形態上有相當程度的差異）。但從二〇世紀初（五四運動前後）開始，中國人以倡導新文化運動為名，大舉仿效西方人的生活方式，連西方的戲劇也一併帶進來了；不久就「反客為主」，取代傳統戲劇而成為時代的新寵（參見吳若等，1985；葉長海，1991）。因此，現在國人所談的戲劇寫作，幾乎都指來自西方的戲劇，中國傳統所見的那些戲曲（包括六朝所見的代面、撥頭、踏搖娘等歌舞劇，隋唐五代所見的參軍戲、滑稽戲等科白戲，宋金所見的諸宮調、大曲等歌舞劇和傀儡戲、皮影戲、雜劇、院本、南戲等戲劇，元明所見的雜劇和傳奇及崑曲，清所見的雜部／崑曲和花部／亂彈及地方戲等等。參見青木正兒，1996；孟瑤，1979；盧冀野，1975；劉輝，1992；曾永義，2000）即使還沒有完全沒落，也是「頹勢難挽」了。既然這樣，這裏只好暫置「民族情結」而順勢的談

來自西方的戲劇。換句話說,底下所要談的有關戲劇的種種,除非涉及比較的必要,不然都以西方戲劇為模本(參見周慶華,2001:193~195)。

所謂的兒童戲劇,照理也得從這裏取義(取西方的話劇),而以兒童作為限制詞後所成就的(雖然戲劇的文體複雜度也很可觀,但它卻可以有讓兒童直接感受且能夠據為實際搬演的相當「明朗」的故事情節,以至就有逕稱為「兒童戲劇」的條件)。換句話說,在以「兒童所能理解的文學」或「大人所認為兒童所能理解的文學」作為兒童文學的定義下(見第二章第一節),兒童戲劇自然就是指兒童所能理解的戲劇。這種兒童所能理解的戲劇,在進一步的辨認中不論能否得著十足或有力的保證(也就是是否切合兒童經驗),它也都要保留一個可以差異創新的空間,才能顯示兒童戲劇作為一種文類的形塑力;而這種形塑力也就是兒童戲劇從「一般性的」過渡到「創造性的」一大保障。這樣的理路,無非也是在表明:如果以一種常態性意涵來限定兒童戲劇,那麼凡是越能夠超常態性或反常態性的表現的就越有差異創新的可能性;而這種可能性一旦成形了,兒童戲劇這一文類就越見它的可塑性及其在「推移變遷」或「改造修飾」語言世界上的意義。

相仿的,兒童戲劇因為可以跟故事、童話、少年小說等敘事性文體同享一個事體(也就是故事、童話、少年小說等敘事性文體可以跟兒童戲劇共用一個事體而使得它們在相當程度上具有「互轉」的機制)以及能夠搬上舞臺去展現它的臨場性或具現性,所以它的多樣故事情節、劇場特性和演員魅力等也就成了可以贏得大家普遍聚焦的變數。而就因著兒童戲劇有這一

「綜合性」的特徵，以至同樣由基進作為在最終所保證的創造性兒童戲劇的超常態性或反常態性也可以同時顯現在「意涵」和「形式」上。換句話說，兒童戲劇的綜合藝術性已經表明了它沒有什麼不可以窮為改變形式和意涵來顯示它的審美創新效果（可以讓人一再的觀賞玩味）；於是現代式的創新或後現代式的創新也就可以一併攬進來「發揮作用」。而近似的，相關的論說倘若不能為它「展衍新意」或別為「開疆闢土」，那麼自然就會減低它的可看性而我們理當也可以不再予以理會。

第二節》創造性兒童戲劇的寫作方向

有關兒童戲劇的「意涵」和「形式」變化及其所內蘊「兒童」的限制詞，也使得創造性兒童戲劇的寫作得有所謂的「著力點」，而這就是我們所能夠據為展望這類寫作的一大契機。雖然如此，現在坊間有一些題為「創作性兒童戲劇」的仿似性著作而不盡跟本脈絡所指稱的創造性兒童戲劇有密切關聯的，卻得先略作一點分辨。依照相關論述者的說法，創作性兒童戲劇（或簡稱為創作性戲劇）是「一種即興的、非表演性，且以過程為主的一種戲劇形式。活動的方式是由一個領導者帶引參與者將人類生活的經驗加以想像、反應及回顧的過程」。換句話說，創作性兒童戲劇是「老師引導孩子們去思考、去想像且釐清他們的想法，進而能幫助他們用自己的語言和動作來表達和勾繪出他們的內心世界」〔莎里斯貝莉（B.T.Salisbury），2000:10〕。有人還為這個詞源作了一點追溯的工作：「『創作性戲劇』一詞，在 1977 年經美國兒童戲劇協會在檢視教育性戲

劇的詞彙後，定義為：『創作性戲劇是一種即興的，非展示的，以程序進行為中心的一種戲劇形式。在當中，參與者在領導者的引導之下，去想像、實作，並反映出人們的經驗，以人類的衝突和能力表現出相關生存世界的概念，以期使學習者了解它的意涵。創作性戲劇同時需要邏輯和本能的思考，個人化的知識，並產生美感上的愉悅。儘管創作性戲劇在傳統上一直被認定屬於兒童及少年，但它的程序卻適用於所有的年齡層。』同時，該協會為這一定義作了更進一步的解釋：『創作性戲劇的程序就是動力，領導者引導一組學習者，透過戲劇性的實作去開拓、發展、表達和交流、觀念和感覺。在創作性戲劇中，一組學生以即興演出的動作和對話，發展出適宜的內容。採用戲劇的素材，是就經驗的範圍產生出形式和意義。』可見創作性戲劇的教學是由教師靈活運用戲劇的各種方法，目的在引導自發性的學習意願，以想像的創作力去付諸實際的行動而有的作為……從上述的說明，可知創作性戲劇是一種：以戲劇形式來從事教育的一種教學方法和活動，主要在培育兒童的成長、發掘自我資源；提供約制和合作的自由空間，發揮創作力，使參與者在身體、心理、情緒和口語上都有表達的機會，自發性地學習，以為自己未來人生的所需奠定基礎」（張曉華，1999:37~38）。可見創作性兒童戲劇純粹是一種強調過程由兒童全面性參與的即興創作的戲劇。這種戲劇容或有論述者所期待的可以比一般由成人所創作的兒童戲劇更有助於兒童身心的成長（一般由成人所創作的兒童戲劇在讓兒童參與演出的過程中，兒童只是被動的「被導演」來反覆練習，沒有自主性且容易身心疲憊退化。參見臺東師院編，1990；洪碧霞主

編，2001）；但它畢竟還未提升到本脈絡所說的「差異創新」
的勢必追求的層次上。因此，如果這種創作性兒童戲劇也可以
容許差異創新的作為，那麼它就跟本脈絡所說的創造性兒童戲
劇沒有差別而可以等同看待；否則就得分開討論（而還原創作
性兒童戲劇為只是一般性的兒童戲劇的「變形」）。這樣再接回
原先的話題，可以說創造性兒童戲劇的具體的寫作方向，則也
有前節所提示的現代式的創新、後現代式的創新和基進創新等
多種指標。這些指標，從兒童戲劇的意涵變化或形式變化著
眼，而以造象觀、語言遊戲觀和反影響思維或逆向思維來結構
作品（詳見第二章第二節）。現在就分別稍微舉例來標立這一
現代式的創新、後現代式的創新和基進創新的創造性兒童戲劇
的可能樣態。

　　首先是相關現代式的創新方面：跟前面有些類型（如創造
性童詩）一樣，這一部分在一般戲劇已經有很多案例，而在兒
童戲劇方面卻還難見蹤影。因此，只好以「論述先行」來期待
它的出現。這在一般戲劇的表現上，是以荒誕劇為大宗的。如
貝克特的《等待果陀》就是當中的經典名作（詳見貝克特，
1981:13~163。按：這在第二章第二節中舉為基進創新的例
證，是基於現代式創新也可以為基進創新所統攝的理由；現在
為了方便論說，所以暫且讓它「歸位」）。有人曾經敘及這部作
品：「《等待果陀》一劇的意義是不可解的……但一般人渴望解
釋，認為此劇主題為『等待』，但等待什麼，果陀究竟是誰，
為什麼要等待它，卻不甚了了，眾說紛紜。1958 年該劇在美
國上演（按：該劇寫於 1952 年），導演問作者果陀到底是什
麼，他回答說：『我要是知道，早在戲裏說出來了。』貝克特

像其他荒誕派作家一樣，把客觀世界看作是荒誕的、殘酷的、不可思議的，劇中的世界只是光禿禿樹的荒原，人物是癱三、奴隸和奴隸主。這些人物的言談和行為都跟客觀世界一樣無聊和不可思議，尤其是幸運兒胡言亂語的長篇獨白。所以有的評論家認為此劇是『揭示人類在一個荒謬的宇宙中的尷尬處境』。從『反戲劇』的角度看，此劇也有典型性。從古典戲劇三一律的角度看，《等待果陀》能使觀眾明顯地感到時間的無聊和無窮無盡、地點不可知及動作的荒謬和零碎，語言的雜亂無章」（孟樊等主編，1997:26）。這雖然會有類似「他（貝克特）寫《等待果陀》是為了消遣，沒有任何要創造文化價值或其他價值的意味，更遑論是一篇傑作；甚至他本人認為這是一部爛戲，並好奇為何人們從中得到這麼多。諷刺的是，這部作品所引起的書籍、文章和討論比二○世紀任何戲劇還多」〔索羅斯比（D.Throsby），2003:133〕這種儼然是「不以為然」的評論來相抗衡；但它的確為現代派的戲劇樹立了一個典範。此外，第二章第二節還提到「貝克特的《最後的一局》、尤涅斯可的《椅子》和《禿頭歌女》、品特的《一間屋》和《生日晚會》、渦比的《美國夢》和《誰怕弗吳爾芙》等劇，也是此類作品中的翹楚」，這也可以提供我們想像現代式創新在戲劇表現上的一道「亮光」。當中現代派劇作大家貝克特還有一齣寫於 1969 年的（極短篇）《呼吸》，同樣透露出一貫的不可思議的荒誕性：

呼吸　　貝克特

幕

1. 黯微的燈光，舞臺布滿各種垃圾，持續約五秒鐘。
2. 微弱、短促的呼叫聲，緊接著，吸氣和慢慢增強的燈光，在大約十秒鐘時，同時達到最大限度。寂靜，持續約五秒鐘。

……

幕

垃　　圾：散落、平置，不可豎起。

呼叫聲：呼叫那一瞬間的錄音。重點是兩次的呼叫聲必須一模一樣，以開啟或關閉同步緊密的燈光和呼吸。

垃　　圾：經擴大處理的錄音。

燈光的最大亮度：不很亮。如果 0＝全暗，10＝全亮，
　　　　　　　　燈光應從大約 3 昇到 6，再降回來。

（鍾明德，1995:172 引）

這曾經獲得這類的評價：「美國戲劇學者羅伯‧柯瑞根說：『貝克特的《呼吸》是現代主義劇場的最後一口氣。』事實上，從許多方面看來，《呼吸》也可說是『人本主義劇場』和『文學性劇場』的最後一口氣」（同上，173）。大家所以會標榜荒誕劇的人本價值，自然跟西方從近代以來工具（科技）理性過度

伸展有關:「現代主義的顛覆性動力是西方文化的救贖之光;前衛主義是布爾喬亞文明的良心,它是西方文化內部所產生的唯一能反制世俗和科層意識散布的解毒劑……」〔蓋伯利克(S.Gablik),1995:49~50〕。但不論如何,它所展現的新形態的寫作類型,已經在文學史上熠熠生輝過,今後想必也還有可以尋繹意義和重估價值的空間;而這裏所期待的創造性兒童戲劇也因為有現代派戲劇的「遙相激勵」而終於知所前進的方向。

其次是相關後現代式的創新方面:同樣的,這一部分,在一般戲劇也已經有很多案例,而在兒童戲劇方面卻仍未有起色。因此,只好也以「論述先行」來期待它的出現。這在一般戲劇的表現上,主要以「反敘事」和「拼貼整合」等來凸顯它的特徵(參見鍾明德,1989;1995)。所謂「當代劇場的根本元素就是各種視覺和聽覺的意象:語言可有可無;腳本有也好,沒有也無所謂。演員的咬詞吐字,時而誇張,時而平淡;更多的時候是咕咕噥噥,不可理喻。沒有主題,沒有主旨,沒有故事(敘述結構幾乎蕩然無存);整個演出毋寧是個持續蛻變的過程,好像是在舞臺鏡框中不斷展現的巨幅拼貼一般。演員不再創造角色,不再扮演角色,只是在空間中創造圖案而已;演員成了符徵、動作的化身。事實上,組合圖案成了劇場製作的中心策略;劇場演出的每一部分都可單獨存在,就像電腦資料庫中的資訊位元一般。或者像福克斯所說的:『觀眾不再追索角色跟角色之間的關係,而是置身語言、視覺、音樂等等不同頻道或層面之間。』在這些視覺或聽覺的意象中,你也許可領略到片片段段的不同角色;可是整體來說,角色早已融

進了劇場因素所匯聚而成的洪流之中」（鍾明德，
1995:153~154 引柯瑞根說），這類的觀察正生動的描繪了後現
代戲劇的特殊形態。它的無厘頭式的即興演出（所以反敘事）
和分裂結構的呈現方式（所以常見拼貼整合）等超前衛的表
現，又把整部戲劇史（文學史）「推進了一步」。當中穆勒
（H.Muller）的《哈姆雷特機器》，就是一個典型的例子：

哈姆雷特機器　　穆勒

1. 家庭剪貼簿

我是哈姆雷特。我站在海邊跟浪濤說話**嘩啦嘩啦**，歐洲
廢墟在我背後。國葬的鐘聲響起，兇手和遺孀結為連
理，大臣們在高級靈柩後頭搖首擺尾，發出重金禮聘的
哀號**棺木中是誰的遺骸／引起了這聲嚷／它是一個偉大
的施主**民眾圍成了一道道人牆，都是他的統治機器的出
品**他是個人他擁有他們一切**。我擋下國葬的行列，用我
的配劍撬那棺木。劍刃一斷為二，可是，我終於用劍柄
把它弄開了，將這個生我者**肉體渴望和肉體為伴**施予我
四周的混混。哀悼轉為慶祝，慶祝變成唧唧作響的親
嘴，兇手在空棺上佔有了寡婦**讓我幫您爬上去，叔叔；
把兩腿張開來，媽媽**。我就地躺了下來，傾聽這個世界
跟死屍一塊地腐化。

……

2. 女人的歐洲

（巨大的房間。奧菲麗亞。她的心是一個時鐘。）

奧菲麗亞（合唱隊／哈姆雷特）：我是奧菲麗亞。那個河流不要的女人。兩腳懸空的女人。血管割開的女人。服藥過量的女人。**唇間殘雪**。一頭鑽進煤氣爐的女人。昨天我停止自殺。我現在獨自跟我的乳房我的兩股我的子宮在一起。我把束縛我的工具砸碎：桌子椅子床褥。我毀掉我稱之為家的戰場。我拉開大門讓風進來，讓世界的尖叫進來。我砸爛窗戶。兩手流血，我撕掉我以前所愛的男人們的照片——那些在床上桌子上椅子上地板上使用過我的男人們！我放火燒掉我的監獄。我把所有的衣服全部扔進火中。我把時鐘我的心自胸口扭出。我一身浴血走進街頭。

3. 諧謔的

〔死人的大學。呢喃低語。死去的哲學家們從墓碑（或講桌）後用他們的書襲打哈姆雷特。死去的女人的陳列館（或芭蕾）：兩腳懸空的女人，血管割開的女人等等。哈姆雷特像參觀博物館（或看芭蕾）一般地觀賞她們。死去的女人們將哈姆雷特的衣服撕下來。克勞底阿斯和奧菲麗亞從一具直立、外頭標著「哈姆雷特一世」的棺材裏走出來。奧菲麗亞打扮得像個娼婦。奧菲麗亞跳脫衣舞。〕

奧菲麗亞：你想吃我的心麼，哈姆雷特？（爆笑）

哈姆雷特：（臉埋在手中）我想變成女人。

......

4. 在布達‧佩斯／格林蘭之役

　　（第二折時奧菲麗亞所摧毀的場景。一具空
洞的鎧甲，一把斧頭插在頭盔上。）

哈姆雷特：在囂嚷的十月裏爐子老是冒著濃煙

在最糟糕的時候他患了重感冒

對革命而言最糟不過的時刻

盛開的水泥伸展過貧民窟

齊瓦哥醫生在哭泣

為了他的狼群

冬天裏有時侯它們闖進村子

將農人撕成碎片

（他卸掉化妝和服飾。）

扮哈姆雷特的演員：我不是哈姆雷特。我再也不演了。
我的臺詞毫無內容。我的思慮把意
象的血都吸乾了。我的戲不再演
了。我身後的場景已經收了起來。
被那些不喜歡我的戲的人；為那些
對我的戲毫不在乎的人。我自己也
已毫無所謂。我再也不演了（扮哈
姆雷特的演員繼續說下去，沒發覺
舞臺工人把一臺電冰箱和三臺電視
機搬上了舞臺。電冰箱嗡嗡作響；

三臺電視機開著卻沒有聲音。）……

……

　　我撐開我密封的肉體。我要住進我的血脈、我的骨髓、我腦殼中複雜的巷弄。我縮回我的內臟。我坐在我的大便上，在我的血液中。在某個地方軀體被撕裂，所以我可以坐在我的大便上。在某個地方軀體被割開，所以我可以跟我的血液獨處。我的思想是我大腦的機能障礙。我的大腦是個瘡疤。我想成為機器。手臂用來抓取。腿用來走路。沒有痛苦沒有思想。

（電視機的畫面黑掉。鮮血從電冰箱中緩緩流出。三個裸體的女人出現，她們分別是馬克思、列寧、毛澤東。她們各自用自己的母語同時說話。）

三個女人：重點在推翻所有的現況……

　　　　（扮哈姆雷特的演員開始化妝並穿上服飾）

　　哈姆雷特丹麥王子和糞蛆的食物

　　從一個洞跌撞到另一個洞到最後一洞

　　在他背後是屍氣沉沉的鬼魂那曾經使他

　　慘綠得像產褥上的奧菲麗亞的鬼魂

　　在第三次雞鳴之前不久一個小丑

　　將撕去哲學家頭上的傻瓜帽子

　　一隻胖大的獵犬將爬進盔甲

　　（扮哈姆雷特的演員鑽進盔甲，舉斧劈開馬、列、毛的頭。下雪。冰河世紀。）

5.

在可怕的盔甲中
兇猛地忍受
千秋萬世
（深海。奧菲麗亞坐在輪椅上。魚群、渣滓、屍體
和殘肢緩緩漂過。兩個穿白色制服的男人用紗布將
奧菲麗亞連輪椅由下而上縛起來。）

奧菲麗亞：我是伊蕾克屈拉。在黑暗的中心，在陽光的
酷刑下，以受害者的名義，我向全世界的首
都說話。我把我收到的精液全部射出。我把
我的奶汁變成致命的毒液。我把我生下的世
界收回。用兩腿把我生下的世界窒死，把它
埋在我的子宮。打倒奴順的幸福！憎恨和抗
逆萬歲！造反和死亡萬歲！當她拿著屠刀走
過你的臥房時，你將知道何為真理。
（兩個男人出場，奧菲麗亞被綁在白紗中，
無聲無息地留在臺上。）

劇終

（鍾明德，1995:225~234 引）

關於這齣戲劇，論述者有這樣的評介：「在《哈姆雷特機器》
中，穆勒完全使用他獨家發展的『集成片段』編劇手法。全劇
由幾個『角色』的獨白集合而成；獨白又由敘述、評論或隻字
片語所組成。沒有對白，沒有傳統的戲劇角色或情節結構，甚

至連一個荒誕劇式的『中心意念』都沒有。隻字片語、論述、獨白和演出之間不必構成任何關聯。整個作品的推展是非線性的（非因果關係式的邏輯思考）。作者毫不掩飾他自己的『藝術』，甚至刻意將相對峙的意念的接縫加以凸出，自由自在地出入於自我和角色（面具）、戲劇和舞臺、傳統和當代以及藝術和現實生活之間」（同上，236）。類似這種以解構傳統規範而達到自由解放目的的新戲劇實驗，在二〇世紀八〇年代以來的臺灣的小劇場也不難見到（如河左岸的《闖入者》、《兀自照耀的太陽》、環墟的《流動的圖象構成》《奔赴落日而顯現狼》等就是）；只是有些論述者認為後現代戲劇應該還可以「擴大範圍」：「如果我們認為八〇年代以後的小劇場，例如環墟、河左岸、『優劇場』、『臨界點劇象錄』等的某些演出符合了部分席路德所提出的『後現代戲劇』的特徵，我們不要忘了在大劇場中也有符合『後現代』特徵的作品，我特別舉出李國修的《半里長城》、《莎姆雷特》、《京戲啟示錄》和賴聲川的《那一夜，我們說相聲》、《暗戀桃花源》、《紅色的天空》、《我和我和他和他》等作為例證。（當中）李國修的三齣戲和賴聲川的《那一夜，我們說相聲》、《暗戀桃花源》都採用了戲中戲的後設手法；『後設』一般認為是『後現代』的特徵之一。在《莎姆雷特》一劇中作者大量運用了『角色錯亂』的手法。在《京戲啟示錄》中父子的『角色替換』和《我和我和他和他》中本尊及分身的運用等都發揮了『解構』觀點；『解構』又是所謂『後現代』的特徵。（至於）《京戲啟示錄》、《暗戀桃花源》、《紅色的天空》以及其他賴聲川用集體即興創作形成的一些劇作，多半都採取『拼貼』的結構，這不又是『後現代』重要徵

候嗎……它們的美學風格，豈能再是『現代主義』的？不能說只有令人看不懂、不明所以的斷裂、拼貼才堪稱『後現代主義』！如果真是如此，後現代主義戲劇只能是條走不通的死胡同，永遠不可能建構成任何可資辨認的美學體系了」（馬森，2002:154~155）。這基本上不是「是非對錯」的問題，而是「權宜認定」和「合理與否」的問題。如果後現代戲劇也必須以「解構」作為它可以辨認的特徵來說，後面這一擴大說自然可以被認同而不必再行爭論它的正當性。而這在現有的兒童劇場雖然並未見著「肖似」性的案例，但修我兒童文學課的年輕朋友卻已經有那麼一點嘗試創新的跡象。如：

現代仙履奇緣：邋遢灰姑娘 侯美玲等

劇本創作之參考歷程

灰姑娘→現代仙履奇緣－邋遢灰姑娘（中國時報副刊）→現代仙履奇緣－邋遢灰姑娘（成人版；車惠軒、戴慈瑩、侯美玲、林丞儀、余忠鴻）→現代仙履奇緣－邋遢灰姑娘（兒童版）

前言

童話故事，一直是我們的最愛，陪著我們幻想、滿足我們的好奇、也使我們變得更機智而勇敢，今天讓我們試著以另一種情節，來詮釋這世紀不老的童話故事－

現代仙履奇緣—邋遢灰姑娘（兒童版）。

人物

仙度邋遢（仙）、大姐（大）、二姐（二）、小老鼠
（小）、老板娘（老）、顧客（顧）、侍衛（侍）、王
子（王）、旁白（旁）。

第一幕

場景：仙度邋遢的家裡
　　　仙度邋遢正斜躺在沙發上，看完一大疊的「櫻桃小
　　　丸子」……
背景音樂：櫻桃小丸子

仙：唉！週休二日真煩惱，讀書容易老……（**空中突然飛
　　來一件衣服**）
大：仙度邋遢，快把衣服洗一洗，房間收一收。
仙：那又不是我的衣服，幹麼叫我洗？
大：拜託，那是你借去穿的，你不洗，誰洗？
仙：大姐，大姐別生氣，氣死沒人替……用用 SKII，頂
　　不錯的耶！

（**這時二姐衝進來**）
二：仙度邋遢，誰叫你動我的化妝品？居然把它們搞得像
　　調色盤！你賠我！
大：看你這麼邋遢，又那麼臭，簡直就是灰姑娘！

二：對！就是灰姑娘！

旁：從此灰姑娘這個名字，成為全世界小女生的最愛。

大：大妹，別理她，我們趕快打扮，才來得及參加王子的
舞會。

二：對……仙度邋遢，那你只好去求仙女和南瓜吧！

**旁：大姐和二姐打扮後終於離去，仙度邋遢無聊的打電
動，這時有一隻小老鼠……**

小：仙度邋遢，怎麼還在打電動？你那麼會跳舞，難道不
想去嗎？

仙：誰說的？我當然想去。可是……

小：可是太久沒有洗衣服了，所以找不到漂亮的衣服？

仙：嗯！真奇怪。誰規定參加舞會要穿新衣服？

小：這樣王子才會和你跳舞啊！

仙：不管啦！求求你幫幫我，現在邋遢的女孩太多了，仙
女一定很忙，抽不出空來幫我。

小：好吧…… **（背景音樂：感恩的心）** 看在你平常那麼
邋遢的份上，才能讓我們一家人吃得飽、住得暖。

仙：不客氣！這是應該的。

小：那就讓我們全家一起為你想一想辦法吧……有了！

第二幕

場景：文具店

文具店的老闆娘在幫客人包裝東西，仙度邋遢正好
經過……

背景音樂：一休和尚

老：小姐，你要買什東西告訴我，我幫你拿，碰壞了要賠
　　的喔！

顧：老板娘，我想買這個紋身貼紙，多少錢？會不會很
　　貴？

老：是不是要去參加王子的舞會用的？

顧：嗯！

老：你有帶卡來嗎？

顧：有，我有帶老師給我的獎勵卡。

老：我還炫風卡未……我是說貴賓卡－VIP 卡，懂不懂！
　　我才能算你便宜一點！

（這時，一群大大小小胖胖瘦瘦的老鼠跑進來……到處唧
唧叫……）

老：啊！天吶！是老鼠……

（這時，老板娘站到桌上，仙度邊邊趕緊跑進來趕老
鼠……）

仙：該死的老鼠，還不趕快出去，撞壞東西，是要賠的
　　耶！

（老鼠終於出去了……）

老：小朋友，謝謝你喔！

仙：不客氣！這是應該的！

老：好心的小朋友，你怎麼會這麼臭？

仙：我……

老：今天晚上，王子要舉辦舞會，你怎麼去？

仙：我……

老：好吧！為了要謝謝你，送你一罐小叮噹給我的「神奇魔術水」和一雙 Nike 運動鞋。

仙：哇！太帥了！

老：噴上它，會讓你變得非常漂亮，但有效期限只到今天晚上八點喔！

仙：喔！

老：到了八點以後，你就會變回原來臭臭的味道了！要記得喔！

仙：是的。

（仙度邋邊走出文具店後，和小老鼠抱在一起，樂得哈哈大笑……）

仙：小老鼠，謝謝你，你真的太聰明了！

第三幕

場景：王子的舞會

穿著漂亮衣服的大姐和二姐在舞會裏，正興奮的討論著……

背景音樂：凡爾賽玫瑰

大：王子好帥喔！真像林志穎！

二：才不是，像李奧納多！

大：也蠻像我們班長啊！

二：喔！戀愛！

大：才沒有！（漂亮的仙度邋邋突然出現）

大、二：哇！這是誰？（這時，王子非常高興的，慢動作
　　跑過來）

王：漂亮的小姐，請你和我一起跳舞吧！我有很多李奧納
　　多的簽名照喔！

仙：好啊！跳一首要兩張給我！

王：沒問題！來 MUSIC……（**背景音樂：遠足**）

仙：王子，不行，不行，手拉手就是在結婚。

王：才不是。

仙：拜託，換另外一首嘛！

王：好吧！來 MUSIC……（**背景音樂：新式健康操**）

仙：王子，這是在學校跳的耶！拜託你，再換另外一首
　　嘛！

王：好吧！來 MUSIC……（**背景音樂：閃舞**）

旁：噹！噹！噹！八點了！

仙：王子我一定要回家了！

王：你跳得好棒，不要走嘛！

（王子一直拉著仙度邋邋，仙度邋邋只好脫下鞋子，把王
子打昏……）

（王子醒過來後，拿起仙度邋邋的鞋子……）

王：沒有關係，憑著這麼帥的鞋子，還有這邋邋的味道，
　　我一定可以找到她！

第四幕

場景：仙度邋遢的家裏
　　　仙度邋遢又斜躺在沙發上，看完一大疊的「小偵探
　　　─柯南」……
背景音樂：小偵探─柯南

侍：王子，我們還要再找嗎？

王：還要繼續找，找到她，我的人生才是彩色的；找不到
　　她，我的人生是黑白的！

侍：可是這雙鞋子又不是玻璃鞋，已經被一千多個人穿
　　過，都快被穿爛了！

王：少囉嗦，去敲門！

侍：喔……（ㄎ！ㄎ！）

仙：誰啊！今天週休二日，我不要去上安親班啦！

大、二：是誰啊……（大姐、二姐正在試穿新衣服和畫口
　　　　紅）哇！是王子耶！

侍：小姐們，對不起，我們在找一位能穿上這雙鞋的漂亮
　　女生！

大、二：是我！是我……（大姐和二姐輕輕的穿，居然都
　　　　能穿進去）

王：來，我來鑑定看看！

（王子用自然老師教的方法，輕輕的搧動手掌聞大姐、二
姐腳的味道）

侍：王子，是嗎？

王：不是！

大、二：哼！誰稀罕！

（大姐、二姐想到：叫小妹出來，臭死這個討厭的王子）

大、二：我們家有個小妹，王子要不要聞聞看！

王：好哇！

（仙度邋遢試穿鞋子之後，舉起腳給王子聞，結果王子居然……）

王：對，就是這個！味道美極了！

侍：哇！太棒了！

王：無論如何，還是要謝謝你們兩位姐姐。

大、二：啊！那ㄟ安ㄋㄟ？（怎麼會這樣？）

王：這些李奧納多和林志穎的簽名照，通通送給你們！

大、二、仙：啊！啊……好棒喔！

旁：從此，大姐和二姐再也不會欺負仙度邋遢，大家都過
　　著幸福快樂的日子。

背景音樂：感恩的心……演員謝幕……

（侯美玲等，1998:3~6）

這一齣劇作，明顯具有改寫童話故事〈仙履奇緣〉的版本和反
抵拒現實中的「臭味相投」的異類姻緣等雙重解構特徵。它一
如沃克（B.G.Walker）的《醜女與野獸——女性主義顛覆書
寫》一書的改寫方式（詳見沃克，1996），將一個已經快要腐
朽的童話故事「改頭換面」後搬上舞臺（雖然它並未正式演出
過），給觀眾重獲啟蒙似的「耳目一新」感覺。而這一遊戲／
解構的興味和為重開新局的理念嘗試，正展現出後現代式創新
的不可避免要有的美感和欲力。

　　再次是相關基進創新方面：這一部分，在現有的兒童戲劇中仍舊極為罕見相類的案例；只有修我兒童文學課的年輕朋友的寫作中，還稍微有這類的劇作「差堪」舉證。如：

轉業甘苦談
　　　　　　　　　　　　　　　　　　　　　　　　── 陳冠儒等

【第一場】背景音樂《CD 第一首》，10 秒後旁白開始講話

旁　白：在一塊地圖沒有標示到的地方，有個奇幻的國度，在
　　　　那裏沒有貴族平民之分，只有四種平等的職業：王
　　　　子、公主、大野狼和巫婆。現在，我們就請這四種行
　　　　業中的英雄來說幾句話吧！

旁　白：首先是王子。〈所有人掌聲和歡呼〉

王　子：我們當王子的，就是要破除巫婆的詛咒，拯救公主，
　　　　一起過幸福快樂的日子。

旁　白：再來是公主。〈所有人掌聲和歡呼〉

公　主：我們公主的宿命就是被自己專屬的巫婆詛咒，等待王
　　　　子帶來的幸福。

旁　白：然後是巫婆。〈所有人掌聲和歡呼〉

巫　婆：哼……既然是巫婆，當然是整天下詛咒啊！不管公主
　　　　在那兒，我一定感應得到。

旁　白：最後是大野狼。〈所有人掌聲和歡呼〉

大野狼：我們的工作最累人，每天都要吃一堆想轉業的人，等
　　　　過了六天，拉下我肚皮上的 ziper 才能轉換成新的職
　　　　業。而且，當狼族最沒選擇，因為狼不吃狼，唉！狼

族就是飽食終日，等死而已。

旁　白：這四種職業中，以巫婆和公主的關係最微妙，因為巫婆的詛咒是公主幸福的踏板。身為巫婆，詛咒是一種責任，而公主也了解這個道理，並不會抵抗，甚至會有點期待巫婆的到來。然而，凡事總有例外，偏偏就是有一位公主不肯受詛咒，她專屬的巫婆很盡責，長久的拉鋸下來，巫婆已忘了詛咒是點到為止的。

《背景音樂停止》

旁　白：這天，如往常一般，巫婆氣呼呼地起床……巫婆在她的小木屋中氣的全身發紫，她不知道為什麼這個白雪公主的命怎麼會這麼硬。

巫　婆：哼！用最簡單的招數對付你，我不信你有多厲害！這是全世界最毒的蘋果。嘻嘻嘻、哼哼哼、哈哈哈。

【第二場】背景音樂《CD 第三首》，6 秒後旁白開始講話

旁　白：於是隔天巫婆來到了公主家前面。《背景音樂停止》

巫　婆：親愛的公主，有好吃的大蘋果耶，趕快出來嚐一嚐。

公　主：你又要來害我了，這次我不會上你的當。

巫　婆：我說公主啊！這次我可是真心誠意要請你吃好吃的蘋果，別拒人於千里之外嘛！

公　主：真的嗎？真是太謝謝你了。好香的蘋果阿，我好喜歡。

〈咬的聲音〉

公　主：好難過，這蘋果有毒。王子，救我！〈死的聲音〉

背景音樂《CD 第三首》，4 秒後旁白開始說話

旁　白：不久，王子來到了公主的家。　　《背景音樂停止》

王　子：你又死了，喔！呆子公主，你知不知道，我～救你救得很累，你不要再這樣子囉！

旁　白：王子看了看公主身旁的毒蘋果。

王　子：又是毒蘋果惹的禍，我來舔你一下，保證你馬上清醒。

　　　　〈舔的聲音〉

公　主：（漸醒）〈伸懶腰聲音〉王子，我醒了，你可以回去了。

王　子：又……哦，bye！

【第三場】背景音樂《CD 第六首》，8 秒後旁白開始講話

旁　白：隔天當巫婆聽到公主沒死的消息之後，她氣炸了，於是她決定來點較狠的手段。

巫　婆：公主！公主！趕快出來啊，我又有好東西要給你呀！

公　主：我不會再相信你了。

巫　婆：你出來嘛！我真的有一件好的禮物要送給你。

公　主：好吧！《背景音樂停止》

旁　白：公主打開了門。

巫　婆：砍死你～

公　主：啊～

巫　婆：砍死你、砍死你～

公　主：啊～啊～

巫　婆：砍死你、砍死你、砍死你～

公　主：啊～啊～啊～

旁　　白：巫婆拿著開山刀往白雪公主身上猛砍。

巫　　婆：〈喘氣聲〉血、血、好多血啊，〈笑聲〉終於死了喔！
　　　　　毒不死你，我就把你碎屍萬段。我要把你的頭砍斷，
　　　　　把你四肢分解，挖出你的眼珠子，把你的腸子剁碎。
　　　　　〈笑聲〉你死了，你死了。〈笑聲〉
　　　　　背景音樂《CD 第六首》，4 秒後旁白開始講話

旁　　白：王子又來到了公主的家。《背景音樂停止》

王　　子：天啊！我可憐又愚笨的公主。你怎麼又死啦！還死成
　　　　　這樣。噫！還好我有帶針線包。

旁　　白：王子拿起了針線一針一針的把公主的身體縫了回去，
　　　　　她漸漸變回了原來的樣貌。

【第四場】背景音樂《CD 第三首》，8 秒後旁白開始講話

旁　　白：隔天，巫婆聽到白雪公主又被救活的消息。《背景音
　　　　　樂停止》

巫　　婆：oh！my god！你一定要我開戰鬥機嗎？
　　　　　〈戰鬥機聲〉〈房子倒塌〉
　　　　　背景音樂《CD 第三首》，4 秒後旁白開始講話

旁　　白：同樣，王子又來了。《背景音樂停止》

王　　子：〈臺語〉怎麼玩成這樣，腸子在這，啊頭在那，是要
　　　　　怎樣把你救。

旁　　白：王子一邊說著，一邊撿拾公主四散的遺骸。

王　　子：〈臺語〉好像在撿什麼一樣，可以救我就救，如果沒
　　　　　辦法那就沒辦法。

旁　　白：於是王子拿出了強力膠，獨自在黑夜的冷風中摸索著

　　　　一個又一個的屍塊。〈冷風颼颼，骨頭接合〉

【第五場】背景音樂《CD 第九首》，8 秒後旁白開始講話

巫　　婆：什麼，她又沒死呀！可惡，看來我得拿出看家本領
　　　　　了。

旁　　白：說著巫婆就化身為七個小矮人，來到了白雪公主的
　　　　　家。白雪公主傍晚回到了家，她很興奮今天巫婆沒
　　　　　有來害她，很親切的向正在鋪馬路的小矮人打招
　　　　　呼！

公　　主：你好呀！

小矮人-1：看到你不是很好。

公　　主：你真愛說笑。

旁　　白：白雪公主往屋內走去。又看到了其他六個小矮人，
　　　　　一個在炒菜〈炒菜聲〉，一個在餐桌前切水果〈切水
　　　　　果〉，一個在大廳內修理著電燈〈鐵鎚敲釘子的聲
　　　　　音〉，一個在旁邊砍柴〈砍柴聲〉，一個在燒著洗澡
　　　　　水，最後一個在把一條又一條的臘肉用鐵勾掛起
　　　　　來。

小矮人-2：公主，你回來啦！飯菜已經弄好了，你先吃吧！

旁　　白：公主走到了餐桌前，看到了許多豐盛的菜。

公　　主：真的嗎？那我就不客氣囉！咦！這一盤怎麼什麼菜
　　　　　都沒有呀！

小矮人-2：你別急嘛！等一下就有了呀！

公　　主：等一下？喔！

旁　　白：公主坐了下來，夾起第一道菜吃了下去。

公　主：哦～～～這……這菜…有毒。

旁　白：這時一旁切水果的小矮人拿著水果刀往白雪公主的
　　　　心臟刺了下去。

公　主：喔～～

旁　白：接著掛臘肉的小矮人拿起了手中的鐵鉤往白雪公主
　　　　的身後勾了一下，連衣服帶肉整個撕了下來。〈撕布
　　　　的音效〉

公　主：亡～～

旁　白：另外一旁燒著洗澡水的小矮人提了個桶子過來，原
　　　　來他不是在燒水，是在燒油。他一股勁的倒了下
　　　　去。

公　主：痛痛～～

旁　白：接著，砍柴的小矮人一斧頭劈了下來，把白雪公主
　　　　的頭砍斷。

公　主：oh！

旁　白：公主的頭掉了下來，一直滾一直滾〈**頭滾動的聲
　　　　音**〉，滾到了那個空的盤子裏，兩眼都還沒來得及閉
　　　　呢！最後在上頭修理吊燈的小矮人一聲高呼〈**高呼
　　　　音效**〉，砍斷了繩索，坐在上面冷冷的笑著〈**冷笑音
　　　　效**〉，隨著吊燈降落把白雪公主壓得血肉模糊。

小矮人-1：大夥兒，走開走開！

旁　白：在修馬路的小矮人從門口開來了鋪路車，往白雪公
　　　　主的身上碾了過去。一下子，七個小矮人變回了巫
　　　　婆。

　　　　《背景音樂停止》

巫　婆：哈哈哈！這下你變成稀爛了，看你怎麼復活。〈笑
　　　　聲〉

旁　白：巫婆高興地揚長而去，王子騎著白馬趕了過來。

王　子：哼！死巫婆，你以為公主變得稀爛我就沒辦法救
　　　　嗎？太小看我了。

旁　白：王子把地上白雪公主變得糊爛的黏稠物蒐集到碗
　　　　裏，拌著水果汁攪了攪喝了下去，再跑到廁所裏大
　　　　便。然後端詳著自己的大便。

王　子：先從頭開始好了。

旁　白：王子開始捏揉著自己的大便，很快的捏出了白雪公
　　　　主的形像，想不到白雪公主竟然被救活了。

【第六場】背景音樂《CD 第九首》，8 秒後旁白開始講話

旁　白：這一天，巫婆、王子和公主三個人坐在同一張桌子
　　　　上。
　　　　《背景音樂停止》

巫　婆：這樣也能復活？我一定要你死得乾乾淨淨！

王　子　夠了吧！你只要讓我心愛的公主沉睡，由我吻醒
　　　　她，一切就是個結束了啊！

巫　婆：我不要，這個白爛公主從一開始就猛找我的喳，我
　　　　一定要她形神俱滅！〈歇斯底里〉

公　主：我也不要，我不相信宿命，我要用自己的力量得到
　　　　屬於我的幸福。王子，不必求她。她沒辦法將我們
　　　　怎麼樣！

巫　婆：哼……我已經買通你身邊女僕，發現你致命的弱

點，等著下地獄吧！

公　主：少來！虛張聲勢。

巫　婆：你知道阿拉丁有幾個兄弟嗎？

公　主：啊？不知道耶！

巫　婆：三個。

公　主：那三個？

巫　婆：阿拉甲、阿拉乙、阿拉丙。

公　主：什……什麼？好冷喔……〈很害怕的聲音〉

巫　婆：「他走了」，猜一個家具公司的名字。

公　主：走開，我好冷……

巫　婆：答案是 IKEA。（「他去了」的臺語）

公　主：喔……我快失溫了……

王　子：公主，加油呀！現在閉上眼就醒不來了啊！

巫　婆：如果有個花生過馬路被車壓死，它會變成什麼？

公　主：我不要聽……

巫　婆：哈……是花生醬呀！哈……你去死吧！

旁　白：公主果然不支倒地，被冷笑話活活冷死了……

王　子：嗚……公主，你跟那妖婆鬥了那麼久，竟死在這白爛的冷笑話之下……太不值得了啦～～～～～〈要狂喊〉

旁　白：禍不單行，王子也難過得嗝屁了……現在巫婆贏了。

巫　婆：YA～～～終於幹掉那女人了。（Yes、Yes、Yes）I got it～～～！〈叫完靜默 3 秒〉可是，那…以後我要幹嘛呀？

【第七場】背景音樂《CD 第八首》，8 秒後旁白開始講話

旁　　白：：巫婆發現了站在高處的孤獨，頓時失去生存的目標。

　　　　　《背景音樂停止》

巫　　婆：我應該換個跑道重新開始。去找大野狼轉業吧！

旁　　白：一到狼族部落，巫婆就丟出兩大袋的金銀財寶，指名要找狼族長者替她轉業。

巫　　婆：〈臺語〉喂…仙仔替我轉業啦！都帶了兩袋好東西來孝敬你了。

大野狼：〈臺語〉我甘是駕尼喝拜託的狼，看在咱們的友情，兩客鬥牛士加一份 Friday 就行啦！那兩包拿回去，我要吃金條啦！

巫　　婆：好，夠爽快！來吧！

旁　　白：大野狼俐落的吞下巫婆〈咬斷的聲音〉，六天後……

大野狼：我要開拉鍊囉！〈配上「涮」的一聲〉什…什麼！有翅膀的蛋！

蛋（巫婆）：〈臺語〉是我啦！人客算你運氣好，我轉業成為狼族至寶－哇哩咧－猛蛋。這可是讓你們轉業的神物喔！碰了我的蛋白會直接變成新職業，碰到我蛋黃的，還是狼，但可以替自己人轉業喔！再過一會兒，我就會破掉，也就是死掉……我想這是我生前所作所為的報應吧！你們只有這次機會，好好把握吧！

旁　白：後來所有的狼群圍了上來〈大家一起做咆哮聲〉，一
　　　　隻狼走上前去〈咆哮聲〉，緊接而來的蛋破聲〈蛋破
　　　　聲〉。從此以後，再也沒有出現過狼的叫聲。
　　　　背景音樂《CD 第八首》《背景音樂停止》

（黃龍翔等，2002:113~116）

這雖然只是一齣廣播劇（而無法像舞臺劇那樣能夠搬上舞臺去
接受觀眾的考驗），但已經可以看出些許戲仿現實中「轉業
者」的艱苦情狀。而當中所摻雜的一些幻化怪誕的場景（如王
子拯救公主的種種怪招），更使得整齣戲在帶有反影響思維外
另添一絲絲的逆向思維。它的讓狼心的巫婆最後「轉業成功」
的情節安排，多少也會給人寄上一份同情而不再忍心「苛責」
（也就是不只「好人才想轉業」）。而這不啻成就了在現代式創
新和後現代式創新以外的另一種創新嘗試的可供參考的實例。
　　所謂創造性兒童戲劇的寫作方向，大略上就如上面所述。
這種基進求變和現代式創新或後現代式創新的創造性兒童戲劇
的寫作表現，除了形式技巧不及少年小說複雜多變，在題材的
自由選擇和演出的劇場考慮上已經遠超過任何一種敘事性文體
的容受度和需求度。而在「自我滿足」的情況下，它所兼有的
「從意歧出」和「依形衍變」的特性，也同樣是吸引讀者（觀
眾或聽眾）不輟的一大保障；以至勤於寫作這種作品，也就有
著一份更新文化的理想而可以邀得同好「齊力以赴」。

第三節 » 創造性兒童戲劇寫作的教學

　　近似的，從區別兒童戲劇和創造性兒童戲劇的不同到試擬創造性兒童戲劇的寫作方向等，已經逐漸在「下指導棋」了，現在再別出一個「創造性兒童戲劇寫作的教學」課題，也正好可以把相關的問題作一最後的統整性的處理。而縱是如此，所謂的「創造性兒童戲劇寫作的教學」也是擬議的，它也旨在提供創造性兒童戲劇寫作教學的策略（而非實際的教學行動或教學經驗）；同時該課題所蘊涵的教學對象（學習者）也不一定侷限於兒童（它還包括任何有意學習這類寫作的人）。而這所關切的重點，一樣在於如何把創造性兒童戲劇寫作推上踐履的行程，並且還能夠藉由演出或出版來擴大它的效應。

　　這種教學，同樣可以是「躐等式」的，也可以是「漸進式」的。這裏仍然比照前面的作法（詳見第三章第三節），只針對後者來略作說明開展。而相似的，這也得從最基本的戲劇說起。前面說過，戲劇是一個綜合藝術（詳見本章第一節）；而這種綜合藝術，就是從下列幾方面來摶造成就的：

　　首先，戲劇的敘述話語，除了在形式上以對白為主而無緣或不便極力去刻劃人物的性格以及描繪意境和氛圍等背景，其餘都可以比照小說。但因為戲劇要實際面對觀眾而在舞臺演出，所以又有一些小說所不及的地方。所謂「劇作家在創作時，難免得運用戲劇六大要素：主題、情節、對白、語態、人物和景觀，來表達他的意念；他的劇作通常也離不開四種戲劇類型（悲劇、喜劇、通俗劇和鬧劇）或是上述諸類型的綜合

體;而它的風格往往也都是在古典的、寫實的、浪漫的、自然的、印象的、幻象的、史詩的、荒誕的、超現實的……等劇場風格的範圍之內。至於劇本的結構,則可以任意包含下列各項結構要素:說明、刺激點、轉捩點、下降動作、高潮和結局。一旦劇本被搬上舞臺而呈現在觀眾面前時,每一部門的劇場藝術家就得發揮他們所遵循的劇場風格來表現」〔賴特(E.A.Wright),1992:45〕,說的大略就是這個意思。因此,同樣是在敘述故事(或事件),戲劇的「演出」和小說的「道出」就有明顯的不同:「故事有的講出來,有的寫出來,這些叫做敘述的故事,戲劇故事則是表演出來的;或者說戲劇的故事是由演員在舞臺上,當著觀眾表演的一個故事;這跟(小說)口述或是文字書寫是不相同的。並不是所有的故事都可以由演員在舞臺上表演出來,只有某些限制下的故事能夠表演出來,才可以稱之為『戲劇的故事』」(姚一葦,1997:17)。也就是說,戲劇所呈現的故事是有限制的。這種限制,包括下列幾方面:第一是時間的限制:小說的故事本身的長度沒有限制,連故事所經歷的時間也沒有限制(可以從一個人的出生寫起,到童年、成長的過程以及後來種種的遭遇,一直到死亡,斷斷續續的把一生經歷的事件記述下來);但戲劇的故事就不能這樣。戲劇的演出時間是有一定的,以至故事本身的長度就不能隨意調整;同時故事所經歷的時間也有一定的限制,只能在人生的過程中,截取最短的片段或少數幾個片段來表現。第二是空間的限制:小說的敘述方式,在場地的變更上完全沒有限制(例如一個人從桃園中正國際機場搭飛機,到東京、紐約,甚至環遊世界,場地可以隨意變更,不受任何限制);但戲劇就

不一樣了。戲劇是把事件發生的空間直接在舞臺上呈現出來，而舞臺所能呈現的空間有限，所以就不能像小說那樣自由的變換場地。第三是表現媒介的限制：小說的表現媒介是語言（文字），而它在表現上可以自由採用全知觀點、限制觀點和旁知觀點；但戲劇的表現媒介是演員（或說是演員的身體），只合讓事件如此生發出來，而不合像小說那樣可以有的彈性隨意插入作者的觀感、發表議論，或者是加強描寫。以至戲劇大多謹守旁知觀點而讓事件直接在舞臺上呈現（作者為了演出的效果而以夾注方式提示姿態、表情、行動、布景、道具、燈光、音效等等，另當別論），此外就很少用到其他的敘述觀點。第四是情緒效果的限制：小說的故事是提供閱讀的。讀者閱讀小說時，可以坐在家裏，可以採取自己感覺最舒適的方式（或坐或臥）；而一本小說一次讀完或分若干次讀完都可以（即使前面不記得了，也可以隨時翻回去再看一次，將故事連接起來）；同時如果有些不感興趣的地方，還可以略過不看。但觀眾走進劇場看一齣戲，情形就不同了。劇場是一個黑屋子，座位不像家中的舒適稱意；而且看戲時一般是衣著整齊，規矩地坐著。以至戲劇的故事必須一開始就引起觀眾興趣，並且要維持這個興趣到戲劇的終結。也就是說，戲劇本身要對觀眾產生一定的情緒效果，中間不能刪減、中斷，也不能鬆弛；如果讓觀眾一感乏味，他可能隨時離去。第五是幻覺程度的限制：小說的故事同樣要給讀者引起幻覺，但因為它是「道出」的，所引起的幻覺只要讓讀者「激發想像」就行了，於是可以不受限制（上至天堂，下至地獄，甚至巨大的天災人禍，沒有不可以描繪的）。但戲劇的故事就不能這麼處理，它畢竟要受到舞臺的限

制；倘若在舞臺上無法呈現的故事而要勉強呈現，效果就會大打折扣。由此可見，戲劇寫作總是得把「演員、演出場地和觀眾記在心裏」，而不僅僅曉得在「敘寫故事」而已（同上，18~20）。當然，我們在舞臺上所看到的戲劇的演出，「有時候可以融合其他藝術的成分，例如音樂的成分，在流行的音樂劇（或歌劇）中就包括了歌唱、演奏的部分；還有舞蹈的成分，有的戲劇中設計了各種舞蹈的表演；再如美術的成分，像服裝、布景、舞臺的裝飾，有的戲劇是靠這種華麗來吸引觀眾的；還有雕塑的成分，在舞臺上呈現人體美、姿勢美、動作美之類；還有文學的成分，比如文詞的美麗、詞藻的豐富，或是言詞的動態、詩的韻律和節奏等等。比如我國的京劇，就融合了上述各種成分，所謂『有聲必歌，無動不舞』，特別強調唱、唸、做、打」；但我們也必須知道，「音樂的成分是音樂的，舞蹈的成分是舞蹈的，美術、文學、雕塑都各有所屬，嚴格地說，這些不是戲劇的（必要的）成分；它們可以附麗戲劇，來增加、豐富戲劇的美感，但不能夠喧賓奪主」（同上，21）。

其次，為了進一步知道戲劇寫作的「方向」，有關戲劇的類型也得有所了解。這是從有戲劇以來，劇作家有意無意「模塑」而成的，後出的作者正好可以取為參考借鏡。這一部分，有人從戲劇史著手而有底下這樣的分類：「一切戲劇的題材都是描寫人類意志的一種鬥爭。從希臘時代起直到現代為止，一共創造了四種形式。這幾種形式，就它們跟人物意志對抗的勢力的性質而生出區別。戲劇發展的第一型，描寫個人跟命運抗爭，希臘戲劇可為代表（如蘇福克拉斯《伊底帕斯》）……戲

劇發展的第二型，顯示出個人被預定失敗，卻並不為了自己命運的難於抗衡的勢力，而只為了自己的性格襲有某種遺傳的缺陷，莎士比亞的戲劇可為代表（如《哈姆雷特》）……戲劇發展的第三型，顯示個人跟環境抗爭，描寫個人的性格和社會情形之間的劇戰，近代的社會劇可為代表（如易卜生《娜拉》）……戲劇發展的第四型，描寫集團跟集團的鬥爭，這是現代戲劇創作的主要傾向（如高爾基《夜店》）……」（趙如琳，1991:1~20）。這種分類，顯然有很高的「化約」性，還有許多無關「人類意志的鬥爭」的戲劇都會被排除掉（也就是無所繫屬）。一般都不這樣分類，僅依劇作題材或性質而區分為悲劇、喜劇、滑稽劇（鬧劇）、荒誕劇等等。當中悲劇和喜劇各具「統攝性」（也就是其他類型都可以依它們的性質相近，分繫在悲劇和喜劇這兩大類型底下。如荒誕劇歸入悲劇範疇，而滑稽劇歸入喜劇範疇），大家討論得特別多；如「悲劇是偉大詩人（劇作家）運用創造性想像創作出來的藝術品，它明顯是人為的和理想的。悲劇確實常常表現我們在現實生活中見到那種痛苦和災難，但這二者絕不完全一樣。單是痛苦和災難，並不足以構成悲劇。沈船失事並不能使遇害者成為悲劇人物，一般的失戀也絕不能跟羅密歐的痛苦相提並論。純粹的痛苦和災難只有經過藝術的媒介『過濾』之後，才可能成為悲劇。悲劇使我們生活採取『距離化』的觀點。行動和激情都擺脫了尋常實際的聯繫，我們可以以超然的精神，在一定距離之外觀照它們……悲劇情境、人物和情節的異常性質，進一步構成距離化因素。你看到的不再是日常生活中在車站擁擠的卑微人群，也不是在茶館酒肆爭吵賭博的庸眾，而是處在命運轉折點上卓

然不群的英雄，或是在死亡的痛楚中掙扎的無辜的女主人公……最後，所有的偉大悲劇裏都有一種超自然的氣氛，一種非凡的光輝，使它們和現實的人生迥然不同。希臘悲劇和宗教祭禱儀式有關，周圍似乎圍繞著一個神聖的靈光圈。近代悲劇雖然是世俗性質的，卻常常加進一些超自然成分，給自己添上神秘的色彩。戲劇技巧和舞臺裝置更增強這種非現實世界的效果」（朱光潛，1987:245~247）、「喜劇喚起人類惡作劇的本能，並使這種本能得到一種替代性的滿足。在喜劇中，一些人物常常受到其他人物和突變機遇的捉弄，他們往往陷入窘境、困境萬端而不能自拔；然而觀眾對當時的情況卻洞若觀火，並因此而感到愉快和滿足。這種現象的原因不僅可以追溯到惡作劇，而且跟一些曖昧難解的感情有關，例如性虐待狂患者和觀淫癖患者在觀看他人的窘境時所體會到的那種快感。如果某種形勢對劇中的喜劇人物具有威脅性（例如他的自尊心將遭到踐踏，他的舒適生活、愛情及功名等難以保全等），而對觀眾卻不構成威脅，那麼這種形勢就是典型的喜劇形勢。把惡作劇所引起的無害的快感跟性虐待狂患者和觀淫癖患者的滿足混合為一體，這是所有喜劇的共同特徵」（福勒，1987:43）等，所談論的悲劇和喜劇的特徵，可以作為代表。雖然如此，比較兩種戲劇類型，還是悲劇較有可看性（或說較能給人深刻的啟發）；而悲劇所受的評價一向也高於喜劇。這當不只是像亞里斯多德所說的悲劇可以使人的哀憐和恐懼的情緒得到淨化或洗滌（那樣消極）而已（詳見亞里斯多德，1986），它還有像尼采所說的能讓人重新肯定生命的悲劇精神而積極的對人生世界充滿樂觀的希望（詳見尼采，2000）。當然，這都只針對西方

的悲劇而說的；西方人所信守的創造觀，已經命定他們要被「拋擲」到塵世來承受各種苦難。以至正視人生的這種悲劇性並設法從中「解脫」，也就成了西方人所能追求的理想。因此，悲劇的存在，無異「道」出了西方人心中的痛，同時也「激」起了他們的希望和夢想，才會受到他們的重視。反觀中國的悲劇（非西方希臘式的悲劇，參見劉燕萍，1996），不論是精衛填海式的（跟邪惡勢力抗衡到底，如關漢卿《竇娥冤》），還是孔雀東南飛式的（以寧為玉碎而不為瓦全的精神跟現實抗爭，如小說《嬌紅記》和電影《梁山伯與祝英臺》），或是愚公移山式的（一代接著一代跟現實搏鬥，如紀君樣《趙氏孤兒》），都以追求「團圓之趣」為歸宿（參見熊元義，1998：221~223）；這是在氣化觀的前提下，作者自居高明或道德使命感的促使而為人間不平「補憾」的結果（不論是在生前得到補償還是在死後得到補償，人間有的不平都無從逸出去像西方人那樣改向造物主控訴或尋求補救，這是任何一個傳統的中國人「共有的認知」；而作者特能編綴「曲折離奇」的情節以享讀者罷了），實際的苦難還是得勞當事人自我「寬慰化解」而無法別為寄望。不過，這種大團圓的結局，還是可以聊為喚起人對「天理」的一點信心，而不致妄自絕望。因此，如果繼起者要再寫作悲劇，那麼就有中西方兩種悲劇形態可以依循。

再次，戲劇終究是要在舞臺上演出的，它的所有的組成成分以及該成分整體的性質，都得接受舞臺和觀眾的考驗，於是而有「戲劇的結構」問題產生。戲劇的結構，無非是要達到最高的戲劇效果；而這可能因不同的考慮而有不同的結構方式。一般有所謂「敘事性結構」和「劇場性結構」的區分。當中敘

事性結構，是以各種可能的方式來講故事（不論是一個故事還是多個故事、集中緊湊的還是零零碎碎的、順敘的還是倒敘的）。它還可以再分出五個次類型：（一）純戲劇式結構：這種結構保持了戲劇結構的獨自特點，基本上不跟其他樣式混合（如易卜生《玩偶之家》、王爾德《溫得米爾夫人的扇子》、小仲馬《茶花女》等）。（二）史詩式結構：這種結構融合了史詩（史傳式或傳奇式）的結構方式（如莎士比亞《李爾王》和《威尼斯商人》、布萊希特《三分錢歌劇》等）。（三）散文式結構：這種結構迥異於前兩類形式的特徵，它接近於形散神不散、不注重故事情節而講究真實自然、追求情調意境的散文的結構（如霍甫特曼《鐵工們》、契訶夫《海鷗》、高爾基《夜店》等）。（四）詩式結構：這種結構摒棄了一切傳統的影響，既沒有完整的故事情節，也沒有確定的人物性格和連貫的邏輯語言（如尤涅斯可《禿頭歌女》、貝克特《等待果陀》、梅特林克《群盲》等）。（五）電影式結構：這種結構集上述四類結構形式的特點於一身，而統一它們的主要是不受時空限制表現情節的電影蒙太奇手法（場景的跳躍），別具一格（如米勒《推銷員之死》、謝弗《阿瑪迪斯》、黃哲倫《蝴蝶君》等）。至於劇場性結構，則是包含兩層結構：一層也可以寫下來，類似敘事性結構；另一層則是純劇場性的〔所謂純劇場性的，意涵有二：第一，劇場性結構的劇部分（有些有劇本，有些根本沒有定型的劇本），很難作為獨立的故事或文學作品來欣賞；只有在劇場中才能實現它的價值。第二，在演出時常會發現劇作的觀點是不統一的，一定要在跟它相矛盾或相補充的劇場的觀點（或者是導演、演員的，或者是觀眾的）共同作用時才有意

義〕。它也還可以再分出三個次類型：（一）「戲中戲」結構：這種結構中的「戲中戲」是全劇的主要成分，而此戲中的敘事性故事自始至終受一個明顯的劇場性的框架的制約，並且由這個框架的存在而時時暴露出故事和人物的不確定性；但要是撤去這個框架，全劇也就不存在了（如皮蘭德婁《六個尋找作者的劇中人》、日奈《黑人：一個玩笑劇》、魏斯《馬哈／薩德》等）。（二）儀式性結構：這種結構跟戲中戲不同，它的劇本並不複雜（多比傳統的敘事性結構還要簡單），重點是在演出以及跟觀眾參與的關係上（如格洛托夫斯基《忠誠王子》、貝克夫婦《現代樂園》、謝克納《69 年的狄奧尼索斯》等）。（三）社會論壇劇結構：這種結構不但有儀式劇那樣儀式性的觀眾參與，還要讓觀眾帶著理智參加戲劇的創作；不但像某些戲劇一樣激起觀眾思考社會政治問題，還要讓他們當場表達出來、甚至當場採取行動（如伯奧《四川好女人》）（參見孫惠柱，1994）。劇場性結構大體上是由於後出的電影、電視的競爭而發展出來的（敘事性結構中的電影式結構還不足以跟電影、電視「匹敵」）；所謂「既然在講故事這方面難以跟電影電視匹敵，那麼戲劇要想贏得觀眾就必須在講故事以外動腦筋。這樣戲外有戲的結構，請觀眾參與的儀式性結構，以及直接討論現實問題的社會論壇式的戲劇結構等等，就以它們截然不同於電影電視也無法被電影電視複製的特色而受歡迎了」（同上，163），說的就是實在話。

此外，戲劇究竟要採用那一種結構方式以及希望達到什麼效果，在相當程度上也得一併考慮演出的舞臺；正如有人所說的「由劇本到演出，當中過程繁瑣複雜，有些因素事前一定要

考慮周詳；但不到正式在舞臺上面對觀眾發表，誰也無法預測作品的真正風貌」（尹世英，1997:1）。而這由演員、導演以及舞臺設計、服裝設計、燈光設計、音樂家等合作經營而成的舞臺（劇場），到了現代已經發展出鏡框式舞臺（舞臺是在一「鏡框」內，觀眾的位子坐在舞臺的正前方，「鏡框」口裝有布幕，可以遮掩或展示舞臺）、中心舞臺或圓形舞臺（它的表演區在中心，通常是四方形或長方形或圓形，觀眾的座位像排球場一樣地環繞著表演區的四周，打破鏡框式舞臺的觀眾和演員之間的組合）、馬蹄形舞臺（開放式舞臺凸入觀眾席，沒有舞臺邊緣的限制，除了背後的一面牆外，其餘三面都伸向觀眾之中，形成一個開放的空間，比較能跟觀眾打成一片）、伸展式舞臺（結合鏡框式舞臺和馬蹄形舞臺的特徵，觀眾如同馬蹄形舞臺坐成一個寬廣的弧形線，圍繞著這很大的伸展部分的三面，同時可看見前舞臺及後面的橫貫舞臺）和可變性舞臺（利用好幾種形式的舞臺組合，或同時運用，使舞臺變成可變性，由電動升降舞臺隨時改變觀眾和演員之間的關係）等多種舞臺形式（同上，5~21），任何繼起的戲劇結構的定案，多少都得多方參酌，才能免於「事倍功半」（如儀式性結構的戲劇就不大合適在鏡框式舞臺上演出，而史詩式結構的戲劇也不大合適在中心舞臺或圓形舞臺上演出；不然一定不會有好效果）。這雖然無法在此地詳論，但有那麼一點概念，也當足以「觸類旁通」了。有人認為「在電影、電視衝擊面前，戲劇的出路在於強化舞臺藝術的特徵和優勢。觀眾和演員的直接交流或感應是劇場藝術不可代替的優點。因而應該設法縮短觀眾和舞臺之間的距離，以利於加強觀眾和演員之間『活的交流』。強化舞臺

藝術的優勢，可以有各種不同的辦法。有時可以加強舞臺的立體感和實感；這是讓舞臺的『實』勝電影、電視屏幕的『虛』。有時則可以充分發揮舞臺假定性的特點；讓假定性時空中的巧妙表演和抽象化或裝飾性舞臺場景引起觀眾想像的樂趣，這是讓舞臺的『虛』勝電影、電視屏幕的『實』。只要我們下功夫進行研究和實踐，舞臺藝術的革新是大有作為的」（葉長海，1991:8）。這又是另外一個問題（要強化舞臺藝術，所涉及的已經不只是戲劇，還有許多科技專業，這顯然不是我個人所能置喙）；但它同樣是為戲劇的「前途」而發，仍然值得我們三思。

由於戲劇要直接面對觀眾來考驗它的成效，而觀眾的身分和品味又不確定，以至就無法像其他敘事性文體那樣「硬性」要求它表現普遍而深刻的情感（其他敘事性文體還可以跨越時空去「尋求」知音；而戲劇一旦無法激起觀眾的熱情而加以「賞愛」，就等於宣布了它的死刑）。因此，倘若說普遍而深刻的情感仍是必要的「理想」，那麼在戲劇方面還得有其他非文學條件的配合（如演員、導演、舞臺和觀眾等等），才能要求「成功」。以國人所仿效西方戲劇而寫成的作品來說，馬森的《弱者》有意要去探索舊傳統和現代生活方式的矛盾、衝突（詳見馬森，1996:94~115）以及紀蔚然的《也無風也無雨》極力要去揭發現代社會中家庭的崩解（詳見紀蔚然，1998）等，都能顯現作者高度的人文關懷，也理當對現代人有相當程度的「警醒」作用；但不知道它們實際在舞臺上演出的效果如何。如果觀眾難以領會或乾脆拒絕觀看這類「沈悶」的戲劇，也就不知道作者為何要藉它們來寄託「微言大義」了（改用小說，

或許「效果」會好一點）（參見周慶華，2001:195~204）。本章
第一節所說的「戲劇能夠『附麗』式的發展，以及實際跟舞
臺、演員和觀眾多方結合的特性，使得它在『組織龐大』上永
遠要保持領先地位」，到這裏總算可以窺得全豹；而它所不及
小說的有關形式技巧的複雜性，也終於得有機會加以分辨了。

　　漸進式的創造性兒童戲劇寫作的教學，也約略就是從上述
這些「基本」環節指導起的。當中跟一般敘事性文體相通的所
具有的事件的構設和情節的安排以及自我獨具看好的劇場要素
等等，也得讓它固定為一種常識性的條件；至於無妨也把它當
作高度審美要求的「普遍而深刻的情感」部分，也轉由基進創
新「奇特的情感」來充當（而現代式創新和後現代式創新等相
關的考慮，則可以依違在這兩端之間）。換句話說，在一般敘
事性文體裏可以蘊涵「普遍而深刻的情感」為進取標準，而在
創造性兒童戲劇裏則改以基進創新「奇特的情感」為終極歸趨
（同樣的，所謂的基進創新「奇特的情感」也仍然是以「超常
態」或「反常態」的策略來徵候或逼近那「普遍而深刻的情
感」的）。

　　至於實際的教學，也由於受到創造性兒童戲劇的劇場需求
複雜、作者重組和添補經驗的時間不定以及刺激源不必立即見
效等因素的影響，所以所提過的講述法、自然過程法、環境
法、個別化法等等也都可以看情況「單取」或「變換」為用。
當中在第三章第三節所擬議的有關「環境法的運用，在教學者
提供範例後，還可以搭配閱讀教學法中的討論法來讓學習者分
組討論寫作的方向。如果是以講述法為主，那麼這一寫作的方
向在教學者的講解示範（提示範例）裏，不妨將範圍『確切』

化（以免學習者盲目的摸索）」，這在創造性兒童戲劇寫作的教學上也依舊適用；此外，如果有必要也還可以搭配閱讀教學法中的探究法（詳見第二章第三節），讓學習者主動去摭拾或創發各種可用的事件而予以裁奪編綴成篇。倘若還有可以再補充的，那麼大概就是有關創造性兒童戲劇在「成形」的過程中，也得把導演或指導者一起考慮進來。這可以說是「事涉多端」〔參見伊拉姆（K.Elam），1998；摩根（N.Morgan）等，1999；史波琳（V.Soplin），1998；黃美序，1986；黃文進等，1986〕，本來不是這有限的篇幅能夠交代清楚的；但為了讓整個的「一體」感得有呈現的機會，這裏還是稍作舉例說明。有人認為在指導兒童演出戲劇時，得包含開場白、故事或詩的引介、計劃表演活動、演出活動、檢討等五個程序：

〔**開場白**〕通常開場白能提供孩子們想要聽下面的故事或詩的一個主動力。它的目的是藉著集中孩子們的注意力，幫助他們把自己的親身經驗或想法連串到故事或詩中。有時我們可以用問答的方式，或者結合討論和活動的方式，來幫助孩子體認故事的內涵。

〔**故事或詩的引介**〕把故事或詩介紹給孩子，最好的方式，是把它講出來，而不是讀出來。把故事「講」給孩子們聽，能讓你和孩子們增加視線上的接觸；而且故事聽起來會比較生動活發。在說故事前，老師可以特別要求孩子們注意聆聽故事中的某些部分。譬如說：「你在聽故事的時候，看看能否發現那個人物會和你一樣，經歷這種『駭怕』的感覺？」或「聽聽看，這個故事中有多少種動

物？」

〔**計劃表演活動**〕聽完故事後，老師和小朋友們可以開始
計劃怎樣演出故事中的片段。老師可以開始提出問題。問
題可能集中在當中的一個人物的身上（譬如說在「三隻比
利山羊」中的巨人）。而所問的內容完全依據課程的目標
再決定它的詢問的方向。有些問題可能跟當中人物的長像
有關，但也有些問題可能問及當中人物的講話方式。最重
要的是詢問孩子們對某個人物在一些情況下的情緒反應。
譬如：「當比利山羊聽到大巨人出現的時候，會有什麼感
覺？你會有什麼樣的感覺？」不論人物是真實的或是虛構
的，經由同理心所產生的情感能把人和人聯結在一起。有
時候，在故事中遇到打鬥或肢體衝突的部分，很能理解
的。老師們對於這種情況避之唯恐不及。其實，在這種情
況下，我們可以設立一項規定：「不能碰」。在「打鬥」的
情節中，這項規定對孩子而言，是個極吸引人的挑戰。老
師適時地提出一些問題，是對這種情況有所助益。譬如：
「我們要怎麼做才能讓鱷魚不碰到猴子，但卻能表演出猴
子被鱷魚吃掉的情況？」或者「我們能否不碰到別人，卻
能讓人家知道我們正在打鬥？」然後找幾個學生示範演出
他們的想法。通常老師們會事先決定，有多少的學生能在
適當的時機作即興的演出。但通常大多數的孩子都希望能
扮演幾個主要的角色。所以如果能安排一種情況，讓每一
個人都有嘗試這份經驗的機會，會是個很好的主意。譬如
說，讓所有的孩子同時試演同一個特殊的角色；或者讓一
半的學生輪流演出。稍後再配給孩子們不同的角色，讓他

們演出一小段或整個故事。老師自己必須決定在整個戲劇
過程，你所必須做的事是什麼？有三種可能性：第一種可
能性是你需要提供「側面口頭指導」。也就是說，在學生
的默劇活動中，老們們在側面提示或做出建議性的動作，
當中不用打斷學生們的動作，他們可以邊聽邊做。第二種
可能性是經由「角色扮演」來幫助孩子把整個故事演完。
譬如：老師可能選擇扮演巫婆、大頭目或者巨人、國王等
（像這類已有權威性的人物），你能利用這種有特權的角
色，提出問題，藉以刺激孩子們演出時的動作的反應。不
由分說，孩子們最喜愛老師在他們的演出中軋上一角。第
三種可能性就是老師只站在一邊，單單作個好觀眾，欣賞
孩子的演出。

〔演出活動〕在計劃之後，孩子已經為演出作了充分的準
備。大家應該各就各位，而且保持安靜。等大家都安靜下
來後，聽老師的指示而開始進行演出活動。「開幕」是表
示開始和結束的常用訊號。

〔檢討〕檢討的工作在整個創作戲劇的過程中是很重要的
一環。孩子會很想分享他們演出後的經驗，而且老師也可
以藉這個機會來加強該課程的特殊教學目標。舉例來說，
如果該課程教學目標是「清楚地傳達默劇動作」，那麼課
後所討論的問題就可能如下：「你怎麼知道他們在海灘玩
耍？你看到些什麼？」或「你剛剛怎麼知道小比利山羊很
駭怕？」小孩子們也可以建議要怎麼樣才能把它演的更
好。這類為增進演出效果所問的問題，也很恰當。譬如：
「山羊們要怎麼做才能表現出他們很餓的樣子？」或「我

們應該怎樣改進，讓這個『打鬥』的部分更精彩刺激？」
（莎里斯貝莉，2000:14~17）

這不論是否為此地所強調的創造性兒童戲劇所實際需求，都難
以否認它有存在的必要性。也就是說，「導戲」是戲劇演出成
敗的一大關鍵，創造性兒童戲劇在成形的過程中也得將它涵蓋
並予以必要的「安置」（可以在撰寫劇本時就先行預設導演或
指導者「發揮」的空間）。而這在相關的教學中，就不好忽略
而讓創造性兒童戲劇「徒有劇本」（而不知要如何「接下去」
具體演出）。至於這種創造性兒童戲劇的尋求演出或出版的問
題，同樣的也會因為它的「強樹異幟」而諒不至全無機會才有
公道。

第九章
創造性網路文學寫作教學

第一節》網路文學與創造性網路文學

　　最後要談的是有關創造性網路文學寫作教學的部分。相仿的，這依理也得有從網路文學到創造性網路文學及其相關的寫作方向和寫作教學等序列的討論進程。當中「從網路文學到創造性網路文學」也是一個關鍵；它所要解決的是有關創造性網路文學和一般性網路文學的「差異」創新課題。而這更根本的也是網路文學及其所從來的因緣問題：如果也以現實經驗和文獻考察為準，那麼就可以這麼推斷「既有」的網路文學有底下這樣的一段形成歷程：

　　一般所說的網路文學，都不離網際網路這一最新的電腦科技；但有關它的實質界定卻難有一致的標準。如李順興所主持的《歧路花園》網站所給網路文學的定義是這樣的：「網路文學，或稱電子文學。根據目前的流行看法，可以大略分為兩種：一是將傳統『平面印刷』文學作品數位化，而後發表於 www 網站或張貼於 BBS 文學創作版上；二是指含有『非平面印刷』成分並以數位方式發表的新型文學，學術上慣稱超文本文學。非平面印刷成分的明顯例子包括動態影像或文字、超鏈結設計、互動式讀寫功能等。由於這些新元素的加入，擴張了

文學創作的表現形式，同時也催生了新的美學向度。基本上，第一類網路文學只是把網際網路當作純粹的發表媒介；而第二類則進一步將網路當作創作媒介，把諸多網路功能轉化為創作工具」（http://benz.nchu.edu.tw/~garden/a-def.htm）。這把凡是在網路出現的文學都稱作網路文學，就會引發不同的看法（詳見林淇瀁，2001；元培科技學院國文組主編，2002）。因為李氏所說的第一類文學，只是把文學作品數位化而藉網路來傳播而已，它跟一般所見的文學形態並沒有什麼「質」上的不同（它在網路上發表後，還可以轉由平面印刷出版）。剩下來只有第二類文學才有自己的特色；它利用了網路或電腦所有的媒體特質創作數位化的作品以達多元的互動效果（這就無法轉由平面印刷出版）（參見周慶華，2004a:331~332）。即使是這樣，仍然有人認為網路文學的命名太過狹隘（不足以用來指稱或統括相關的作品）；理由是「一方面，早在網路暢行以前，現代詩的作者就已經運用／模仿數位語言形式進行前衛書寫，他們的努力和啟發性不容忽略；二方面，網路是新形態的傳播工具，在文學論述上一般不會以媒介名稱視為一種特殊文類或文體，所以從來沒有『電視文學』、『書籍文學』等概念存在，尤其利用電子布告欄系統者所傳布的詩文絕大多數是文字形式者，跟平面媒體出現者並沒有太大差別，它在文學史上重要的意涵應當在於虛擬文學社群的建構上，尚難稱為一種新文類；三方面，目前出現在全球資訊網上含有非平面印刷成分並以數位方式發表的文學作品，事實上不見得只能在網路上展現，同樣可以光碟出版或以離線電腦陳列，以網路文學稱之似乎過於狹隘；四方面，在網際網路出現前，教育工學的領域內，早已提

出『多媒體』的概念，企圖描述一種電腦驅動的互動溝通系統，用以製作、儲存、傳遞和檢索文字、圖形以及聲音的資訊網。目前多數人所稱的網路文學，其實是順應網際網路風潮之下，以新的、強勢的傳播媒體又取代了『多媒體』概念，用以命名，實際上很難以『網路』涵蓋全數的數位科技形式。雖然有論述者認為，網路文學一詞中的網路傾向於指 network 的概念，也不排除它指稱將 network 概念具體化的工具，如網際網路、單機內的資料庫等，不必將網路視為必須向外連線的開放型網路；但這種說法的周延性似有不足」（須文蔚，2003:23~24）。類似上述這種稱名／實質上的爭論，基本上沒有辦法化解；只能說「隨人所好」。不過，為了方便論說，這裏還是要保留網路文學的名稱，並且以利用網路或電腦所有的媒體特質創（寫）作數位化的文學作品作為它的實質內涵（這樣就可以暫且把僅將文學作品數位化處理而藉網路傳播卻沒有自己的特色那一種情況排除在外）。

由於網路文學主要是靠網路傳播而得名，而它在謹守「創作數位化的文學作品」的原則下，所能夠達致的最大的特徵就是跨文本的鏈結，以至網路文學又可以不成文的限定它為超文本文學或多向文本文學。當中超文本或多向文本的成形，已經不是傳統的單一文本（或書面文本）所能比擬：「超文本的展現形式應當可以算是網路不同於一般紙本敘述的精髓所在。這為 Ted Nelson 在（二〇世紀）六〇年代創造的觀念詞，意指一個沒有連續性的書寫系統，文本枝散而連線串起，讀者可以隨意讀取。在這種敘述的結構安排下，讀者並非跟從單線而循序漸進的思考方式閱讀，語意因而斷裂，曲徑通幽，柳暗花明，

讀者可以從一個語境跳連到另一個語境。超文本在敘述上的革命性貢獻，對網路小說、劇本甚至詩的創作都產生了巨大的影響」（撮自曹志漣，1998）、「多向文本真正地實現了作品不再是單向封閉系統的說法，它可以做成道道地地、貨真價實的寫式文本。多向文本要求一個主動積極的讀者，多向文本泯滅了作者和讀者之間的區別。多向文本是流動的、多樣的、變化的，它既不固定又不單一。多向文本無始、無終、無中心、無邊緣、無內外。它又是多中心、無限中心、無限大。多向文本是網狀式的文本，無垠、無涯，是合作式的文本，是沒有那大寫作者的文本，是人人都是作者的文本」（鄭明萱，1997:59）。所謂的網路文學，也就在這一超文本化或多向文本化的氛圍下而開始要獨闢蹊徑了。然而，過去的文學界定都離不開要有所「表意」的範疇（不論是抒情性文體的「以情隱事」或敘事性文體的「以事寓情」），現在網路文學要讓該表意無限衍化而卻還要自稱為「文學」，這就有點弔詭了。換句話說，凡是超文本化或多向文本化的東西，已經無法保有單一文本的表意形態（雖然有後現代文學在具體實踐中能夠表現仿似卻是有限度的文本互涉或意符追蹤遊戲現象以及單一文本也可以作多重的解讀等），而它的形式和意義的徹底開放性（這比後現代文學在紙面所嘗試的來說才是真正的全方位開放）也等於宣告了學科界線的泯滅；在這種情況下，就沒有理由宣稱自己還是一種文學了。

　　向來積極於建構網路文學（或數位文學）理論的人，似乎都沒有察覺到這個「嚴重」的問題而仍一逕的說東道西（這又是另一種弔詭）；以至網路文學真正的定位才剛要開始（而不

是已經完成了）。依我個人的看法，有關這個問題的解決，原則上是要採取「展望新義」的方式來進行。也就是說，我們可以特許一種「另類」的文學觀；這種文學觀在保有既定的相當的「藝術存有」成分之餘（有關文學的藝術存有性問題，參見周慶華，2004a），還可以容許它「無盡的衍繹」。這樣所謂的網路文學，就是一邊超文本化或多向文本化一邊保留相當程度的比喻或象徵等表達手法，從而樹立起一種新的文學類型。這種新的文學類型，原可以（也應該）打破現有的文體樊籬（也就是不分抒情性文體或敘事性文體），但實踐者還無力或還無心跨過這個界線；以至目前所見的實驗性作品都停留在「網路詩」和「網路小說」等兩大類型分立的階段（此外，還有網路戲劇；但數量少，可以不計）。換句話說，目前所見的網路文學依舊沒有突破文體的區隔規範，而所成就的作品就只能稱它為「網路詩」和「網路小說」。但因為它的超文本化或多向文本化已經要成為趨勢，所以在既有的文體類型的區分體系中只好以「旁掛」的方式處理（詳見第二章第一節）。

　　所謂的網路文學，大抵就如上面所述。但在此地還要特指隸屬兒童的網路文學；至於它不直接稱為「兒童網路文學」是為避免詞語繁述以及為保留網路文學可以有的獨特性（也就是當它超文本化或多向文本化後，就一起泯除了作者或讀者的階層區隔）。因此，為網路文學所加的「兒童」這個限制詞，就純是權宜性的，它隨時有「逸離」的可能性。而如果還是不能免俗的要比照前面幾種類型的說法，那麼這也可以說在以「兒童所能理解的文學」或「大人所認為兒童所能理解的文學」作為兒童文學的定義下（見第二章第一節），網路文學自然就是

指兒童所能理解的網路文學（雖然它少了主詞兒童）。這種兒童所能理解的網路文學，在進一步的辨認中不論能否得著十足或有力的保證（也就是是否切合兒童經驗），它也都要保留一個可以差異創新的空間，才能顯示網路文學作為一種文類的形塑力；而這種形塑力也就是網路文學從「一般性的」過渡到「創造性的」一大保障。這樣的理路，無非也是在表明：如果以一種常態性的意涵來限定網路文學，那麼凡是越能夠超常態性或反常態性的表現的就越有差異創新的可能性；而這種可能性一旦成形了，網路文學這一文類就越見它的可塑性及其在「推移變遷」或「改造修飾」語言世界上的意義。

相近的，由於網路文學的超文本化或多向文本化而不再是過去任何單一文本的觀念所能約束，所以它的「空前開放」性也就成了轉移大家注意力的一大誘因。而就因著網路文學有這一「空前開放」性，以至一樣由基進作為在最終所保證的創造性網路文學的超常態性或反常態性就更可以同時顯現在「意涵」和「形式」上。換句話說，網路文學的空前開放性已經意示了它不再有任何單一文本所會有的限制而更可以肆無忌憚的跨文本變化形式和意涵來顯示它的審美創新效果（可以讓人一再的耽溺玩味）；於是現代式的創新或後現代式的創新也就可以一併帶進來「參與戲耍」。而近似的，相關的論說倘若不能為它「展衍新意」或別為「開疆闢土」，那麼自然就會減低它的可看性而我們理當也可以不再予以理會。

第二節 » 創造性網路文學的寫作方向

有關網路文學的「意涵」和「形式」的跨文本變化及其所內蘊「兒童」的限制詞，也使得創造性網路文學的寫作得有所謂的「著力點」（這時它已經不再是用「寫作」而是用「鍵入」了；但為了維持一貫的用詞，還是姑且用「寫作」一詞，不然改稱「創作」也行），而這就是我們所能夠據為展望這類寫作的一大契機。至於具體的方向，則以前節所提示的跨文本式的基進創新（並收攝現代式創新和後現代式創新）為指標。這個指標從網路文學的意涵變化或形式變化著眼，而以融會造象觀、語言遊戲觀和反影響思維或逆向思維而為超文本化或多向文本化來「構連」作品。現在就稍微舉例來標立這一跨文本式的基進創新的創造性網路文學的可能樣態。

可以這麼說，當今跟兒童有關的網路文學基本上都還沒有「開張」，更遑論跨文本式的基進創新取向了。因此，這只能從一般已成格局的網路文學創作來比擬想像，以便可以接著在兒童文學園地看到另一片綠意。雖然如此，現有的一般的網路文學，在超文本化或多向文本化上並不徹底。如底下這一常被譽為是開跨文本鏈結風氣之先的詩作：

超情書　　代橘

Dear:
　　早上醒來時把愛情乾癟的屍體放入信封
　　傻孩子，你定猜不到

我翻遍多少塊皮膚才終於聞見
腐臭
然後我用我們的拖鞋撲打牠
愛情長得真像魚
羞澀地游到東邊
又游回西邊繼續手淫
偷偷地告訴你，傻孩子
其實就在上半身與下半身交界的地方
我擊中牠

當然我非得擊中牠然後把屍體寄給你
傻孩子，你定無法想像
早上醒來時愛情發黴的模樣
我用微波爐烤乾一群
像溫柔那麼溫柔的
分泌物
接著吃完了生的一半
一半熟的則打算給你
且我稍稍描述一下，傻孩子
很衛生
與你的眼眶比較起來
還很腥紅

還有薄荷的味道
傻孩子，你定不知

愛情像黏貼在小腹的脂肪

一放在結婚證書這張占板上就極度不快

如果早上醒來時你有一個飽滿的子宮

我感到憂慮

可是你不喜歡等待

我不喜歡教堂

戒指有肉的氣息，傻孩子

合法的

使你發福

或者擁抱一張血淋淋的占板

於是早上醒來時就把屍體放入信封

傻孩子，你定會感到有趣的。謹此

祝福你

在赤裸親蜜的生理期

莫要掄起破碎的貞操帶

踐踏祝福

豐腴蒼白的小腿敬上

P.S.

愛

別傻了好嗎？

（http://www.elea.idv.tw/POEM/hypertext/Ehyp01.htm）

這初看跟一般平面媒體的詩作無異，但它卻有一個鏈結

網。也就是說，它在網路上呈現時，有些字詞是可以在點選中作跨文本的鏈結。如第一段第五行的「拖鞋」就可以點選。點選後，就能進入另一個子畫面／目錄：

◎拖鞋
我們在屈臣式買的拖鞋
除了窩生黴菌與臭味
而且小狗已經咬走我的左腳
其他尚稱完好
我打算在下個星期
搭乘我的右腳
尋找下一雙

又如第一段第十行的「上半身與下半身交界」也可以點選進入：

◎上半身與下半身交界
我們曾經一度沉迷在上半身與下半身交界的地方
那裏　從來沒有白天
總是住著一群喜歡唱歌的魔鬼
圍繞在裝著火堆的汽油桶旁邊歌唱

就在上半身與下半身交界的地方
那裏　從來都是寒冷的
偶爾經過的幾頭不知名的獸

牠們有已經結凍的藍色眼睛

上半身與下半身的交界
那裏　是從來就無法被救贖的

又如第二段第三行的「發黴」也可以點選進入：

◎發黴
發黴　生鏽　感到非常疲倦
許多個你　或者是我
在窗前呆坐等待對方下班的下午
因為下了很久的雨的緣故
腐朽　發臭　缺乏共同的話題
做完愛後習慣性點一根菸
無數個沈默茫然的天花板

然後
整個世界一起潰爛

又如第二段第十行的「衛生」也可以點選進入：

◎衛生
衛生＝乾淨
衛生＝吃過午飯後睡個午覺
衛生＝小鎮裏浮著藥味與咳嗽聲的破舊診所

衛生＝「　　」

衛生〉＝我
衛生〈＝你

又如第三段第四行的「占」也可以點選進入：

◎占
敬告讀者
這是一個錯字

又如第三段第八行的「教堂」也可以點選進入：

◎教堂
我不喜歡教堂
教堂允許我們生小孩
卻不准我們做愛

很顯然這有超鏈結的「企圖」，卻沒有超鏈結的「事實」。也就是說，這個鏈結網是封閉式的而不是理該有的開放式的。這種所得期待的開放式的鏈結網，當不是像論述者所說的還可以「鏈結到其他文類、其他媒體、其他作者、甚至不斷延伸個別作品的可能性，而形成有如『文字的歧路花園』一般」而已（詳見廖咸浩，1998），它還得開放空間讓讀者也能夠參與創作而使得徹底超文本化或多向文本化的情況再進一層的泯除「書

寫」和「閱讀」的界線；否則，只是有限度的單方的鏈結，所有書寫和閱讀的成規都會被召喚回來而抵銷了跨文本式的基進創新的用意。

　　所謂的網路詩是這樣，還沒有討論的網路小說自然也不例外。但後者從目前的實驗來看，仍然也不怎麼「樂觀」：「在西方數位多向小說創作中，也累積了許多可觀的作品；或如引進互動模式的集體創作也頗有可觀之作，在具體實現了解構理論對『文本』的各種假設。可是臺灣的數位多向小說，除了曹志漣的《某代風流》繳出了亮眼的成績，迄今網路小說或散文的互動設計，一直沒有貼著多向小說的本質來思考，是目前網路小說或散文創作上最貧弱的一環」（須文蔚，2003:94~95）。其實，文中所提到的西方網路小說的情況，也不盡能夠全方位的開放（也就是說，它的讀者互動有了，但超鏈結卻延宕了，整體說來還是有缺憾），所有相關的創作還有待突破「困境」。而本脈絡所說的兒童版的創造性網路文學，理當也要從這裏汲取經驗，以空前的超文本化或多向文本化來自綰另一波趨新的情懷。

　　所謂創造性網路文學的寫作方向，整體上就如上面所述。這種跨文本式的基進求變並收攝現代式創新或後現代式創新的創造性網路文學的寫作表現，除了還保有一點基本的文學的藝術存有性（不然就得連文學也一併取消），其餘都要開放給可能的文本構連和讀者互動。而它所兼有的不設限的「從意歧出」和「依形衍變」的特性，也形同是邀請有心人來「大開眼界」的最大憑藉；以至勤於創作這種作品，也就有著再度重開文化版圖的雅意而可以廣邀同好來「共襄盛舉」。

第三節 » 創造性網路文學寫作的教學

　　相仿的，從區別網路文學和創造性網路文學的不同到試擬創造性網路文學的寫作方向等，已經逐漸在「下指導棋」了，現在再別出一個「創造性網路文學寫作的教學」課題，也正好可以把相關的問題作一最後的統整性的處理。而雖然如此，所謂的「創造性網路文學寫作的教學」也是擬議的，它也旨在提供創造性網路文學寫作教學的策略（而非實際的教學行動或教學經驗）；同時該課題所蘊涵的教學對象（學習者）也不一定侷限於兒童（它還包括任何有意學習這類寫作的人）。而這所關切的重點，同樣在於如何把創造性網路文學寫作推上踐履的行程，並且還能夠藉由線上發表來擴大它的效應。

　　這種教學，一樣可以是「躐等式」的，也可以是「漸進式」的。這裏仍然比照前面的作法（詳見第三章第三節），只針對後者來略作說明開展。而相似的，這也得從最基本的網路文學說起。根據前面所述，網路文學的成形完全是網際網路的發明所賜（詳見本章第一節）。而所謂網際網路，是指電腦和網路結合為全球性而沒有中央控管的新傳播媒體〔參見米契爾（J.Mitchell），1998:230〕。它原先是「美國國防部先進研究計劃局技術戰士的大膽想像計劃。它源於 1960 年代，為防止蘇聯在核子大戰時佔領和破壞美國的傳播網。在某個程度上，它是種毛主義戰略的電子對等物，以在廣大領土中散布游擊力量，對抗敵人可能有的場域多樣性和知識。如同發明者所期待的，它的結果為一種網路結構，無法由任何中心所控制，而是

由成千上萬的自主性電腦網路組成，它在各個電子障礙中，可以無數的方式相連接。最終，由美國國防部設立了普奧網路，成為成千電腦網路的全球水平傳播網路的基礎，全球各地的個人和群體，各就他們的目的使用網路，而離開了已過去的冷戰考量」〔柯司特（M.Castells），1998:7〕。這被認為是繼現代社會科學後的一大改變，「現代社會科學崛起於工業秩序創造的巨變中，它來自封建社會的廢墟。然而，世紀末的今天，巨變再度降臨。資訊時代的特徵正在於網路社會，它以全球經濟為力量，徹底動搖了以固定空間領域為基礎的國族國家或任何組織的形式」（同上，譯序 XVI）。這種改變，產生了廣大的虛擬社群，也確立了資訊時代的全球化趨勢；並且因為網路的「具有通達全球、並能整合所有傳播媒體及其潛在的互動性等特性，而正在改變著、且將永遠地改變我們的文化」（同上，335）。而在這個新的資訊環境中，已經可以看到一些有關人事的頻密的交錯更迭現象：首先是廣泛的社會和文化分歧，導至使用者／觀看者／讀者／聽眾之間的區隔。信息不僅在傳播者的策略下被市場所區隔，也被媒體使用者自身的利益及其從互動中獲取的優勢而日益分化。其次是使用者的日益階層化。不僅選擇多媒體被限制於那些有閑有錢的人以及有足夠市場資本的國家和地區；文化教育的差異，也造成使用者能否經由互動性使用獲益的決定性因素。多媒體的世界，將主要分成「主動的」和「被動的」兩種人口。再次是在同一個體系裏所有被傳播的信息，即使是互動的、有所選擇的，也都會導至所有信息被整合到一種共同的認知模式之中。媒介之間彼此借用符碼，並且因而模糊了自己的符碼，在不同意義的隨機混合中創造出

了多面相的語義脈絡。最後是多媒體以它的多樣性捕捉了它所在的場域中絕大多數的文化表現。它們終結了視聽媒體和印刷媒體、大眾文化和知性文化、娛樂和資訊以及教育和信仰之間的分離乃至區別（同上，381~382）。所謂網路「將永遠地改變我們的文化」，終將不再是一句虛擬的話。而寫作這件成就文化的工作，自然也得在這個網路社會中一再的遭受衝擊和挑戰。

一些凜於網路社會威力的作者，已經緊緊的在「擁抱」這一或許真能改變命運的機會，而紛紛以一種新的寫作身分出現。具體的創作成果，在網路詩方面，已經有所謂的「新具體詩」（結合文書排版、繪畫、攝影和電腦合成的技術，強調出視覺引發詩的思考）、「多向詩」（詩文本利用超鏈結串起來，讀者可以隨意讀取）、「多媒體詩」（網路詩整合文字、圖形、動畫、聲音等多重媒體，使它接近影視媒體的創作文本、「互動詩」（網路詩的寫作配合程式語言，如利用 CGI 或 JAVA，文本就不僅具有展示功能，它還具有互動性，可以讓讀者參與寫作的行列，形成寫作接龍的遊戲）等類型可以歸納和指稱（參見須文蔚，2003:53~58）。近年更有 FLASH 新軟體的出現，使得多向文本的鏈結方式又跨進了一大步：「過去網路文學工作者利用 HTML 或 ASP 語言、動畫或 JAVA 等程式語言為基礎，創作出新形態的『網路文學』作品。一般常見的創作方法多半是利用 Photoshop、Photoimpact 等繪圖軟體，以類似做卡通的模式，依照文字和圖案動態變化的順序做出一系列圖片；但通常這類作品變化較少，且有『體積龐大』、佔據頻寬、閱讀速度緩慢以及缺乏聲音和互動效果等缺點。再不然多半是改寫既有的 Java Scrip，或是利用現成的 Java applet（一

種程式），將文字和影像以動態特效形式呈現出來，透過參數
改變，形式能進一步呈現些許變化……（但）這一類作法受限
於內部程式的設定，以創新角度來看，拷貝的人如果沒有進一
步添入巧妙應用或相互輝映的內容，有時不免讓讀者感覺好像
是盜用、甚至是濫用。而 FLASH 這個套裝軟體出現，提供製
作動畫網頁一個新利器，成品不但檔案小、傳輸快、影音可以
合一；特別是在 1999 年底 Macromedia 推出 Flash 4.0 版，強
化了多向鏈結的功能，讓創作者把文學作品轉化成影音動畫、
動態互動作品、甚至遊戲都不成問題」（同上，275）。而在網
路小說方面，原應有「在電腦的多向文本普及之後，小說採取
接龍、集體創作和多向小說的嘗試……此外，在數位多向小說
的創作上，跨媒體互文的現象更是錯綜複雜：一方面，作者透
過多向文本科技的協助，串連或發展枝散和分歧的情節。二方
面，作者也以跨媒體互文的形式，將傳統小說中無法展現的聲
音、圖象、影片和動畫，以一種嶄新的架構建立出相關性的鏈
結。三方面，小說家不僅將更多存在視覺或聽覺的符碼納入小
說中，也經常回過頭去借鑑二〇世紀七〇年代開始就廣為後現
代小說家應用的隨機、片段、混亂、不確定的文本結構規則，
讓文本中存在多重敘述、重複、增殖、排比、戲仿等形式，形
成數位多向小說繁複的跨媒體互文現象」（同上，86~87）這類
的表現，但實際上成績卻不高（尤其是臺灣的情況）。雖然如
此，它仍不妨暫時作為網路小說的進程式標竿。但不論如何，
網路詩和網路小說一旦徹底脫離單一文本的範疇，它們就不再
受到尋常表意的方式的制約。換句話說，前面所提過各種文體
類型幾乎都以蘊涵「普遍而深刻的情感」為最高審美要求，而

這在網路詩和網路小說方面就無法再以它來強為準繩。

漸進式的創造性網路文學寫作的教學，也約略就是從上述這些「基本」環節指導起的。當中跟一般抒情性文體相通的所具有的意象的安置和韻律的經營以及跟一般敘事性文體相通的所具有的事件的構設和情節的安排等等，也得讓它固定為一種常識性的條件而在超文本化或多向文本化的過程中予以「個別」的必要的安置；至於可以當作單一文本的高度審美要求的「普遍而深刻的情感」部分，也轉由跨文本式的基進創新「奇特的情感」來充當（而現代式創新和後現代式創新等相關的考慮，則可以「隨機」依違在這兩端之間）。換句話說，在一般抒情性文體和敘事性文體裏得以蘊涵「普遍而深刻的情感」為進取標準，而在創造性網路文學裏則改以超文本式的基進創新「奇特的情感」為終極歸趨（同樣的，所謂跨文本式的基進創新「奇特的情感」也仍然是以無止盡「超常態」或「反常態」的策略來無止盡徵候或逼近那可以不必有的「普遍而深刻的情感」的）。

至於實際的教學，也由於受到創造性網路文學的超文本化或多向文本化、作者重組和添補經驗的時間不定以及刺激源不必立即見效等因素的影響，所以所提過的講述法、自然過程法、環境法、個別化法等等也都可以看情況「單取」或「變換」為用。但當中在第三章第三節所擬議的有關「環境法的運用，在教學者提供範例後，還可以搭配閱讀教學法中的討論法來讓學習者分組討論寫作的方向。如果是以講述法為主，那麼這一寫作的方向在教學者的講解示範（提示範例）裏，不妨將範圍『確切』化（以免學習者盲目的摸索）」，這在創造性網路

文學寫作的教學上就不再「硬性規定」而可以「彈性處理」；此外，如果有必要也還可以搭配閱讀教學法中的探究法和創造思考法（詳見第二章第三節），讓學習者主動去馳騁創意而予以超文本化或多向文本化的構連作品。倘若還有可以再補充的，那麼大概就是在從事創造性網路文學的寫作時必須對有關軟體（如 HTML、ASP、GIF、JAVA、FLASH 等）的熟練運用以及相關超文本或多向文本觀念的「極大化」儲備〔它要讓人如在「超文本裏研讀小說（或任何書寫、視聽文本）時，我們所掌握的不僅是螢幕上的初始文本，還有其他相關文本（相關的小說、信函、傳記、評論、批評、社經文化背景材料等），可以參閱、注解和重新編排」這一布魯克（P.Brooker）所歸結的「基本」的觀念外（詳見布魯克，2003:195~196），更進一層的將寫作無限超文本化或多向文本化〕。這除了相關教學者自己在這個環節的指導上不能有所疏忽，還得不斷提醒學習者勇於自我進取，以便有「青出於藍而勝於藍」的一天。此外，有關創造性網路文學同樣也會遭到類似其他因結合電腦多媒體而成的網路世界所會引人訾議的「徹底解構文化也徹底虛無」的困局〔如「（網路社會）從最壞的到最好的，從最菁英的到最流行的，每一種文化表現都來到這個鏈結了一個巨大的、非歷史的超文本和呈現了溝通心靈的過去、現在和未來的數位式宇宙之中。它們由此建構了一個新的象徵環境，它們虛擬了我們的現實」（柯司特，1998:382）、「（虛擬現實的代價）是人和人之間親身接觸的隔離隔膜？新媒體和舊媒體之間，真的不能相容並存；新的真的有如後浪，將前浪覆滅一空，完全取代嗎？去中心、多線多徑的後結構，真的是事物本相？遇事

建立結構、設定組織、尋找次序的傾向，真的是我們從印刷文字文化習得的行為，而非本能？作者真願、真能、並且真的放棄了主控權利（鏈結是誰設的，徑路組合又是誰安排的呢），將他的藝術企圖交在讀者手中（推動文本的那隻作者的手）嗎？讀者真願、真能、並且真的放棄心靈對話式的閱讀，反客為主，動『筆』書寫起來嗎？『媒體』真的就是『信息』，新的就一定比舊的好（這也是線性思想）嗎？科技真的對人類有益，真的代表進步，真的決定一切，真的不可避免嗎」（鄭明萱，1997:140）、「在文學創作方面，多向文本的發展固然開拓了我們的視野，滿足了我們恣意創作的慾望；但同時也阻絕了我們攀爬『高峰』的驅力，斷滅了我們追求『理想』的意志。在整個過程中，我們不必成為勇於發現『新大陸』的航海者；只要當一個不辨方向的泅泳者，或者在高度無政府狀態中隱姓埋名而終了殘生。這是網路世界所透露給人的信息（人一離開網路世界，就什麼也不是、什麼也無法全樣保存下來），我們能不感到悲哀嗎」（參見周慶，2001:253）、「網際網路，猶似一座迷幻的虛擬之城，有它無可置疑的開放性和不被檢肅、阻斷的『野火』性格，在這座燃燒著真實世界透過法律、教育和文化機制所禁制的人性慾望的虛擬城市中，權力、利益以及飽含人類慾望的資訊強而有力地流動著。表面上，這標誌了一個不被政治、權力或文化霸權宰制的『美麗新世界』；實質上，則如柯司特所洞見，這樣的網路社會所產生的『新秩序』乃是一個『價值被生產、文化符碼被創造、而權力被決定』的『網路社會新秩序』。而這一新秩序『對大多數人來說則越來越像後設的社會失序』；它的迷幻和虛擬，『緣自不可控制的市場邏

輯、技術、地緣政治秩序或生物決定論的自動化隨機序列』。
（而）在網際網路這樣迷幻的虛擬之城中，文學社群（無論是
舊媒介或新媒介領域）的文本虛擬，相對地更像是斷裂的、瓦
解的『碎片』，被華麗的流金掩飾、遭淫邪的聲色的鄙夷。文
學和網路的聯結，因而更陷入弔詭的困局之中：作為文學書寫
者，到底該加入這個迷幻的虛擬遊戲？還是該進入當中抵抗這
種被市場邏輯操縱的戲局？臺灣網路文學的後現代狀況，到這
裏對整個臺灣文學社群展現出最大的張力」（林淇瀁，
2001:212~213）等，都是不表樂觀的說法〕，這在不考慮資源
的「節約利用」和文化的「永續經營」的情況下，也只好「邊
走邊看時效」；否則，就得當機立斷停止前進而回歸紙本的創
新方式。如果撇開這種「兩難」抉擇的問題不談，那麼也可以
說這類跨文本式的基進創新的網路文學的尋求線上發表，相仿
的也會因為它的「締造新猷」而諒不至不受讚賞才非「暴殄天
物」。

第⑩章

結 論

第一節 » 主要內容的回顧

兒童文學是近代西方人文理性抬頭下的產物。先是比照一般人脫離中古世紀神學籠罩後所要凸顯的自主性,而重視起即將「長大成人」的兒童這個層級的獨特性;後是認為兒童既然要長大成人,那麼他們也該有文學的涵養,以便為在人來說所不可或缺的審美心靈的深化奠定基礎。這在早期以改寫或創作「適合兒童」欣賞的作品為主(可以《格林童話》和《安徒生童話》為標誌),晚期則朝向「專為兒童」需要而創作的徑途邁進(參見周慶華,2004b:157)。但不論如何,比起一般文學,兒童文學的發展顯然有「遲緩」的現象。因為一般文學已經從前現代的模象/寫實模式跨越到現代的造象/新寫實模式和後現代的語言遊戲模式、甚至網路時代的超鏈結模式,而兒童文學的寫作者卻大多還耽溺在前現代的模象/寫實模式的歡悅裏,不但經常趕不上「時代潮流」,有時還難免有「自我封閉」的倒退傾向。因此,本書另闢思路,以基進創新為主調,另外吸收現代式創新、後現代式創新和網路式創新等為輔助,共同來為兒童文學開啟新頁:一方面試圖為兒童文學的停滯危機找尋出路;一方面則兼為期待能給人類文化的新生帶來另一

種異質的資源。

本書就是根據這個理念來展開論述，以「創造性寫作教學」作為論題，然後落實為各種相關兒童文學的次類型的創造性寫作教學的具體討論上。已經完成的篇幅有第一章〈緒論〉先就創造性寫作的必要性和繼起的創造性寫作教學的不可避免性以及有關從事創造性寫作教學的途徑等略作說明；而後有第二章〈創造性寫作教學的範圍〉進一步來為創造性寫作文體、創造性寫作文體創新教學、創造性寫作文體創新方法教學等等圈定範圍；最後則有第三章〈創造性童謠寫作教學〉、第四章〈創造性童詩寫作教學〉、第五章〈創造性故事寫作教學〉、第六章〈創造性童話寫作教學〉、第七章〈創造性少年小說寫作教學〉、第八章〈創造性兒童戲劇寫作教學〉、第九章〈創造性網路文學寫作教學〉等，分別就上述所圈定的童謠、童詩、故事、童話、少年小說、兒童戲劇、網路文學等類型予以暢談創造性寫作的種種課題。而從討論後的整個情況來看，有關兒童文學的創造性寫作不但可能，而且也是今後勢必要努力去嘗試開墾的一塊園地；即使它比其他文學的寫作更得「披荊斬棘」和「大冒風險」，應該也要「在所不惜」。

第二節》未來的展望

雖然如此，上述的理論構設申辯也有不盡意的地方可以再行討論；而這種不盡意的地方的再行討論，也就成了可以另加展望或期待的事。如作為兒童文學的限制詞「兒童」，在本書中就僅依一般通義定位而未嘗細為勾勒描繪。我們知道，兒童

受到重視而隨後有兒童文學的興起，這在西方已經有二、三百年的歷史〔參見艾斯卡皮（D.Escarpit），1989；湯森（J.R.Townsend），2003；吳鼎，1991；葉詠琍，1982〕。但在中國原來並沒有兒童文學這種東西，僅見的一些啟蒙教材（如《三蒼》、《急就篇》、《孝經》、《論語》、《女誡》、《千字文》、《開蒙要訓》、《蒙求》、《太公家教》、《兔園冊》、《百一詩》、《雜鈔》、《雜字書》、《三字經》、《百家姓》、《神童詩》、《千家詩》、《二十四孝》、《對相四言》、《朱子治家格言》、《日記故事》、《幼學瓊林》、《龍文鞭影》、《唐詩三百首》、《昔日賢文》、《女兒經》、《弟子規》等）所傳授的內容也不過是要兒童提早體驗成人的生活（參見周慶華，2000b:121~140）；直到近百年來西方文化陸續傳入後，兒童文學的觀念才開始引進而在中土社會萌芽成長。至於臺灣，從上個世紀五〇年代以還（緣於一些作家隨著國民政府遷臺，在此地辦報、設出版社、獎掖兒童文學創作，而逐漸帶動起兒童文學的生產、傳播和接受的熱潮），就頗積極要跟西方的兒童文學接軌，迻譯、創作、傳播、研究等都不落人後（參見周慶華，2004b:157~158）。然而，問題是「兒童」這個對象在西方社會始終就沒有過定論〔有的說兒童本來並不存在，是逐漸被發現建構的；有的說兒童隨著電子媒體的發達，所接受的資訊以及轉表現出來的言行、態度、慾望、甚至殘暴程度等跟成人已經沒有兩樣；有的說上述這些發現說和消失說都過於誇張，較合理的做法是維持兒童為一變幻莫測的社會建構物形式。詳見波茲曼（N.Postman），1994；巴克肯翰（D.Buckingham），2003；黑伍德（C.Heywood），2004〕；而有關兒童的年齡限定和智力情況

以及在不同文化傳統中的差異性，論述者也是莫衷一是〔詳見諾德曼（P.Nodelman），2000；唐納生（M.Donaldson），1996；蒙特梭利（M.Mantessori），1995；馬修斯（G.B.Matthews），1998；那伯漢（G.P.Nabban）等，1996；崔格德（J.G.Tracht），1996；熊秉真，2000〕，以至本書所內蘊的相對成人來說「智弱且經驗少」作為兒童的界定（當中兒童的年齡是約略以青春期第二性徵的出現為分界線）也就無法保證它的可靠性。雖然全書以創造性寫作來為兒童「開智」，並且期待有「另類」（或稟賦異常）的兒童存在可以立即領受它的奧妙（並起而仿效），但這一切還是有一個不確定的區域在「暗中攪局」而有待後續的探究予以排除。

又如兒童文學的正面「教化」或「道德啟發」功能始終是一道難以消解的「緊箍咒」而不免妨礙到它的全面性發展，這就得再度呼籲大家調整心態來「重新出發」。因為文學還可以有認知和審美等作用，不必只侷限於道德／教化的作用一項。當中有關審美的特徵（文學的藝術存有）部分，還得加倍的看重（因為文學就以這一部分來區別於其他學科）；至於認知的作用和道德／教化的作用倘若還要再分個高下的話，道德／教化的作用在非急迫要被強調或沒有什麼特殊價值的情況下可能得讓位給認知的作用。好比格林童話中的〈白雪公主〉一文，它的寓意固然有「善良勝過邪惡」（道德／教化作用）的一面，但它吸引人的卻在「自卑者都有危險傾向」這一心理的反應（認知作用）以及「魔鏡」、「毒蘋果」、「七矮人」、「鐵鞋」等生動意象的塑造和王后毒害白雪公主、七矮人解救白雪公主、王子獲得美人歸、王后遭到報應等曲折情節的經營上（審

美作用）；其餘可以依此類推（參見周慶華，2004a:125）。本書所極力推銷的創造性兒童文學，更有可能牴觸一般的道德／教化觀而受到「無妄」的指責；這就更需要積極的促請大家「平心靜氣」的來賞鑑這一可以「推移變遷」或「改造修飾」語言世界的創新方式。也就是說，後續還可以研究用什麼方式來「開導」接受者、甚至學習者會比較有效。

又如整體的傳播機制已經網開一面給予兒童文學「存活」和「尋求出路」的機會，但不論從報章雜誌的刊載、出版社的製作和文學獎的掖注情況來看，都還沒有發現有斗膽敢或肯廣為接受基進性的作品的；以至要在短期內見到它們從「保守緩進」轉為「基進躍進」幾乎是一件不可能的事。因此，如何的突破這個關卡而讓所有的創造性兒童文學有「敞見天日」的空間，也就成了今後所可以或必要額外關心探索的課題。

最後，我願意引一首修我基進兒童文學課的年輕朋友的詩作（學習心得）來局部代表我此刻滿懷「憧憬未來」的心情：

討厭自己　　曾素娥

討厭自己
傳統討厭自己才有可能基進
討厭自己
基進討厭自己才能再基進
上了「基進兒童文學」這門課後
我也開始討厭自己
為什麼想法從以前到現在是那麼呆板
討厭自己

為什麼要為反叛而反叛
討厭自己
為什麼以前沒有那麼多「為什麼」

只記得以前都不太敢修老師的課
總是有意避免　　　刻意迴避
因為我想
我跟不上您溫文儒雅的氣質
沒想到
跟不上的是
您的氣度
在上課的時候
即使聽不懂也不會有壓力
在寫作品的當下
即使很惶恐作品的好壞
也能有安慰的笑容　　　給自己

上了這門課
我開始用心思索
每一句「頂撞」我舊有思維的話語
從中我領會到
另一種思考方式的存在
我開始給這種「收穫」
一個「奸邪」的微笑
因為那代表充斥我周圍的多是

帶著「平凡」面具的「不平凡」

一個詞

一句話

一聲驚嘆

都有孕育靈感的可能

於是

我開始樂在這俯拾即是的世界

快樂得像翻出肚皮在太陽下曬

感動的是

老師對作品的「包容」

批評是

諷刺是

讚賞是

狐疑是

對於一個作品

不管您對它的評價如何

總把它當一個生命看

「難產」過的我

更感激老師

尊重作品的難得氣度

每一個作品嬰兒的誕生

總希望這世界有一隻手

能熱情的對他揮一揮

即便他畸形殘缺怪誕反常
我都已經看到他嘴角發出的微笑
因為您

基進的路上
或許現在是孤獨
但正猶如梁衡在形容科學家邁爾
的跳在眾人之上：
「有的人
　一輩子都在隧道裡行走
　他只會盯著前面的亮點
　走啊，走啊，
　兩旁是冰冷的巉岩。
　　他看不清腳下的路
　　更不知洞外還有天

　有的人
　總讓自己置身在最高的山峰
　永遠注目著前面的峰巒
　攀登　登攀
　腳下是遼闊的平原
　　他最早看到
　　東方的日出
　　還有海天之際的白帆」
（黃仁俊等，1999:62~64）

她最末的自覺和期許，也就是我一向在「自惕勉人」的；現在
更要將它再作無盡的延伸，以了卻一段展望未來的「存志」關
懷。

參考文獻

丁旭輝，《臺灣現代詩圖象技巧研究》，高雄：春暉，2000。

丁樹南譯，《寫作淺談》，臺北：學生，1974。

七等生，《我愛黑眼珠》，臺北：遠景，2003。

巴　爾，《敘述學：敘事理論導論》（譚君強譯），北京：中國
　　社會科學，1995。

巴克肯翰，《童年之死：在電子媒體時代下長大的孩童》（張雅
　　婷譯），臺北：巨流，2003。

王　謨輯，《增訂漢魏叢書》，臺北：大化，1988。

王先霈等主編，《文學批評術語詞典》，上海：上海文藝，
　　1999。

王秀芝，《中國兒童文學》，臺北：臺灣書店，1991。

王忠林等，《中國文學史初稿》，臺北：石門，1978。

王重民等編，《敦煌變文集（上冊）》，臺北：世界，1989。

王國維，《論曲五種》，臺北：藝文，1975。

王國維，《人間詞話》，臺南：大夏，1981。

王夢鷗，《文學概論》，臺北：藝文，1976。

尹世英，《劇場管理》，臺北：書林，1997。

方祖燊等，《散文結構》，臺北：蘭臺，1975。

孔穎達，《尚書正義》，十三經注疏本，臺北：藝文，1982a。

孔穎達等，《毛詩正義》，十三經注疏本，臺北：藝文，
　　1982b。

丹青藝叢編委會編，《當代美學論集》，臺北：丹青，1987。

中華書局編輯部，《辭海（大字修訂本）》，臺北：中華，1977。

元培科技學院國文組主編，《主題文學學術研討會論文集》，臺北：萬卷樓，2002。

尼　采，《悲劇的誕生》（劉崎譯），臺北：志文，2000。

平　路，〈童話？〉，於《中國時報》人間副刊，1988.1.26。

永　瑢等，《四庫全書總目提要》，臺北：商務，1985。

白　靈，《一首詩的誘感》，臺北：河童，1998。

白川靜，《詩經研究》（杜正勝譯），臺北：幼獅月刊社，1974。

白居易，《白香山集（五）》，臺北：商務，1965。

史波琳，《劇場遊戲指導手冊》（區曼玲譯），臺北：書林，1998。

史美舍，《社會學》（陳光中等譯），臺北：桂冠，1991。

司馬遷，《史記》，臺北：鼎文，1979。

布魯克，《文化理論詞彙》（王志弘等譯），臺北：巨流，2003。

布魯格，《西洋哲學辭典》（項退結編譯），臺北：華香園，1989。

布羅德等，《科學的騙局》（張馳譯），臺北：久大，1990。

加樂爾，《艾麗絲夢遊奇境記》（趙元任譯），臺北：水牛，1990。

向　陽，《土地的歌》，臺北：自立晚報社，1985。

任大霖，《兒童小說創作論》，上海：少年兒童，1987。

朱介凡，《中國兒歌》，臺北：純文學，1993。

朱光潛，《詩論》，臺北：德華，1981。

朱光潛，《悲劇心理學》，臺北：駱駝，1987。

朱艷英主編，《文章寫作學》，高雄：麗文，1994。

伊拉姆，《符號學與戲劇理論》（王坤譯），臺北：駱駝，
　　1998。

伊格頓，《當代文學理論導論》（聶振雄等譯），香港：旭日，
　　1987。

池泳鋐等，《兒童文學創作集：童言童語》，臺東：作者自印，
　　2004。

米契爾，《位元城市》（陳瑞清譯），臺北：天下，1998。

艾翠斯，《迷宮中的冥想——西方靈修傳統再出發》（趙閔文
　　譯），臺北：商周，1999。

艾斯卡皮，《歐洲青少年文學暨兒童文學》（黃雪霞譯），臺
　　北：遠流，1989。

寺村輝夫，《怎樣寫兒童故事》（陳宗顯譯），臺北：國語日報
　　社，1985。

沃　克，《醜女與野獸——女性主義顛覆書寫》（薛興國譯），
　　臺北：智庫，1996。

吳　若等，《中國話劇史》，臺北：行政院文化建設委員會，
　　1985。

吳　鼎等，《兒童讀物研究（第二集）：童話研究》，臺北：小
　　學生雜誌社，1966。

吳　鼎，《兒童文學研究》，臺北：遠流，1980。

吳文祥等，《基進兒童文學作品集：鬼叫》，臺東：作者自印，

1998。

吳敏倫編，《性論》，臺北：商務，1990。

佛　思等，《當代語藝觀點》（林靜伶譯），臺北：五南，
　　1996。

佛斯特，《小說面面觀》（李文彬譯），臺北：志文，1993。

佟　恩，《女性主義思潮》（刁筱華譯），臺北：時報，1996。

李　喬，《小說入門》，臺北：時報，1986。

李　善等，《增補六臣注文選》，臺北：華正，1979。

李　潼，《少年噶瑪蘭》，臺北：天衛，1992。

李永熾，《世紀末的思想與社會》，臺北：萬象，1993。

李安宅，《意義學》，臺北：商務，1978。

李瑞騰，《新詩學》，臺北：駱駝，1997。

李達三等主編，《中外比較文學研究（第一冊下）》，臺北：學
　　生，1990。

亨　德，《文學概論》（傅東華譯），臺北：商務，1971。

何三本，《幼兒故事學》，臺北：五南，1995。

何文煥編，《歷代詩話》，臺北：藝文，1983。

何秀煌，《記號學導論》，臺北：水牛，1988。

何寄澎主編，《當代臺灣文學評論大系‧散文批評卷》，臺北：
　　正中，1993。

杜文瀾輯，《古謠諺》，臺北：世界，1983。

余光中，《掌上雨》，臺北：時報，1986。

貝克特，《諾貝爾文學獎全集‧貝克特》（諾貝爾文學獎全集編
　　譯委員會譯），臺北：書華，1981。

那伯漢等，《童年沃野——為什麼童年需要沃野》（陳阿月

譯），臺北：新苗，1996。

呂炳川，《呂炳川音樂論述集》，臺北：時報，1979。

呂興昌編，《林亨泰全集（二）》，彰化：彰化縣立文化中心，
1998。

宋筱惠，《兒童詩歌的原理與教學》，臺北：五南，1994。

拉　貝，〈怪怪兔插文妙聽聞〉，於《中國時報》第 36 版，
1999.2.26。

拉德納等，《科學與偽科學》（安寶明譯），臺北：久大，
1991。

孟　瑤，《中國小說史》，臺北：傳記文學，1977。

孟　瑤，《中國戲曲史》，臺北：傳記文學，1979。

孟　樊等編，《世紀末偏航——八○年代臺灣文學論》，臺北：
時報，1990。

孟　樊，《當代臺灣新詩理論》，臺北：揚智，1995。

孟　樊等主編，《後現代學科與理論》，臺北：生智，1997。

孟　樊，《臺灣後現代詩的理論與實際》，臺北：揚智，2003。

林文寶等編著，《童詩三百首與教學研究》，臺北：知音，
1989。

林文寶，《兒童文學故事體寫作論》，臺東：臺東師院語文教育
學系，1990。

林文寶，《兒童詩歌論集》，臺北：富春，1995。

林文寶等，《兒童文學》，臺北：五南，1996。

林文寶等，《認識童話》，臺北：天衛，1998。

林文寶，〈敘述、敘事與故事〉，於《兒童文學學刊》第 3 期
（53），2000。

林守為，《童話研究》，臺南：作者自印，1970。

林守為，《兒童文學》，臺北：五南，1988。

林政華，《兒童少年文學》，臺北：富春，1991。

林淇瀁，《書寫與拼圖——臺灣文學傳播現象研究》，臺北：麥田，2001。

林煥彰編著，《兒童詩選讀》，臺北：爾雅，1985。

林燿德，《惡地形》，臺北：希代，1988。

林寶山，《教學論——理論與方法》，臺北：五南，2000。

波茲曼，《童年的消逝》（蕭昭君譯），臺北：遠流，1994。

金格隆，《媒體現形——混沌時代瀕臨意識邊緣》（楊月蓀譯），臺北：商務，2003。

周惠玲主編，《夢穀子，在天空之海》，臺北：幼獅，2000。

周慶華，《秩序的探索——當代文學論述的省察》，臺北：東大，1994。

周慶華，《臺灣當代文學理論》，臺北：揚智，1996a。

周慶華，《文學圖繪》，臺北：東大，1996b。

周慶華，《語言文化學》，臺北：生智，1997。

周慶華，《兒童文學新論》，臺北：生智，1998。

周慶華，《思維與寫作》，臺北：五南，1999a。

周慶華，《佛教與文學的系譜》，臺北：里仁，1999b。

周慶華，《文苑馳走》，臺北：文史哲，2000a。

周慶華，《中國符號學》，臺北：揚智，2000b。

周慶華，《作文指導》，臺北：五南，2001。

周慶華，《死亡學》，臺北：五南，2002a。

周慶華，《故事學》，臺北：五南，2002b。

周慶華，《未來世界》，臺北：文史哲，2002c。

周慶華，《閱讀社會學》，臺北：揚智，2003。

周慶華，《文學理論》，臺北：五南，2004a。

周慶華，《後臺灣文學》，臺北：秀威，2004b。

青木正兒，《中國近世戲曲史》（王古魯譯），臺北：商務，
　　1996。

欣奇利夫，《論荒誕派》（李永輝譯），北京：昆侖，1992。

亞里斯多德，《詩學》（姚一葦譯注），臺北：中華，1986。

馬　丁，《當代敘事學》（伍曉明譯），北京：北京大學，
　　1991。

馬　森，《腳色──馬森獨幕劇集》，臺北：書林，1996。

馬　森，《臺灣戲劇：從現代到後現代》，宜蘭：佛光人文社會
　　學院，2002。

馬奎斯，《百年孤寂》（楊耐冬譯），臺北：志文，1999。

馬修斯，《童年哲學》（王靈康譯），臺北：毛毛蟲兒童哲學基
　　金會，1998。

胡　平，《敘事文學感染力研究》，天津：百花文藝，1995。

胡菊人，《小說技巧》，臺北：遠景，1981。

胡雲翼，《中國文學史》，臺北：莊嚴，1982。

胡應麟，《少室山房筆叢》，臺北：世界，1963。

胡懷琛，《中國文學八論‧小說論》，臺北：遠流，1975。

韋　伯，《支配的類型──韋伯選集（Ⅲ）》（康樂等譯），臺
　　北：遠流，1991。

韋　葦，《世界童話史》，臺北：天衛，1995。

韋勒克等，《文學理論》（梁伯傑譯），臺北：水牛，1987。

科　恩等，《講故事——對敘事虛構作品的理論分析》（張方譯），臺北：駱駝，1997。

姜　普，《模擬嘲諷》（胡聲朴譯），臺北：黎明，1986。

姚一葦，《文學論集》，臺北：書評書目，1974。

姚一葦，《藝術的奧秘》，臺北：開明，1985。

姚一葦，《戲劇原理》，臺北：書林，1997。

祝士媛編，《兒童文學》，臺北：新學識，1989。

俞元桂主編，《中國現代散文理論》，桂林：廣西人民，1984。

洪文瓊主編，《兒童文學童話選集》，臺北：幼獅，1989。

洪汛濤，《童話學》，臺北：富春，1989。

洪淑苓等，《古典文學與性別研究》，臺北：里仁，1997。

洪碧霞主編，《九年一貫課程新思維》，臺南：翰林，2001。

洪鎌德，《二十一世紀社會學》，臺北：揚智，1998。

范文瀾，《文心雕龍注》，臺北：明倫，1971。

柯司特，《網絡社會之崛起》（夏鑄九等譯），臺北：唐山，1998。

柯爾賀，《牧羊少年奇幻之旅》（周惠玲譯），臺北：時報，1998。

段若川，《安第斯山上的神鷹：諾貝爾獎與魔幻現實主義》，臺北：世潮，2003。

段德智，《死亡哲學》，臺北：洪葉，1994。

侯美玲等，《兒童文學創作集：兒童樂言》，臺東：作者自印，1998。

查普曼，《語言學與文學》（王晶培審譯），臺北：結構群，1989。

柳鳴九主編，《未來主義・超現實主義・魔幻現實主義》，臺
　　北：淑馨，1990。

紀蔚然，《也無風也無雨》，臺北：元尊，1998。

郁慕鏞，《科學定律的發現》，臺北：淑馨，1994。

威廉斯三世，《犯罪學理論》（周愫嫻譯），臺北：桂冠，
　　1992。

夏　宇，《備忘錄》，臺北：作者自印，1986。

班　固，《漢書》，臺北：鼎文，1979。

格林兄弟，《格林童話故事全集》（徐珞等譯），臺北：遠流，
　　2001。

徐　岱，《小說敘事學》，北京：中國社會科學，1992。

徐守濤，《兒童詩論》，屏東：東益，1979。

徐志摩，《徐志摩全集（第二輯）》，臺北：傳記文學，1969。

徐道鄰，《語意學概要》，香港：友聯，1980。

孫　旗，《藝術概論》，臺北：黎明，1987。

孫惠柱，《戲劇的結構》，臺北：書林，1994。

高　誘，《淮南子注》，新編諸子集成本，臺北：世界，1978。

高辛勇，《形名學與敘事理論──結構主義的小說分析法》，臺
　　北：聯經，1987。

高瑞卿主編，《文章寫作概要》，高雄：麗文，1995。

翁文嫻，《創作的契機》，臺北：唐山，1998。

桐生操，《令人戰慄的格林童話》（許嘉祥譯），臺北：旗品，
　　1999。

唐君毅，《中國文化之精神價值》，臺北：正中，1989。

唐納生，《兒童心智──從認知發展看教與學的困境》（漢菊德

等譯），臺北：遠流，1996。

唐翼明，《大陸新時期文學（1977~1989）：理論與批評》，臺
　　北：東大，1995。

凌性傑，〈顛覆的快感——童話、兒童及其酷異世界〉，於《中
　　央日報》第 12 版，2000.7.3。

朗格朗，《及時的呼喚》（江世偉譯），臺北：智茂，1997。

涂爾幹，《社會學研究方法論》（胡偉譯），北京：華夏，
　　1988。

索緒爾，《普通語言學教程》（未著譯者姓名），臺北：弘文
　　館，1985。

索羅斯比，《文化經濟學》（張維倫等譯），臺北：典藏藝術家
　　庭，2003。

袁鴻佑等，《兒童文學創作集：隨便初一出》，臺東：作者自
　　印，2000。

倉橋由美子，《殘酷童話》（鄭清清譯），臺北：新雨，1999。

莎　舒，《校園暴力》（柯清心譯），臺北：遠流，1998。

張　默等編，《新詩三百首》，臺北：九歌，1995。

張大春，《公寓導遊》，臺北：時報，1986。

張大春，《四喜憂國》，臺北：遠流，1988。

張子樟主編，《俄羅斯鼠尾草：名家的少年小說 1976~1997》，
　　臺北：幼獅，1998。

張巨青等，《邏輯與歷史——現代科學方法論的嬗變》，臺北：
　　淑馨，1994。

張志維等，《從前從前，有一個小王子》，臺中：可迷，2003。

張家霑等，《基進兒童文學作品集：開什麼玩笑？》，臺東：作

者自印，2000。

張清榮，《少年小說研究》，臺北：萬卷樓，2002。

張新仁，《寫作教學研究》，高雄：復文，1992。

張嘉驊，《怪物童話》，臺北：民生報社，1996。

張曉華，《創作性戲劇原理與實作》，臺北：財團法人成長文教
基金會，1999。

盛子潮，《小說形態學》，福州：海峽文藝，1993。

陳正治，《中國兒歌研究》，臺北：親親，1985。

陳正治，《兒童詩寫作研究》，臺北：五南，1995。

陳正治，《童話寫作研究》，臺北：五南，2000。

陳克華，《美麗深邃的亞細亞》，臺北：書林，1997。

陳建勳等，《兒童文學創作集：都是棒棒糖惹的禍》，臺東：作
者自印，2004。

陳鵬翔主編，《主題學研究論文集》，臺北：東大，1983。

陳鵬翔等編，《從影響研究到中國文學》，臺北：書林，1992。

曹志漣，〈虛擬曼荼羅〉，於《中外文學》第 26 卷第 11 期
（78~109），1998。

莫泊桑，《莫泊桑短篇全集（之六）》（蕭逢年譯），臺北：志
文，1997。

教育部，《國民中小學九年一貫課程綱要：語文學習領域》，臺
北：教育部，2003。

郭美女，《聲音與音樂教育》，臺北：五南，2000。

郭紹虞，《中國文學批評史》，臺北：文史哲，1982a。

郭紹虞等主編，《中國近代文學論著精選》，臺北：華正，
1982b。

郭雙慶等，《兒童文學創作集：一派胡言》，臺東：作者自印，2000。

馮其庸等，《紅樓夢校注》，臺北：里仁，2000。

馮輝岳，《兒歌研究》，臺北：商務，1989。

崔格德，《回到童年——與孩子同步成長》（張美惠譯），臺北：創意力，1996。

許義宗，《兒童文學論》，臺北：中華色研，1984。

清聖祖編，《全唐詩》，臺北：復興，1974。

國立編譯館主編，《科學與科技》，臺北：國立編譯館，1989。

莎里斯貝莉，《創作性兒童戲劇入門》（林玫君譯），臺北：心理，2000。

渡　也，《渡也論新詩》，臺北：黎明，1983。

黃　凡，《大時代》，臺北：時代，1981。

黃　海，《地球逃亡》，臺北：東方，1988。

黃文進，《兒童戲劇編導略論》，高雄：復文，1986。

黃仁俊等，《基進兒童文學作品集：水禍》，臺東：作者自印，1999。

黃永武，《中國詩學‧設計篇》，臺北：巨流，1976。

黃美序，《舞臺劇》，臺北：圖文，1986。

黃雲生主編，《兒童文學概論》，臺北：文津，1999。

黃瑞祺，《批判理論與現代社會學》，臺北：巨流，1986。

黃維樑，《怎麼讀新詩》，臺北：五四書局，1989。

黃慶萱，《修辭學》，臺北：三民，1983。

黃龍翔等，《兒童文學創作集：吉光片羽》，臺東：作者自印，2002。

勞　里，《記憶受領員》（招貝華譯），臺北：智茂，1997。

焦　桐，《臺灣文學的街頭運動（1977~世紀末）》，臺北：時
　　報，1998。

湯　森，《英語兒童文學史綱》（謝瑤玲譯），臺北：天衛，
　　2003。

湯姆森，《世界民間故事分類學》（鄭凡等譯），上海：上海文
　　藝，1991。

彭　歌，《小小說寫作》，臺北：遠景，1980。

傅大為，《知識與權力的空間——對文化、學術、教育的基進
　　反省》，臺北：桂冠，1991。

傅大為，《基進筆記》，臺北：桂冠，1994。

須文蔚，《臺灣數位文學論》，臺北：二魚，2003。

曾永義，《中國古典戲劇論集》，臺北：聯經，1986。

曾永義，《戲曲源流新論》，臺北：立緒，2000。

費司克，《傳播符號學理論》（張錦華譯），臺北：遠流，
　　1995。

喬伊斯，《尤里西斯》（金隄譯），臺北：九歌，1993。

黑伍德，《孩子的歷史：從中世紀到現代的兒童與童年》（黃煜
　　文譯），臺北：麥田，2004。

凱許登，《巫婆一定得死——童話如何形塑我們的性格》（李淑
　　珺譯），臺北：張老師，2001。

喻麗清編，《兒歌百首》，臺北：爾雅，1992。

詹　冰，《詹冰詩選集》，臺北：笠詩刊社，1993。

瘂　弦主編，《如何測量水溝的寬度》，臺北：聯合文學，
　　1987。

楊　牧等編，《現代中國詩選》，臺北：洪範，1989。

楊　澤編，《魯迅小說集》，臺北：洪範，1996。

楊大春，《解構理論》，臺北：揚智，1994。

楊士毅，《邏輯與人生——語言與謬誤》，臺北：書林，1994。

路　況，《後／現代及其不滿》，臺北：唐山，1990。

路　況，《虛無主義書簡——歷史終結的遊牧思考》，臺北：唐山，1993。

福　勒，《現代西方文學批評術語》（袁德成譯），成都：四川人民，1987。

董小英，《敘事藝術邏輯引論》，北京：社會科學文獻，1997。

虞君質，《藝術概論》，臺北：黎明，1987。

葉長海，《戲劇發生與生態》，臺北：駱駝，1990。

葉長海，《當代戲劇啟示錄》，臺北：駱駝，1991。

葉姿麟，《都市的雲》，臺北：時報，1986。

葉詠琍，《西洋兒童文學史》，臺北：東大，1982。

葉詠琍，《兒童文學》，臺北：東大，1986。

葉頌壽，《面對生死智慧》，臺北：久大，1987。

雷僑雲，《中國兒童文學研究》，臺北：學生，1988。

雷僑雲，《敦煌兒童文學》，臺北：學生，1990。

奧蘭絲坦，《百變小紅帽——一則童話的性、道德和演變》（楊淑智譯），臺北：張老師，2003。

熊元義，《回到中國悲劇》，北京：華文，1998。

熊秉真，《童年憶往——中國孩子的歷史》，臺北：麥田，2000。

趙如琳，《戲劇藝術之發展及其原理》，臺北：東大，1991。

趙毅衡，《當說者被說的時候——比較敘述學導論》，北京：中國人民大學，1998。

趙衛民，《新詩啟蒙》，臺北：業強，2003。

廖卓成，《童話析論》，臺北：大安，2002。

廖炳惠，《解構批評論集》，臺北：東大，1985。

廖咸浩，〈悲喜未若世紀末：九〇年代的臺灣後現代詩〉，輔仁大學外語學院等主辦「兩岸後現代文學研討會」論文，1998。

蓋伯利克，《現代主義失敗了嗎？》（滕立平譯），臺北：遠流，1995。

臺東師院編，《幼兒教育輔導工作研究論文集》，臺東：臺東師院，1990。

蒙特梭利，《童年的秘密》（馬榮根譯），臺北：五南，1995。

蔣　風，《兒童文學概論》，長沙：湖南少年兒童，1982。

蔣　風編，《中國傳統兒歌選》，臺北：富春，1989。

摩　根等，《戲劇教學：啟動多彩的心》（鄭黛瓊譯），臺北：心理，1999。

慧　皎，《高僧傳》，《大正藏》卷 50，臺北：新文豐，1974。

劉　輝，《小說戲曲論集》，臺北：貫雅，1992。

劉大杰，《中國文學發展史》，臺北：華正，1979。

劉守華，《比較故事學》，上海：上海文藝，1995。

劉昌元，《西方美學導論》，臺北：聯經，1987。

劉鳳芯主編，《擺盪在感性與理性之間》，臺北：幼獅，2000。

劉燕萍，《愛情與夢幻——唐朝傳奇中的悲劇意識》，臺北：商務，1996。

蔡尚志，《兒童故事原理》，臺北：五南，1989。

蔡源煌，《從浪漫主義到後現代主義》，臺北：雅典，1988。

熱奈特，《敘事話語‧新敘事話語》（王文融譯），北京：中國科學，1990。

鄭明娳，《現代散文類型論》，臺北：大安，1987。

鄭明娳等，《時代之風——當代文學入門》，臺北：幼獅，1991。

鄭明萱，《多向文本》，臺北：揚智，1997。

鄭愁予，《鄭愁予詩選集》，臺北：志文，1977。

鄧廣銘，《稼軒詞編年箋注》，臺北：華正，1980。

賴　特，《現代劇場藝術》（石光生譯），臺北：書林，1992。

賴祥雲譯著，《芥川龍之介的世界》，臺北：志文，1995。

諾利斯，《解構批評理論與應用》（劉自荃譯），臺北：駱駝，1995。

諾德曼，《閱讀兒童文學的樂趣》（劉鳳芯譯），臺北：天衛，2000。

盧冀野，《中國文學八論‧戲劇論》，臺北：清流，1975。

蕭　蕭，《現代詩學》，臺北：東大，1987。

簡上仁，《臺灣民謠》，臺中：臺灣省政府新聞處，1983。

謝天振，《比較文學與翻譯研究》，臺北：業強，1994。

謝康基，《語意學——理論與實際》，臺北：商務，1991。

鍾明德，《在後現代主義的雜音中》，臺北：書林，1989。

鍾明德，《從寫實主義到後現代主義》，臺北：書林，1995。

鍾明德，《臺灣小劇場運動史》，臺北：揚智，1999。

戴晨志，《風趣高手》，臺北：時報，1998。

戴華山，《語意學》，臺北：華欣，1984。

戴維斯等編，《沒門》（馬曉光等譯），北京：中國社會科學，1992。

龍榆生，《東坡樂府箋》，臺北：華正，1980。

關紹箕，《走出符號的迷宮——啟蒙語意學》，臺北：正中，1989。

羅　青，《詩的照明禪》，臺北：爾雅，1994。

羅　青，《吃西瓜的方法》，臺北：麥田，2002。

羅　森，《童話許願戒》（陳柏蒼譯），臺北：人本自然，1999。

羅　琳，《哈利波特——神祕魔法石》（彭倩文譯），臺北：皇冠，2000a。

羅　琳，《哈利波特——消失的密室》（彭倩文譯），臺北：皇冠，2000b。

羅　琳，《哈利波特——阿茲卡班的逃犯》（彭倩文譯），臺北：皇冠，2001。

羅　琳，《哈利波特——火盃的考驗》（彭倩文譯），臺北：皇冠，2002。

羅　琳，《哈利波特——鳳凰會的密令》（皇冠編譯組譯），臺北：皇冠，2003。

羅　鋼，《敘事學導論》，昆明：雲南人民，1994。

羅婷以，《巫婆的前世今生——童書裏的女巫現象》，臺北：遠流，2002。

蘇尚耀主編，《兒童文學故事選集》，臺北：幼獅，1989。

蘭特利奇等編，《文學批評術語》（張京媛等譯），香港：牛津

大學，1994。

龔鵬程，《文學與美學》，臺北：業強，1987。

國家圖書館出版品預行編目資料

創造性寫作教學 ／周慶華著. -- 初版. -- 臺北
市：萬卷樓, 2004[民 93]
面；　　公分
參考書目：面
ISBN 957－739－490－6 (平裝)
1. 中國語言－作文 2.小學教育－教學法

523.313　　　　　　　　　93010783

創造性寫作教學

著　　　者：周慶華
發　行　人：許素真
出　版　者：萬卷樓圖書股份有限公司
　　　　　　臺北市羅斯福路二段 41 號 6 樓之 3
　　　　　　電話(02)23216565・23952992
　　　　　　傳真(02)23944113
　　　　　　劃撥帳號 15624015
出版登記證：新聞局局版臺業字第 5655 號
網　　　址：http://www.wanjuan.com.tw
E－mail　：wanjuan@tpts5.seed.net.tw
承印廠商：晟齊實業有限公司
定　　　價：300 元
出 版 日 期：2004 年 8 月初版

ISBN 957－739－490－6